TOPIK 적중특강

성하춘 저

중급
문법 / 쓰기 / 읽기

세계 속으로

www.langpl.com

머리말

환영합니다. 반갑습니다. 〈TOPIK 적중특강〉을 잘 선택하셨습니다.

저는 〈TOPIK 적중특강〉에서 일반 한국어능력시험(S-TOPIK) 중급에 해당하는 문법, 쓰기, 읽기 부분의 중요 사항을 정리했고, 문제를 푸는 기술을 제시했으며, 실전문제를 풀 수 있도록 배려하였습니다.

〈TOPIK 적중특강〉은 두 가지로 사용될 수 있습니다. 첫째, 수업용 실전 교재로 사용될 수 있습니다. 한국어 선생님들은 수업 시간이나 특별반 시간에 이 교재를 사용하실 수 있습니다. 둘째, 한국어 학습자가 이 교재의 문제를 스스로 풀 수 있습니다. 이 경우에는 조금 어려운 내용이 있을 수 있습니다. 그러나 어려운 부분을 그냥 지나치지 말고 한국어 선생님에게 질문을 하거나 저에게 직접 질의를 하시면 좋겠습니다. 저에게 질의를 해 주신다면 최선을 다해 설명해 드리겠습니다.

저는 오랜 시간 동안 대학교 어학원의 한국어능력시험 특별반에서 수업을 해왔습니다. 수업할 때마다, 한국어 학습자들이 한국어능력시험의 어려움으로부터 벗어나게 되기를 바랐습니다. 이제 그 어려움을 이겨낼 수 있는 작은 책자를 여러분께 드리게 되어 정말 기쁩니다. 이 교재를 통하여 한국어능력시험에 대한 수업이 한국어 활용의 진일보한 역할을 할 수 있기를 바랍니다. 이 뿐만 아니라 한국어 학습자들도 문법, 쓰기, 읽기에 대한 기술을 정확하게 가지게 되기를 바랍니다.

제가 강의했던 기관의 선생님들께 감사를 표합니다. 국립 타슈켄트 니자미 사범대학교 한국어문학과의 선생님들께 인사를 전합니다. 이 학과는 한국어 교육과 한국학에 대한 첫사랑의 짜릿함을 제게 안겨 주었습니다. 성균관대학교 성균어학원 선생님들께 감사의 말씀을 전합니다. 좋은 선생님들을 만나 다양한 한국어 교육 경험을 쌓을 수 있었으며, 정말 좋은 한국어 학습자들을 많이 만날 수 있었습니다. 한세대학교 한국어학당의 원장님과 선생님들께도 감사의 말씀을 드립니다. 그리고 한신대학교 국제교류원의 김용표 원장님께 진심으로 감사드립니다. 제가 외래교수로서 근무하는 데에 물심양면으로 도움을 주셨습니다.

저는 이 교재를 만들기 위해 최선을 다했습니다. 그러나 한국어 학계의 여러 선생님들께서 이 교재를 보시고 더 채워야 할 부분을 지적해 주신다면 감사드리겠습니다. 이 교재가 나오는 데에는 상당한 시간이 필요했습니다. 그러나 묵묵히 인내로 도움을 주신 김형년 이사님, 권이준 차장님, 백진영 대리님께 감사드립니다. 또한 후원을 아끼지 아니하신 엄호열 회장님께 감사드립니다.

2011년 7월
성 하 춘

일러두기

I. 〈TOPIK 적중특강〉의 공통 사항

〈TOPIK 적중특강〉은 문법, 쓰기, 읽기가 합쳐져 있습니다. 공통적으로 한 과가 다음처럼 이루어져 있습니다.

> 1. 기출문제 정리와 문제 풀이 기술 안내 → 2. 연습문제 → 3. 예상문제

1에서는 기출문제를 정리하고 중요한 사항을 정리합니다. 〈한국어 선생님〉은 교실 상황에서 한국어 학습자의 수준에 따라 중요 사항을 더 설명할 수도 있고 간략히 설명할 수도 있습니다. 다만, 핵심을 정확하게 제시해 주시기 바랍니다. 〈한국어 학습자〉는 기출문제를 직접 풀어 보고 문제의 수준을 확인하고 중요 내용을 정확히 이해하기 바랍니다. 특히, 문제를 어떻게 풀어야 하는지를 정리해 보시기 바랍니다.

2에서는 1의 기출문제 경향을 바탕으로 한 연습문제를 풉니다. 〈한국어 선생님〉은 한국어 학습자가 제한된 시간 속에서 정확하게 풀 수 있게 지도해 주시기 바랍니다. 〈한국어 학습자〉는 기출문제에서 알게 된 문제 풀이 전략을 사용해 시간을 정해서 정확하게 풀기를 바랍니다.

3에서는 실전문제와 흡사한 예상문제를 풀게 됩니다. 〈한국어 선생님〉은 2와 마찬가지로 한국어 학습자들이 제한된 시간 안에서 어떻게 해야 정확하게 풀 수 있는지 지도해 주시기 바랍니다. 예상문제를 다 푼 후에, 한국어 학습자로 하여금 오답 노트를 작성하게 해서 피드백을 해 주시기 바랍니다. 〈한국어 학습자〉는 예상문제를 모두 푼 다음에 틀린 문제에 대해 한국어 선생님에게 정확하게 설명을 듣기를 바랍니다. 이런 상황이 불가능하다면 저에게 질의를 해 주시기 바랍니다.

II. 〈문법〉, 〈쓰기〉, 〈읽기〉의 중요 사항

〈문법〉은 1장 반드시 출제되는 문법, 2장 꼭 알아야 하는 문법으로 이루어져 있습니다. 1장과 2장의 기준은 출제빈도 순서입니다. 따라서 특별한 목적이 있지 않은 이상, 순서대로 교수와 학습을 하게 된다면 높은 점수를 받게 될 수 있다고 봅니다.

〈쓰기〉는 1장부터 3장까지가 고르기의 문제입니다. 그리고 4장과 5장은 쓰기 문제입니다. 가장 어려운 부분이 5장입니다. 저는 〈쓰기〉에서 5장에 심혈을 기울였습니다. 과정 중심으로,

쉬운 것에서 어려운 것으로의 학습 방법을 선택해서 설명했습니다. 다음을 보겠습니다.

다발 짓기 → 한 문단 쓰기 → 세 문단 쓰기 → 실전 쓰기

〈한국어 선생님〉은 5장 한 주제로 세 문단 이상 쓰기를 과정 중심으로 지도해 주시기 바랍니다. 일반 한국어 능력시험을 보는 한국어 학습자는 일반적으로 학문을 목적으로 공부하는 경향이 많습니다. 따라서 쓰기의 중요성은 말할 나위가 없습니다. 특히, 원고지 쓰는 법과 글쓰기 스타일을 덧붙인 것은 5장의 쓰기가 단순한 시험에 그치지 않고 한국어 학습자에게는 지속적인 쓰기 연습이 필요하기 때문입니다. 〈한국어 학습자〉는 5장의 쓰기를 한 이후에 결과물을 한국어 선생님에게 꼭 체크를 받기 바랍니다. 이런 상황이 아니라면 저에게 글을 보내주시면 설명해 드리겠습니다.

〈읽기〉는 모두 고르기 문제로 되어 있습니다. 〈한국어 선생님〉은 읽기 문제를 제한된 시간 속에서 정확하게 풀 수 있도록 한국어 학습자들을 지도해 주시기 바랍니다. 〈한국어 학습자〉는 〈읽기〉에서 제시된 읽기 기술을 정확히 이해해서, 빠른 시간 내에 문제를 풀기 바랍니다. 틀린 문제는 꼭 오답 노트를 작성하기 바랍니다.

Ⅲ. 한국어 학습자 여러분! 이제 한국어 능력시험이라는 목표가 생겼습니다.

그 목표 지점에 도달할 때까지, 제가 이 교재를 통해서 도와 드리겠습니다. 마음껏 항해하십시오. 질문이 있으면 다음의 이메일 주소로 보내주시기 바랍니다.(whyhahaha@naver.com)

여러분 멋지게 항해하시기 바랍니다. 행운이 가득하기를 빕니다.

목차

머리말 · 3
일러두기 · 4
목차 · 6

문 법

들어가기 · 10
1장 반드시 출제되는 문법 · · · · · · · · · 12
    1과 간접 화법 · · · · · · · · · · · · · · · · 12
    2과 보조사 · · · · · · · · · · · · · · · · · · · 20
    3과 피동 · 31
    4과 사동 · 38
    5과 이유 · 44
    6과 계획과 의도 · · · · · · · · · · · · · · · 54

2장 꼭 알아야 할 문법 · · · · · · · · · · · 62
    1과 호응 · 62
    2과 이음 · 67
    3과 회상 · 74
    4과 추측 · 78
    5과 높임말 · · · · · · · · · · · · · · · · · · · 83
    6과 놓치면 안 되는 문법 · · · · · · · · · 87

정답 · 94

쓰 기

들어가기 · 98
1장 대화를 이해하고 고르기 · · · · · · 100
    1과 대화에 알맞은 표현 고르기 · · · 100
    2과 대화와 같은 의미 고르기 · · · · · 108

2장 안내문과 같은 내용 고르기 · · · 118

3장 맞는 표현을 논리적으로 고르기 · · · · · · · · · · · · · 131

4장 짧게 쓰기 · 143
   1과 세 표현으로 한 문장 쓰기 · · · · · · · · · · · · 143
   2과 맞는 표현을 논리적으로 쓰기 · · · · · · · · · · · 152

5장 한 주제로 세 문단 이상 쓰기 · · · · · · · · · · · · · · 160
   1과 다발 짓기로 쓸 거리 마련하기 · · · · · · · · · · 162
   2과 문단 쓰기 Ⅰ · 168
   3과 문단 쓰기 Ⅱ · 175
   4과 실전 쓰기 · 184
   5과 글 형식 연습 · · · · · · · · · · · · · · · · · · · 194
    (1) 글 문장 쓰기 연습 · · · · · · · · · · · · · · · 194
    (2) 원고지 쓰기 연습 · · · · · · · · · · · · · · · 199

정답 · 206

읽 기

들어가기 · 214

1장 빨리 읽고 고르기 · 216
   1과 빨리 읽고 무엇인지 고르기 · · · · · · · · · · · · 216
   2과 텍스트를 보고 같은 내용 고르기 · · · · · · · · · 227

2장 논리적으로 읽고 고르기 · · · · · · · · · · · · · · · · 245
   1과 중심 생각 고르기 · · · · · · · · · · · · · · · · · 245
   2과 올바른 순서 고르기 · · · · · · · · · · · · · · · · 260
   3과 논리적인 표현 고르기 · · · · · · · · · · · · · · · 271

3장 종합적으로 읽고 고르기 · · · · · · · · · · · · · · · · 285

정답 · 330

TOPIK 적중특강

문법

1장　반드시 출제되는 문법
- **1과**　간접 화법
- **2과**　보조사
- **3과**　피동
- **4과**　사동
- **5과**　이유
- **6과**　계획과 의도

2장　꼭 알아야 할 문법
- **1과**　호응
- **2과**　이음
- **3과**　회상
- **4과**　추측
- **5과**　높임말
- **6과**　놓치면 안 되는 문법

들어가기

〈한국어능력시험 중급 문법〉은 1교시에 15문제 정도가 나온다. 이 〈문법〉 문제들은 외국어로서 한국어 3급과 4급 과정을 성실하게 공부한 외국인 학습자라면 어렵지 않게 풀 수 있다. 그러나 3급과 4급 과정을 모두 정리하지 못했거나 비슷한 문법들의 차이를 이해하지 못했다면 어렵게 느껴질 수도 있다. 그리고 시험문제의 유형을 익히지 못했다면 더 어렵겠다. 게다가 주어진 시간에 맞게 문제를 모두 풀어야 한다는 데에도 어려움이 있다.

〈TOPIK 적중특강 문법〉은 한국어능력시험 중급 문법이 어려운 한국어 학습자들을 위해 나왔다. 〈TOPIK 적중특강 문법〉을 통해서 3급과 4급에 나온 문법 표현을 정리할 수 있다. 그리고 비슷한 표현들의 차이도 이해할 수 있게 된다. 이를 통해서 문제들을 빠르고 정확하게 풀 수 있다. 이런 목표에 이르게 되면 당연히 4급의 실력을 갖게 될 것이다.

다음은 〈TOPIK 적중특강 문법〉을 공부하는데 생각하고 해야 할 세 가지이다.

우선, 이 책의 순서대로 기출문제를 먼저 풀어보고 무엇을 알고, 무엇을 모르는지 체크하자. 체크한 다음 연습문제와 예상문제를 예습하라. 답은 수업 시간이나 공부 시간에 확인하고 정확하게 이해하라. 이해하지 못하는 문제는 꼭 한국어 선생님에게 물어라.

둘째, 〈TOPIK 적중특강 문법〉의 문법 표현 순서대로 노트에 정리해라. 실수로 틀린 문제와 헷갈리는 문제는 꼭 적어라. 이렇게 자기 노트를 만들어라. 그래야 내 것이 된다.

셋째, 시간을 정해서 문제를 풀어라. 현재 한국어능력시험의 1교시 어휘 · 문법/쓰기는 90분이다. 쓰기에 45분을 사용한다면 어휘 · 문법에는 45분이 남는다. 그렇다면 문법의 약 15문제를 22분 30초 정도에 모두 풀어야 한다. 1문제에 90초이다. 긴 시간이 아니다. 또 같은 1교시 쓰기의 작문형 문제를 풀려면 더 빨리 풀어야 한다.

저자는 〈TOPIK 적중특강 문법〉을 만들면서 문법을 비슷한 것으로 나누어 보였다. 또 많이 나온 순서대로 이 책을 구성하였다. 이렇게 한 이유는 한국어능력시험 중급을 준비하는 한국어 학습자들이 적은 시간에 최대의 점수를 많이 받을 수 있도록 하기 위함이었다. 끝까지 공부해서 좋은 점수를 받기를 바란다.

한국어능력시험 문법 문항 유형 분석

〈TOPIK 적중특강 문법〉은 두 부분으로 나누어진다.

1장 반드시 출제되는 문법은 TOPIK에서 거의 매회에 출제된 것을 정리해 문제화한 것이다. 따라서 1장은 반드시 알아야 한다.

2장 꼭 알아야 할 문법도 TOPIK에서 상당히 많이 출제되었다. 이 문법들은 각각의 내용으로 묶었고 많이 출제되는 순서대로 정리했다. 2장 6과의 놓치면 안 되는 문법은 앞의 문법 표현들과 같이 섞여서 나오는 문법이다. 이 문법의 의미나 활용을 모르게 되면 쉬운 문제를 틀릴 수가 있다. 꼭 확인해서 정리하기 바란다.

다음 표는 위에서 말한 것을 정리한 것이다.

1장	반드시 출제되는 문법	
	1과	간접 화법
	2과	보조사
	3과	피동
	4과	사동
	5과	이유
	6과	계획과 의도
2장	꼭 알아야 할 문법	
	1과	호응
	2과	이음
	3과	회상
	4과	추측
	5과	높임말
	6과	놓치면 안 되는 문법

1장 반드시 출제되는 문법

1장은 TOPIK에 꼭 나오는 문법들을 다룬다. 이 문법들은 반드시 출제된다. 따라서 당연히 알고 있어야 한다. 그 문법들은 간접 화법, 피동, 사동, 보조사, 이유, 계획과 의도이다. 그러면 먼저 1과 간접 화법부터 보자.

1과 간접 화법

간접 화법은 한국어 교육에서 중급의 기준이 되는 문법이다. 이 문법은 대학교 한국어 교재에서 빠르면 2급부터 나오지만, 일반적으로는 3급부터 나온다. 간접 화법은 중급 문법에서 거의 매회 출제되었다. 그러면 기출문제를 먼저 풀어보자.

기출문제

※ 다음 (   )에 알맞은 것을 고르십시오.

TOPIK 16회 15번

가 : 그거 웬 카메라예요?
나 : 친구가 제 카메라를 며칠만 (   ) 해서 가져왔어요.

① 빌렸다고　② 빌리겠다고　③ 빌리느냐고　④ 빌리겠냐고

TOPIK 15회 18번

가 : 과장님, 제가 드린 서류 검토해 보셨어요?
나 : 검토하고 나서 이 대리한테 (   ) 했는데 안 주던가요?

① 전달하라고　② 전달했다고　③ 전달하느냐고　④ 전달하겠다고

TOPIK 13회 14번

가 : 이번 모임에 그 친구가 올까요?
나 : 그럼요. 저한테 꼭 (   ) 했어요.

① 왔었다고　② 오겠다고　③ 왔느냐고　④ 오겠느냐고

※ 다음 밑줄 친 부분이 맞는 것을 고르십시오.

TOPIK 14회 21번

① 이 책은 100년 전에 <u>만든다고</u> 합니다.
② 내년쯤에 회사 근처로 이사를 <u>갈 거라고</u> 합니다.
③ 친구가 나에게 자기랑 같이 밥을 <u>먹으라고</u> 합니다.
④ 큰언니가 나에게 막내 동생을 도와 <u>달라고</u> 합니다.

풀이 TOPIK 16회 15번은 답이 몇 번인가? ②이다.
TOPIK 15회 18번은 '① 전달하라고'밖에 없다.
TOPIK 13회 14번은 답이 몇 번? '② 오겠다고'이다.

TOPIK 14회 21번은 정답은? 하나씩 보자. 다음처럼 바꾸면 된다.

① 이 책은 100년 전에 <u>만든다고 합니다</u>. → <u>만들었다고 합니다</u>.
② 내년쯤에 회사 근처로 이사를 <u>갈 거라고 합니다</u>.
③ 친구가 나에게 자기랑 같이 밥을 <u>먹으라고 합니다</u>. → <u>먹자고 합니다</u>.
④ 큰언니가 나에게 막내 동생을 도와 <u>달라고 합니다</u>. → <u>주라고 합니다</u>.

①은 과거니까 '만들었다고 합니다.'로 바꾸어야 한다. ③은 '같이'라는 말이 있으니까 '먹자고 합니다.'가 맞다. ④는 큰언니, 나, 막내 동생 **세 사람이 나오니까** '주라고 합니다.'가 맞다. 여기에서 '-아/어 달라고 하다', '-아/어 주라고 하다'를 다시 정리하자. 다음 두 문장을 보자.

㉮ 큰언니가 나에게 막내 동생을 도와 주라고 합니다.
㉯ 큰언니가 나에게 도와 달라고 합니다.

㉮는 내가 막내 동생을 도와 주어야 한다. 누가 하라고 했는가? 큰언니다. '큰언니', '나', '막내 동생' 세 사람이 등장한다. '-아/어 주라고 하다'는 세 사람이 등장한다. 다음처럼 정리할 수 있다.

큰언니 → 나 → 막내동생

㉯는 내가 큰언니를 도와 주어야 한다. 누가 하라고 했는가? 큰언니다. '큰언니', '나' 두 사람만 등장한다. '-아/어 달라고 하다'는 두 사람이 등장한다. 다음처럼 정리할 수 있다.

큰언니 ← 나

기출문제 정리

간접 화법이 TOPIK에서 어떻게 나왔는지 보자. 다음은 TOPIK 16회까지 정리한 것이다.

회차	문제
16회 15번	친구가 제 카메라를 며칠만 <u>빌리겠다고</u> 해서 가져왔어요.
15회 18번	<u>전달하라고</u> 했는데 안 주던가요?
14회 21번	이사를 <u>갈 거라고</u> 했어요.
13회 14번	저한테 꼭 <u>오겠다고</u> 했어요.
12회 15번	지난 주말에 뭘 <u>했느냐고</u> 물어보셨어요.
9회 3급	같이 <u>공부하자고</u> 했습니다.
7회 3급	눈이 많이 <u>올 거라고</u> 했어요.

▶ **간접 화법, TOPIK 12회 이후 계속 나와**

위의 표에서 보는 것처럼, 이 문법은 TOPIK 12회 이후 계속 나오고 있다. 문제 유형은 주로 14~18번에 나오는 (　　　)에 **고르기 문제**에서 많이 나왔다. 따라서 평소에 간접 화법을 철저히 공부해 말하고 읽고 쓸 때 골고루 사용해 보아야 하겠다.

간접 화법

간접 화법이란 화자가 가지고 있는 정보를 다른 사람에게 전달할 때 사용하는 문법이다. 간접 화법의 종류는 평서문, 명령문, 청유문, 의문문이 있다. 다음은 간접 화법을 종류별로 정리한 것이다. 특히 간접 화법 부분에 굵게 표시했다. 이 부분은 확실히 이해하고 있어야 한다.

1 평서문

- A-다고 하다 → 철수가 수진이는 요즘 너무 **바쁘다고** 했다.
- V-ㄴ/는다고 하다 → 수진이가 오늘 한국문학을 **공부한다고** 했다.
- N-(이)라고 하다 → 저는 **최수진이라고** 합니다.
- A/V-(으)ㄹ 거라고 하다 → 철수가 앞으로 **잘 될 거라고** 했다.
- A/V-겠다고 하다 → 수진이가 내일 중국에 **가겠다고** 했다.

2 명령문

- V-(으)라고 하다 → 엄마가 **공부하라고** 말했습니다.
- 달라고 하다 → 철수가 어머니에게 **밥을 달라고** 했어요.
- 주라고 하다 → 수진이가 (나에게) 철수에게 이 한국어 **사전을 주라고** 했습니다.

3 청유문

- V-자고 하다 → 철수가 나에게 도서관에 같이 **가자고** 했습니다.

4 의문문

- V/A-(느)냐고 하다/묻다 → 어제 왜 **결석했냐고** 하셨어요.
- N-(이)냐고 하다/묻다 → 저에게 **누구냐고** 물었어요.

연습문제

※ [1~10] 다음 (   )에 알맞게 쓰십시오.

1
철수가 "점심을 아직 안 먹었어요."라고 했어요.
→ 철수가 점심을 아직 안 (   ) 했어요.

2
수진이가 "중국어는 발음이 너무 힘들어요."라고 했어요.
→ 수진이가 중국어는 발음이 너무 (   ) 했어요.

3
철수가 "예쁘고 착한 여자가 좋아요."라고 했어요.
→ 철수가 예쁘고 착한 여자가 (   ) 했어요.

4
의사 선생님이 "살을 빼려면 저녁에 한 시간쯤 뛰어 보세요."라고 했습니다.
→ 의사 선생님이 살을 빼려면 저녁에 한 시간쯤 뛰어 (   ) 했습니다.

5
철수가 수진이에게 "상철이를 도와 주세요."라고 했어요.
→ 철수가 수진이에게 상철이를 도와 (   ) 했어요.

6
철수가 나에게 "눈사람을 만듭시다."라고 했어요.
→ 철수가 나에게 눈사람을 (   ) 했어요.

16_ 문법

7 선생님이 철수에게 "어세 야구했어요?"라고 했습니다.
→ 선생님이 철수에게 어제 (   ) 했습니다.

8 지나가는 사람이 나에게 "신촌이 어디입니까?"라고 물었어요.
→ 지나가는 사람이 나에게 (   ) 물었어요.

9 철수가 수진이에게 "어제 밤을 새웠더니 피곤해서 자야겠다."라고 했다.
→ 철수가 수진이에게 (   ) 했다.

10 선생님이 나에게 "지난주에 어떻게 지냈어요?"라고 물었다.
→ 선생님이 나에게 (   ) 물었다.

예상문제

※ [1~5] 다음 ( )에 알맞은 것을 고르십시오.

1
가: 수진 씨, 지금 어디에 가요?
나: 어머니께서 제게 두부를 좀 ( ) 했어요. 그래서 시장에 가요.

① 사 오자고   ② 사 오겠다고   ③ 사 오겠느냐고   ④ 사 오라고

2
가: 오늘 선생님께서 뭐라고 했어요?
나: 지난 주말에 어디에 ( ) 물었어요.

① 갈 거냐고   ② 가겠냐고   ③ 가느냐고   ④ 갔느냐고

3
가: 철수 씨가 오늘 올 수 있어요?
나: 네, 저한테 반드시 ( ) 했어요.

① 오겠냐고   ② 오겠다고   ③ 오느냐고   ④ 왔다고

4
가: 오늘 날씨가 어떻대요?
나: 일기예보에 따르면 오후부터 ( ) 했어요.

① 맑는다고   ② 맑아지겠다고   ③ 맑느냐고   ④ 맑아지자고

5
가: 내일 친구를 어디에서 만날 거예요?
나: 친구가 신촌에 있는 백화점에서 같이 ( ) 했어요.

① 쇼핑할 거라고   ② 쇼핑한다고   ③ 쇼핑하겠냐고   ④ 쇼핑하자고

※ [6~7] 밑줄 친 부분이 맞는 것을 고르십시오.

6
① 최수진이<u>다고 합니다.</u>
② 오늘은 <u>흐린다고 했어요.</u>
③ 철수에게 무슨 책을 <u>읽는다고 물었어요.</u>
④ 철수에게 수진이가 아프니까 병문안 <u>가자고 했어요.</u>

7
① 다음 달에 한국에 <u>갔다고 합니다.</u>
② 오늘 저녁에 친구들과 영화를 <u>보다고 했습니다.</u>
③ 철수는 수진이를 바라보면서 <u>사랑한다고</u> 말했어요.
④ 이 한국 소설은 내용이 너무 <u>어렵는다고 했습니다.</u>

※ 다음 밑줄 친 부분 중 <u>잘못</u> 된 것을 고르십시오.

8
① 일기예보를 못 <u>들었다고 했어요.</u>
② 수영 말고 야구 구경 <u>가자고 했어요.</u>
③ 나에게 국적이 <u>어디야고 물었어요.</u>
④ 연습을 많이 하면 <u>좋아진다고 했어요.</u>

※ [9~10] 다음 글을 읽고 물음에 답하십시오.

9
   오늘 선생님께서 한국의 역사에 대해 이야기하셨다. 고조선의 단군의 이야기가 재미있었다. 선생님께서는 한국 역사에 더 흥미가 있는 사람은 역사박물관에 ㉠<u>(가 보다)고 하셨다.</u> 내일 오후에 수진이와 함께 가보려고 한다. 기대된다.

㉠을 간접 화법으로 알맞게 고쳐 쓰십시오.

10
   어제 휴대 전화를 새로 샀다. 그런데 휴대 전화의 소리가 잘 들리지 않았다. 산 곳에 가서 휴대 전화를 ㉡<u>"바꾸어 주세요"라고 했다.</u> 아저씨가 확인해 보고 바꾸어 주었다.

㉡을 간접 화법으로 알맞게 고쳐 쓰십시오.

2과 보조사

보조사 문제는 TOPIK 중급 시험에서 최소 1문제에서 최대 3문제까지 출제되었다. 최근에는 계속 2문제씩 출제되었다. TOPIK에 꼭 나온다고 보면 된다. 그만큼 중요하다.

보조사는 명사에 **특별한 의미를 갖게 하는 조사**이다. TOPIK에서는 〈-에다가, -(이)나마, -(이)라도, -치고(는), -조차, -(이)야말로, -마저, -은/는커녕(-기는커녕), -만큼(은)〉과 같은 보조사들이 출제되었다. 앞의 보조사들은 정답이건 오답이건 TOPIK 매회에 나온다.

다음의 〈보조사 출제 빈도 표〉를 보자.

보조사 출제 빈도 표

보조사	16회	15회	14회	13회	12회	11회	10회
-에다가							
-(이)나마		○					
-(이)라도	○						
-치고(는)			○		○		○
-조차		○					
-(이)야말로				○			
-마저				○			
-은/는커녕 -기는커녕	○				○		
-만큼(은)						○	

▶ 〈-치고(는)〉, 〈-은/는커녕, -기는커녕〉 등을 꼭 알아야

위의 표에 따르면 〈-치고(는)〉이 3회씩이나 정답으로 나왔다. 꼭 알아 두어야 할 표현이다. 다음은 2회 정답으로 나온 〈-은/는커녕, -기는커녕〉을 잘 알아야겠다. 그 다음은 〈-(이)나마, -(이)라도, -조차, -야말로, -마저, -만큼(은)〉 등이 정답으로 출제되었다.

문제도 (   )에 알맞은 것을 고르는 문제, 바른 문장을 고르는 문제, 밑줄 친 부분과 바꾸어 쓸 수 있는 것을 고르는 문제가 나왔다. 이는 보조사가 어느 문제 유형이나 나올 수 있다는 것을 말해준다.

기출문제

※ 다음 (   )에 알맞은 것을 고르십시오.

TOPIK 16회 18번

가 : 꼭 읽고 싶은 책이 있는데 더 이상 판매하지 않는대요. 어쩌죠?
나 : 헌책방에는 있을지 모르니까 거기 (   ) 가서 찾아 보세요.

① 마저   ② 만큼   ③ 라도   ④ 치고

TOPIK 15회 17번

가 : 옛날에 있던 소나무 숲이 완전히 사라졌네요.
나 : 그러게요. 옛날에는 그렇게 나무가 많았는데 지금은 흔적 (   ) 없어요.

① 조차   ② 치고   ③ 까짓   ④ 만큼

TOPIK 14회 18번

가 : 교수님, 말씀하신 논문 정리 다 마쳤습니다.
나 : 수고했어. 처음 하는 일 (   ) 꼼꼼하게 잘했네.

① 조차   ② 치고는   ③ 만큼은   ④ 이야말로

기출문제

TOPIK 13회 17번

가 : 경주에 가면 불국사에 꼭 가 보라고 하던데 그곳이 그렇게 유명한 곳이에요?
나 : 그럼요. 불국사 (　　　　　) 경주를 대표하는 건축물이라고 할 수 있어요.

① 마저　　② 만큼　　③ 치고　　④ 야말로

TOPIK 12회 17번

가 : 내 동생은 중학생 (　　　　　) 키가 너무 작아서 부모님께서 항상 걱정을 하신다.

① 마저　　② 조차　　③ 부터　　④ 치고

TOPIK 11회 16번

보통 때는 공부를 안 해도 시험 때 (　　　　　) 열심히 공부해야지.

① 밖에는　　② 조차　　③ 까지도　　④ 만큼은

※ 다음 중 바른 문장을 고르십시오.

TOPIK 16회 22번

① 나는 우리 아버지야말로 가장 존경한다.
② 이번 달은 저축은커녕 생활비도 모자라겠다.
③ 1년 동안 서로 얼굴이나마 모르고 편지를 주고받았다.
④ 아무도 안 올 줄 알았는데 선배님조차 와 주셔서 다행이다.

TOPIK 15회 23번

① 알고 보니 그 서류가 집에다가 있었다.
② 지금은 자신의 능력이야말로 키워야 한다.
③ 그래도 2등이나마 할 수 있어서 다행이다.
④ 어젯밤에 배가 고파서 라면이라도 끓여 먹었다.

TOPIK 14회 22번

① 이곳은 <u>청소년이라야</u> 들어갈 수 없어요.
② 너무 바빠서 <u>자기는커녕</u> 쉬기도 했어요.
③ <u>선생님마저</u> 저를 믿어 주시지 않는군요.
④ 지나가는 <u>사람더러</u> 길을 가르쳐 주었어요.

TOPIK 11회 22번

① <u>커피든지</u> 녹차 중에서 뭘 드시겠어요?
② 여러분들 중에서 진정한 <u>애국자야말로</u> 나올 겁니다.
③ <u>아무 것이든지</u> 사줄 테니 마음에 드는 걸로 골라 봐.
④ 그렇게 돈을 물 <u>쓰듯이</u> 하다가는 언젠가 후회할 거야.

TOPIK 10회 23번

① 바쁠 텐데 <u>형님마저</u> 잔치에 와 주셔서 감사합니다.
② 요즘 <u>초등학생치고</u> 태권도 못하는 아이가 어디 있어요?
③ 제가 어렸을 때는 집안이 어려워서 <u>먹을 것이나마</u> 없었어요.
④ 지난달에는 <u>수입에다가</u> 비해 지출이 많아서 생활하기 어려웠다.

풀이 TOPIK 16회 18번의 답은 ③이다.
왜 '-라도'일까? '-라도'는 '제일 좋은 것이 아니면 그 다음 것을 선택한다'는 의미가 있기 때문이다.

TOPIK 15회 17번은? ①이다.
'-조차'는 '가장 기본적인 것 또는 중요한 것이 되는 것(사람)도 없다'는 뜻이다.

TOPIK 14회 18번은 몇 번인가? ②이다.
'-치고는'는 '처음에는 그렇게 생각하지 않았는데 나중과 다르다'는 말이다.

TOPIK 13회 17번은? ④이다.
'-야말로'는 '다른 것보다 이것이'라는 뜻을 가진다.

TOPIK 12회 17번은? ④이다. TOPIK 14회 18번의 설명을 보자.

TOPIK 11회 16번은? ④이다.
'-만큼은'은 '-만은, 반드시'라는 뜻이다. 14쪽 보조사에 대한 설명을 참조하자.

기출문제

풀이 TOPIK 16회 22번의 정답은? ②이다. 틀린 문제는 → 옆에 고친다.
① 나는 우리 아버지야말로 가장 존경한다. → 아버지를
② 이번 달은 저축은커녕 생활비도 모자라겠다.
③ 1년 동안 서로 얼굴이나마 모르고 편지를 주고받았다. → 얼굴조차/얼굴을
④ 아무도 안 올 줄 알았는데 선배님조차 와 주셔서 다행이다. → 선배님이라도

TOPIK 15회 23번은 몇 번이 정답인가? ③이다. 틀린 문제는 → 옆에 고친다.
① 알고 보니 그 서류가 집에다가 있었다. → 집에
② 지금은 자신의 능력이야말로 키워야 한다. → 능력을
③ 그래도 2등이나마 할 수 있어서 다행이다.
④ 어젯밤에 배가 고파서 라면이라도 끓여 먹었다. → 라면을

TOPIK 14회 22번은 ③이다. 틀린 문제는 → 옆에 고친다.
① 이곳은 청소년이라야 들어갈 수 없어요. → 이곳은 청소년이라야 들어갈 수 **있어요**.
② 너무 바빠서 자기는커녕 쉬기도 했어요. → 너무 바빠서 자기는커녕 쉬지도 **못했어요**.
③ 선생님마저 저를 믿어 주시지 않는군요.
④ 지나가는 사람더러 길을 가르쳐 주었어요. → 지나가는 사람**에게** 길을 가르쳐 주었어요.

TOPIK 11회 22번은 ④이다. 틀린 문제는 → 옆에 고친다.
① 커피든지 녹차 중에서 뭘 드시겠어요? → 커피**나** 녹차 중에서 뭘 드시겠어요?
② 여러분들 중에서 진정한 애국자야말로 나올 겁니다. → 여러분들 중에서 진정한 애국자**가** 나올 겁니다.
③ 아무 것이든지 사줄 테니 마음에 드는 걸로 골라 봐.
  → 아무 거**나** 사줄 테니 마음에 드는 걸로 골라 봐.
④ 그렇게 돈을 물 쓰듯이 하다가는 언젠가 후회할 거야.

TOPIK 10회 23번은 ②이다. 틀린 문제는 → 옆에 고친다.
① 바쁠 텐데 형님마저 잔치에 와 주셔서 감사합니다.
→ 바쁠 텐데 형님**까지** 잔치에 와 주셔서 감사합니다.
② 요즘 초등학생치고 태권도 못하는 아이가 어디 있어요?
③ 제가 어렸을 때는 집안이 어려워서 먹을 것이나마 없었어요.
→ 제가 어렸을 때는 집안이 어려워서 먹을 것**조차** 없었어요.
④ 지난달에는 수입에다가 비해 지출이 많아서 생활하기 어려웠다.
→ 지난달에는 수입**에 비해** 지출이 많아서 생활하기 어려웠다.

보조사

1. **-에다가**: 다른 명사에 더한다는 뜻이다. '-에다가' 뒤에는 '-넣다, -놓다, -두다' 등이 쓰인다. '-있다'는 말은 쓸 수 없다.

   예]
   1) 저는 커피 둘에다가 프림 둘을 넣습니다.
   2) 가방에다가 책을 넣었습니다.
   3) 그 서류를 집에다 놓았다.
   ※ 그 서류가 집에 있었다.

2. **-(이)나마**: **선택할 때** 부족하거나 불만이지만 **괜찮다고 생각한다**는 뜻이다. 뒤의 동사는 '다행이다, 괜찮다, 안심이다' 등의 말이 쓰인다.

   예]
   1) 천 원이나마 있어서 라면을 사 먹을 수가 있었어요.
   2) 그래도 이 근처에 여관이나마 있어서 쉴 수 있었다.

3. **-(이)라도**: **선택할 때 마음에 드는 것이 없어서 그 다음의 것을 생각한다**는 뜻이다.

   예]
   1) 커피가 없으면 콜라라도 한 잔 주세요.
   2) 이번 숙제가 어려우면 연습문제라도 풀어오세요.

4. **-치고(는)**: 사람이나 사물을 보고 **처음에 했던 생각과 달라졌을 때** 이 표현을 쓴다. 보통 **반대의 생각**이 드러난다.

   예]
   1) 외국인치고는 한국말을 잘하시네요.
   2) 비싼 식당치고는 맛이 너무 없어요.

보조사

5. **-조차**: 앞에서 말하지 않은 것에다가 **무엇을 더할 때** 사용한다. '**-까지도**'와 같다. 뒤에 '**-없다**'와 함께 쓰인다. **긍정문과 부정문** 모두 쓰인다.

   예]
   1) 요즘 아르바이트 때문에 공부할 시간조차 없어요.
   2) 대통령께서 돌아가시는 것은 생각조차 할 수 없었습니다.
   3) 우리 엄마는 못 쓰는 옷조차 재활용하신다.

6. **-마저**: 앞에서 말한 것에다가 **더할 때, 특히 마지막이라고 생각할 때** 쓴다. **부정문에서만** 쓰인다. 별로 좋지 않은 상황이다.

   예]
   1) 노트북도 고장났는데 이 컴퓨터마저 말을 안 듣네.
   2) 너마저 나를 배신하니?

7. **-은/는커녕, -기는커녕**: '커녕' 뒤에 '-도 못하다'가 나온다. '**말할 것도 없고**'와 같다.

   예]
   1) 미국은커녕 제주도도 못 갔어요.
   2) 점심은커녕 아침도 못 먹었어요.
   3) 점심을 먹기는커녕 물 한잔도 못 먹었다니까요.

8. **-(이)야말로**: **강조해서 확인하는 말이다**. '**-참말로**'라는 뜻을 가진다. 뒤에 '정말로, 진정한, 확실한, 대표하는, 원하는, 인상적인, 잊지 못할' 등의 말이 온다.

   예]
   1) 경복궁이야말로 서울을 대표하는 건축물이다.
   2) 우리 남편이야말로 지금까지 성실하게 살아 온 사람이지요.

9. **-만큼은**: '**반드시**', '**-만은 꼭**'이라는 뜻이다.

   예]
   1) 건강을 생각하신다면 아침만큼은 꼭 챙깁시다.

연습문제

※ [1~6] 다음 (   )에 알맞은 것을 고르십시오.

1
가: 세종대왕의 가장 큰 업적은 뭐라고 생각하십니까?
나: 한글 창제 (   ) 세종대왕이 한 가장 큰 업적이라고 생각합니다.

① 마저　　② 만큼　　③ 치고　　④ 야말로

2
가: 안녕하세요. 저는 스테판이라고 해요. 프랑스에서 막 왔어요.
나: 와, 프랑스 사람 (   ) 한국말을 너무 잘하시는데요.

① 조차　　② 치고　　③ 까짓　　④ 만큼

3
우리집 아들은 어린 아이 (   ) 생각이 조숙하다. 어린이는 어린이다워야 하는데 말이다.

① 마저　　② 조차　　③ 부터　　④ 치고

4
가: 할머니, 50년 전 일이 가끔씩 생각나세요?
나: 아니에요. 이제 50년 전 일은 생각 (   ) 안나요.

① 조차　　② 치고는　　③ 만큼은　　④ 이야말로

5
가: 아빠, 하실 말씀이 뭐세요?
나: 난 네가 학교에서는 열심히 공부해야 한다고 생각하지만 집에서 (   ) 공부보다는 가족에 관심을 더 가졌으면 좋겠어.

① 밖에는　　② 조차　　③ 까지도　　④ 만큼은

6
가: 이게 마지막 컵라면인데 괜찮으시겠어요?
나: 어쩔 수 없죠. 그거 (   ) 주세요. 배가 너무 고파서요.

① 마저　　② 만큼　　③ 라도　　④ 치고

연습문제

※ [7~10] 다음 중 바른 문장을 고르십시오.

7
① 그래도 잘 곳이나마 없어서 큰 일이에요.
② 노력에다 비해 점수가 안 나와서 큰 일이에요.
③ 대학생치고 아르바이트 하는 학생이 있습니다.
④ 그 친구야말로 나를 이해해 준 마지막 사람이었어요.

8
① 너마저 나를 알아주는구나.
② 학생더러 열심히 공부하라고 했습니다.
③ 여학생이라야 도서관에 들어갈 수 있어요.
④ 에베레스트 산에 가기는커녕 뒷동산도 갔어요.

9
① 회의 자료를 인터넷에다가 찾았어요.
② 장학금조차 탈 수 있어서 정말 다행이에요.
③ 학생은 공부야말로 열심히 해야 한다.
④ 일자리라도 얻게 되어 정말 다행이에요.

10
① 빵이든지 밥 중에서 밥을 먹고 싶어요.
② 너마저 내 마음을 안 알아주면 어떡하니?
③ 안동이야말로 관광 명소로 만들어야 합니다.
④ 아무나든지 공부를 열심히 하면 대학에 들어가요.

예상문제

※ [1~5] 다음 (　　　)에 알맞은 것을 고르십시오.

1
가: 늦은 나이인데 왜 아직까지 공부하세요?
나: 저는 늦었다고 생각하지 않습니다. 지금(　　　) 가장 좋은 공부의 때라고 생각합니다.

① 마저　　② 조차　　③ 이야말로　　④ 이나마

2
가: 시험 잘 보셨어요?
나: 아뇨, 하지만 70점(　　　) 나왔으니 다행이에요. 낙제는 안 하잖아요.

① 이야말로　　② 이나마　　③ 조차　　④ 부터

3
가: 철수 씨하고 영미 씨가 결혼한대요!
나: 아, 어제 두 사람이 귀(　　　) 대고 이야기하더니, 그렇게 됐군요.

① 만큼　　② 라도　　③ 에다가　　④ 치고

4
가: 신혼이라 남편이 잘 해주겠어요. 너무 부러워요.
나: 잘 해주기(　　　) 설거지도 안 도와줘요.

① 나마　　② 치고는　　③ 는커녕　　④ 조차

5
가: 어제 산 노트북 컴퓨터 괜찮아요?
나: 네, 싸게 산 노트북(　　　) 성능이 좋은 편이에요.

① 치고는　　② 라서　　③ 에다가　　④ 은커녕

예상문제

※ [6~10] 다음 중 바른 문장을 고르십시오.

6
① 요즘은 먹을 만큼의 것이 없다.
② 개든지 고양이에서 나는 개가 좋다.
③ 그래도 빵이나마 먹을 수 있어서 다행이네요.
④ 가을에 책이야말로 읽어야 마음의 양식이 됩니다.

7
① 요즘 새벽이나마 너무 추워요.
② 요즘에는 너라도 공부하고 싶다.
③ 하늘로부터 눈이 가고 있습니다.
④ 그 사람은 저더러 한국말을 잘한대요.

8
① 철수마저 친구를 믿었어요.
② 웃기는커녕 나를 좋아했어요.
③ 학교는 학생이라야 들어갈 수 없어요.
④ 도서관에 있을 때만큼은 공부를 하고 싶어요.

9
① 저녁은커녕 케익은 먹었어요.
② 학교에서는 규칙이나마 지킬 수 없어요.
③ 그 사람에 대해 지금은 생각조차 안해요.
④ 고등학생치고 입시 스트레스를 받는 사람은 있어요.

10
① 너든지 그라면 별로야.
② 너야말로 정말 사랑해.
③ 나더러 공부를 하겠다고요!
④ 너마저 나를 속이다니! 믿을 수 없어.

3과 피동 I -〈피동사〉

피동에는 〈피동사〉, '-되다', '-게 되다', '-아/어 지다'가 있다. 이 중에서 먼저 피동을 대표할 수 있는 〈피동사〉를 확인해 보자. 〈피동사〉는 동사에 '이히리기'를 붙여서 만든다. 다음 〈피동사 표〉를 보자.

피동사 표

이	히	리	기
보다-보이다	닫다-닫히다	걸다-걸리다	안다-안기다
놓다-놓이다	읽다-읽히다	열다-열리다	씻다-씻기다
바꾸다-바뀌다	막다-막히다	팔다-팔리다	감다-감기다
쓰다-쓰이다	잡다-잡히다	밀다-밀리다	잠그다-잠기다
쌓다-쌓이다	먹다-먹히다	풀다-풀리다	빼앗다-빼앗기다
섞다-섞이다	밟다-밟히다	물다-물리다	쫓다-쫓기다
	업다-업히다	흔들다-흔들리다	찢다-찢기다
		듣다-들리다	끊다-끊기다

위의 표에서 굵게 표시한 단어들은 TOPIK에서 한 번 이상 나온 피동사이다. 당연히 모두 알고 있어야 한다.

위의 표는 한국어를 공부하면서 자연스럽게 알아야 한다. 하지만 기억이 안 날 때는 기억이 날 수 있는 몇 가지 방법이 있다.

먼저 '리'-피동사는 동사 받침에 'ㄹ'이 있어서 쉽게 외울 수 있다. 다만 '듣다'는 예외이다. '듣다'는 '들리다'이다.

다음으로 '기'-피동사는 두 상황을 이야기로 기억해 보자. "엄마와 아기가 있어요. 아기가 엄마에게 안깁니다. 엄마는 아기의 얼굴을 씻기고 머리를 감깁니다." 어렵지 않다. '기'-피동사를 계속 보자. "문이 잠겼는데 도둑이 집에 들어왔어요. 나는 도둑에게 돈을 빼앗겼습니다. 나는 경찰에게 신고를 했어요. 경찰이 도둑을 좇습니다. 다시 말해, 도둑은 경찰에게 쫓깁니다. 도둑이 도망가면서 옷이 찢깁니다. 도둑은 연락이 끊깁니다."

위의 '리'-피동사와 '기'-피동사의 예처럼 '이'-피동사와 '히'-피동사도 이해해서 외울 수 있도록 이야기로 문장을 만들어 보자. 큰 소리로 열 번쯤 읽고 외우면 생각보다 쉽게 외울 수 있다.

기출문제

※ 다음 중 밑줄 친 부분이 맞는 것을 고르십시오.

TOPIK 16회 19번

① 오후 다섯 시에 가니까 은행 문이 <u>닫았다</u>.
② 어디선가 내 이름을 부르는 소리가 <u>들렸다</u>.
③ 책상마다 급히 처리해야 할 서류들이 <u>놓았다</u>.
④ 수 년간의 노력으로 농촌 경제가 많이 <u>바꿨다</u>.

TOPIK 14회 23번

① 아이가 엄마 등에 <u>업어서</u> 자고 있어요.
② 죄송하지만 이 옷 좀 <u>걸려</u> 주시겠어요?
③ 결혼식이 언제인지 저에게 꼭 <u>알아</u> 주세요.
④ 중요한 물건은 관리실에 <u>맡기고</u> 들어가세요.

TOPIK 13회 9번

① 드디어 그 도둑이 경찰한테 <u>잡았다</u>.
② 산 정상에 올라가면 바다가 잘 <u>보여진다</u>.
③ 여기는 조용해서 전화 소리가 잘 <u>들어진다</u>.
④ 요즘 갑자기 날씨가 더워져서 에어컨이 많이 <u>팔린다</u>.

※ 다음 (   )에 알맞은 것을 고르십시오.

TOPIK 9회 19번

멀리서도 잘 (   ) 이름을 크게 써 주세요.

① 보이게
② 보고는
③ 보면서
④ 보이려고

풀이 TOPIK 16회 19번의 답은 무엇인가? ②이다. 확인해 보자. 틀린 문제는 → 옆에 바르게 고쳤다.

① 오후 다섯 시에 가니까 은행 문이 닫았다. → 닫혀 있었다 / 닫혔다
② 어디선가 내 이름을 부르는 소리가 들렸다.
③ 책상마다 급히 처리해야 할 서류들이 놓았다. → 놓여 있었다 / 놓였다
④ 수 년간의 노력으로 농촌 경제가 많이 바꿨다. → 바뀌었다

TOPIK 14회 23번의 답은? ④이다. 이 문제는 피동사와 사동사가 섞여 있어서 좀 어려웠다. 문제가 이렇게 나올 수도 있다는 것을 잊지 말자. 확인해 보자.

① 아이가 엄마 등에 업어서 자고 있어요. → 업혀서
② 죄송하지만 이 옷 좀 걸려 주시겠어요? → 걸어
③ 결혼식이 언제인지 저에게 꼭 알아 주세요. → 알려(사동사)
④ 중요한 물건은 관리실에 맡기고 들어가세요. → (사동사)

TOPIK 13회 19번은 몇 번이 정답인가? ④이다. 확인해 보자.

① 드디어 그 도둑이 경찰한테 잡았다. → 잡혔다
② 산 정상에 올라가면 바다가 잘 보여진다. → 보인다
③ 여기는 조용해서 전화 소리가 잘 들어진다. → 들린다
④ 요즘 갑자기 날씨가 더워져서 에어컨이 많이 팔린다.

TOPIK 9회 19번은 쉬웠다. '① 보이게' 밖에 없다.

▶ 〈피동사〉 표현, 〈사동사〉와 함께도 나와

위의 기출문제들을 통해서 피동사는 **밑줄 친 부분의 맞는 것**을 고르는 문제로 나온다는 것을 알았다. 또한 피동사는 사동사와 함께 섞여서 나올 수도 있다. 따라서 정확하게 알지 못하면 틀릴 수도 있다.

연습문제

※ [1~6] 다음 중 밑줄 친 부분이 맞는 것을 고르십시오.

1
① 밤 10시에 서점 문이 <u>닫힙니다</u>.
② 이 한국어 사전이 많이 <u>씁니다</u>.

2
① 관악산이 <u>봅니다</u>.
② 옛날 노래가 <u>들립니다</u>.

3
① 아이가 엄마에게 <u>안깁니다</u>.
② 개가 철수를 <u>물립니다</u>.

4
① 창문이 잘 <u>열지</u> 않습니다.
② 도서관에서 가방이 <u>바뀌었습니다</u>.

5
① 주말에는 차가 많이 <u>밉니다</u>.
② 요즘 외국에서 한국 노래가 많이 <u>불립니다</u>.

6
① 방에 책이 많이 <u>쌓여</u> 있습니다.
② 지하철 안에는 전화 목소리가 크게 <u>듣습니다</u>.

예상문제

※ [1~6] 다음 중 밑줄 친 부분이 맞는 것을 고르십시오.

1
① 쥐가 고양이에게 먹였다.
② 아기가 엄마 등에 업었다.
③ 지진 때문에 땅이 흔들렸다.
④ 요즘은 은행 문이 9시에 연다.

2
① 친구 집 문이 잠겨 있었다.
② 전화기의 소리가 잘 들었다.
③ 엄마가 아기의 머리를 감았다.
④ 노래를 부르고 나니 스트레스가 풀었다.

3
① 요즘 사과가 잘 팔리네요.
② 이 옷 좀 바뀌어 주시겠어요?
③ 대통령이 바꾸어서 세상이 달라졌다.
④ 길이 막으면 차를 다른 곳으로 운전한다.

4
① 어제 모기가 물려서 아직도 가려워요.
② 연락이 끊겼던 친구가 갑자기 연락을 했어요.
③ 엘리베이터가 열더니 사람들이 많이 내렸어요.
④ 너무 더워서 옷을 옷걸이에 걸려 놓고 싶습니다.

5
① 남산에서는 서울 시내가 봅니다.
② 커피에 우유를 넣고 섞였습니다.
③ 못에 걸려서 청바지가 찢었습니다.
④ 교수님 목소리가 작아서 잘 안 들려요.

6
① 여기 창문이 잘 열리는데요.
② 책상 위에 노트북이 놓아 있어요.
③ 아기가 엄마에게 안아서 잘 자요.
④ 스트레스가 푸는 노래가 없을까요?

3과 피동 II

피동으로는 다음 세 가지가 더 있다. 즉, 〈-되다〉, 〈-게 되다〉, 〈-아/어 지다〉가 그것이다. TOPIK에 자주 나오지는 않았다. 하지만 꼭 알아 두기 바란다. 그래야 피동이 어떻게 시험에 나오든 자신감을 가질 수 있다. 먼저 기출문제를 확인해 보자.

기출문제

※ 다음 ( )에 알맞은 것을 고르십시오.

TOPIK 11회 14번

가 : 왜 이사를 가려고 해요?
나 : 다음 달부터 ( ) 된 회사가 너무 멀어서요.

① 일하게　　② 일해서　　③ 일하면서　　④ 일하니까

TOPIK 12회 16번

가 : 수진 씨는 등산을 좋아하는 것 같아요.
나 : 네. 그런데 산 여기저기에 쓰레기가 ( ) 있는 걸 보면 기분이 안 좋아요.

① 버려져　　② 버리고　　③ 버리려고　　④ 버렸는데도

풀이 TOPIK 11회 14번의 답은 몇 번인가? ①이다.
'다음 달부터 가게 된 회사가 너무 멀어서요.'는 내 생각과는 관계없이 **다른 이유 때문에** 내가 이사를 갔다는 뜻이다.

TOPIK 12회 16번의 답은? ①이다. '-아/어지다'를 알면 풀 수 있는 문제였다.

위의 세 가지 피동의 사용 예를 다음 표에서 보겠다. 꼭 확인해 보기 바란다.

피동	사용 예
-되다	사용되다, 발견되다, 발명되다, 시작되다, 연구되다
-게 되다	피동: 이사하게 되다, 출장 가게 되다, 입원하게 되다
	변화: 먹게 되다, 잘하게 되다
-아/어지다	피동: 만들어지다, 쓰여지다, 그려지다, 버려지다, 꺼지다, 켜지다, 쏟아지다, 넘어지다, 떨어지다, 쓰러지다, 부서지다, 깨지다
	상태 변화: (점점, 차츰, 자꾸만) 추워지다, 더워지다, 따뜻해지다, 뚱뚱해지다

예상문제

※ [1~5] 다음 (　　　)에 알맞은 것을 고르십시오.

1

가: 세종대왕께서 한글을 언제 만들었습니까?
나: 한글은 1443년에 (　　　　　).

① 만들어졌습니다　② 만들게 됐습니다
③ 만들어 버렸습니다　④ 만들고 말았습니다

2

가: 왜 이렇게 옷이 물에 젖었어요?
나: 뛰어가다가 물이 있는 곳에서 (　　　　　).

① 넘어지니까요　② 넘어졌거든요
③ 넘어졌잖아요　④ 넘어질뻔 했어요

3

가: 요즘 한국어 공부 열심히 하시네요.
나: 시험이 어려워져서 (　　　　　) 되었어요.

① 공부하게　② 공부하기가　③ 공부하면　④ 공부하려고

4

가: 그 그림은 누가 그렸어요?
나: 몰라요. 그런데 신라 시대 때 (　　　　　).

① 그렸대요　② 그리게 됐어요　③ 그리졌대요　④ 그려졌대요

5

가: 왜 갑자기 입원했어요?
나: 자전거 사고가 나서 (　　　　　) 되었어요.

① 입원하고　② 입원하게　③ 입원해서　④ 입원하니까

4과 사동

사동에는 〈사동사〉와 '-게 하다'가 있다. 보통, 〈사동사〉는 직접적으로 행동하게 하고 '-게 하다'는 간접적으로 하게 한다. 다음 두 문장을 보면서 구체적으로 그 의미를 살펴보자.

㉮ 엄마가 아이를 재웠어요.
㉯ 엄마가 아이를 자게 했어요.

일반적으로 ㉮문장은 엄마가 아이를 직접 재웠다는 말이다. 이와 달리 ㉯문장은 엄마가 아이에게 "얘, 빨리 자야지!"하고 말하니까 아이가 엄마에게 "네"하고 자기 방으로 들어가 잤다는 말이다. ㉮문장은 아이가 어떤 일을 스스로 할 수 없다고 본다. 반면에 ㉯문장은 아이가 어떤 일을 스스로 할 수 있다고 본다.

사동사는 동사에 '이히리기우추구'가 합해져 만들어진다. 다음 〈사동사 표〉를 살펴보자.

사동사 표

이	히	리	기
보다-보이다	앉다-앉히다		숨다-숨기다
속다-속이다	눕다-눕히다		**남다-남기다**
먹다-먹이다	입다-입히다	살다-살리다	신다-신기다
죽다-죽이다	읽다-읽히다	울다-울리다	옮다-옮기다
붙다-붙이다	좁다-좁히다	**알다-알리다**	굶다-굶기다
녹다-녹이다	높다-높이다	돌다-돌리다	**맡다-맡기다**
끓다-끓이다	맞다-맞히다	날다-날리다	**웃다-웃기다**
줄다-줄이다	넓다-넓히다		벗다-벗기다

우	추	구
자다-재우다		
타다-태우다		
깨다-깨우다	낮다-낮추다	돋다-돋구다
서다-세우다	맞다-맞추다	
쓰다-씌우다		
차다-채우다		

위의 표에서 굵게 표시한 단어들은 TOPIK에서 한번 이상 나온 단어들이다. 당연히 모두 알고 있어야 한다. 수업시간에 말하기, 읽기, 듣기, 쓰기로 연습해 보자.

기출문제

※ 다음 중 바른 문장을 고르십시오.

TOPIK 15회 20번

① 양파 껍질 좀 벗겨 주세요.
② 너무 많아서 음식이 남겼어요.
③ 민경 씨가 나에게 우산을 썼어요.
④ 어두워서 책상 위의 전등이 켰어요.

TOPIK 12회 20번

① 밤늦게까지 안 자는 아이들을 겨우 재웠다.
② 그 사람은 항상 재미있는 이야기로 우리를 웃는다.
③ 철수는 동생이 가까이 오자 등 뒤에 과자를 숨게 했다.
④ 친구들과 식당에 갔지만 배가 불러서 많이 남게 했다.

※ 다음 밑줄 친 부분이 잘못된 것을 고르십시오.

TOPIK 8회 18번

① 엄마가 아기한테 밥을 먹이고 있어요.
② 바지가 너무 길어서 길이를 줄이고 싶어요.
③ 거짓말로 친구를 속이는 것은 나쁜 행동이에요.
④ 도로가 좁아서 길을 넓이는 공사를 하고 있어요.

TOPIK 7회 20번

① 어머니는 아이에게 밥을 먹혔다.
② 철수는 재미있는 말로 우리를 웃겼다.
③ 영진이는 종이 비행기를 하늘에 날렸다.
④ 자려고 하지 않는 아이들을 겨우 재웠다.

기출문제

풀이 TOPIK 15회 20번의 답은 어떻게 되는가? ①이다. 확인해 보자. 틀린 문장은 → 옆에 바르게 고쳤다.

① 양파 껍질 좀 벗겨 주세요.
② 너무 많아서 음식이 남겼어요. → 남았어요
③ 민경 씨가 나에게 우산을 썼어요. → 씌웠어요/씌워 주었어요
④ 어두워서 책상 위의 전등이 켰어요. → 켜졌어요

TOPIK 12회 20번의 정답은 무엇인가? ①이다.

① 밤늦게까지 안 자는 아이들을 겨우 재웠다.
② 그 사람은 항상 재미있는 이야기로 우리를 웃는다. → 웃겼다/웃게 했다
③ 철수는 동생이 가까이 오자 등 뒤에 과자를 숨게 했다. → 숨겼다
④ 친구들과 식당에 갔지만 배가 불러서 많이 남게 했다. → 남겼다

주의!!!
③과 ④의 '-게 하다'는 사동 표현이지만 **사람**에게 쓴다. ③, ④는 각각 '과자', '음식'이 동사의 대상이다.

TOPIK 8회 3급 18번의 정답은 무엇인가? 어려웠다. ④이다. 다음처럼 고치자.

④ 도로가 좁아서 길을 넓이는 공사를 하고 있어요. → 넓히는

TOPIK 7회 3급 20번의 답은? ①이다.

① 어머니는 아이에게 밥을 먹혔다. → 먹였다

▶ 〈사동사〉, 〈피동사〉와 함께 정확하게 연습해야

사동은 피동과 함께 바른 문장을 고르는 문제에 계속 등장했다. 많은 연습을 통해 이 두 문법을 완전히 알아야 한다.

연습문제

※ [1~5] 다음 중 바른 문장을 고르십시오.

1
① 어머니가 나를 <u>깹니다</u>.
② 아저씨가 택시를 <u>섰습니다</u>.
③ 친구가 종이 비행기를 <u>날립니다</u>.

2
① 철수에게 소식을 <u>알렸습니다</u>.
② 가방을 친구에게 <u>맡았습니다</u>.
③ 기름을 승용차에 가득 <u>찼습니다</u>.

3
① 아기에게 옷을 <u>입습니다</u>.
② 배가 고파 라면을 <u>끓입니다</u>.
③ 의사가 수술로 환자를 <u>살았습니다</u>.

4
① 음식을 <u>남았지</u> 말아야 합니다.
② 어릴 때 친구들을 <u>울렸습니다</u>.
③ 아파트 평수를 <u>넓여서</u> 이사했습니다.

5
① 친구를 차에 <u>태웠습니다</u>.
② 아기들을 <u>굶으면</u> 안 됩니다.
③ 사람을 <u>속히는</u> 사람은 나쁩니다.

연습문제

※ [6~8] 다음 중 바른 문장을 고르십시오.

6
① 의자가 넘어져서 다시 세웁니다.
② 자장가를 부르면서 아기를 잡니다.
③ 손님이 피곤해 해서 의자에 앉습니다.

7
① 팽이를 돌면 재미있습니다.
② 연을 날리면서 소원을 빕니다.
③ 책상을 앞에서 뒤로 옭게 합니다.

8
① 길이 너무 넓어서 좁습니다.
② 철수는 문제의 답이 맞추었습니다.
③ 아기의 옷을 벗긴 후에 목욕을 시작합니다.

예상문제

※ [1~6] 다음 중 바른 문장을 고르십시오.

1
① 아기에게는 밥을 <u>먹을</u> 수는 없다.
② 바지를 산 후 바지 길이를 <u>줄여야</u> 한다.
③ 도로가 좁아 <u>넓이는</u> 공사가 계속 되고 있다.
④ 나는 검사를 받기 위해 <u>눕힐</u> 수밖에 없었다.

2
① 봄에는 입맛을 <u>돋는</u> 음식을 먹어야 한다.
② 어릴 때는 비행기를 타고 <u>날리는</u> 꿈이 있었다.
③ 맞벌이 부부는 아이를 유치원에 <u>맡기고</u> 출근한다.
④ 어릴 때 만화책을 몰래 보다가 <u>숨은</u> 적이 있을 것이다.

3
① 고양이가 쥐를 <u>죽었다</u>.
② 아기를 겨우 <u>자고</u> 책을 읽기 시작했다.
③ 겸손한 사람은 자기를 <u>낮추는</u> 사람이다.
④ 나는 햇빛이 강해서 모자를 <u>씌우고</u> 거리를 나왔다.

4
① 누가 수미를 <u>울었어요</u>?
② 손님들이 음식을 <u>남았어요</u>.
③ 엄마가 아기에게 우유를 <u>먹였어요</u>.
④ 철수에게 신발을 신기고 옷을 <u>입고</u> 학교로 갔다.

5
① 종이를 저기에 <u>붙었습니다</u>.
② 친구에게 제 가방을 <u>맡겼어요</u>.
③ 친구가 나에게 사전을 <u>봅니다</u>.
④ 그 소식은 제가 <u>알아</u> 주었어요.

6
① 수업 시간에 볼펜을 <u>돌리지</u> 마세요.
② 철수 씨는 어제 모임에서 우리를 <u>웃었어요</u>.
③ 아이에게 야채를 많이 <u>먹으면</u> 건강에 좋아요.
④ 날씨가 추워질 때 아이들에게 옷을 많이 <u>입어야</u> 한다.

이유

이유는 상당히 많이 출제되었고 TOPIK 출제자 입장에서도 출제하고 싶은 문법이다. 〈-어/아/여서 그런지, -(으)ㄹ 테니까, -는 바람에, -았/었다기에[길래], -(으)다 보니(까), -어/아/여 봐야, -느라고, -거든(요), -잖아(요), -탓에, -덕분에, -어/아/여/서〉 등이 출제되었다. 아래 〈이유 출제 빈도 표〉는 TOPIK에 나온 이유를 정답과 오답으로 나누어 보여준다. 확인해 보자.

이유 출제 빈도 표

	16회	15회	14회	13회	12회	11회	10회
-어/아/여서 그런지			○정답				
-(으)ㄹ 테니까		○정답					
-는 바람에				○정답	○오답	○오답	
-(았/었)다기에[길래]				○정답	○오답		
-(으)다 보니(까)	○오답		○오답			○정답	
-어/아/여 봐야							○정답
-느라고	○오답			○정답	○오답		
-거든요	○정답		○오답				
-탓에		○정답				○오답	
-어/아/여서			○오답				

▶ **이유는 골고루 정확히 알아야**

위의 〈이유 출제 빈도 표〉에 따르면 TOPIK 16회 〈-거든요〉, 15회 〈-(으)ㄹ테니까〉, 〈-탓에〉, 14회 〈-어/아/여서 그런지〉, 13회 〈-는 바람에〉, 〈-았/었다기에[길래]〉, 〈-느라고〉, 11회 〈-(으)다 보니(까)〉, 10회 〈-어/아/여〉가 골고루 나왔다. 오답은 〈-는 바람에〉, 〈-(으)다 보니(까)〉, 〈-느라고〉가 2회씩 출제되었다. 따라서 이유는 3급과 4급에 나온 이유 문법을 골고루 정확하게 이해하고 응용할 수 있어야 한다. 비슷한 이유 문법을 정확하게 이해하는 것이 중요하다.

기출문제

※ 다음 (   )에 알맞은 것을 고르십시오.

TOPIK 16회 16번

가 : 왜 그렇게 땀을 흘려요?
나 : 엘리베이터가 고장나서 계단으로 (   ).

① 올라왔든지요　　② 올라왔거든요　　③ 올라올까 해서요　　④ 올라오려고 했어요

TOPIK 15회 14번

가 : 저는 자전거를 한 번도 타 본 적이 없어요.
나 : 걱정하지 마세요. 뒤에서 (   ) 한번 타 보세요.

① 잡아 줄 테니까　　② 잡아 주다 보니까　　③ 잡아 줄 수 없으니까　　④ 잡아 줄 리 없으니까

TOPIK 13회 16번

누군가 갑자기 뒤에서 어깨를 (   ) 커피를 쏟았다.

① 쳤다가　　② 치는 바람에　　③ 치려던 참에　　④ 칠 뿐만 아니라

기출문제

※ 다음 밑줄 친 부분이 맞는 것을 고르십시오.

TOPIK 14회 19번

① 계속 먹다 보니까 살이 찔 거예요.
② 돈이 많다고 해도 다 사고 싶어요.
③ 날씨가 좋아 가지고 같이 산에 갑시다.
④ 여행을 자주 해서 그런지 아는 것이 많아요.

TOPIK 13회 22번

① 급한 전화를 받더라도 손님이 온 줄도 몰랐다.
② 해가 뜨는 것을 보려다가 동해 바다로 갑시다.
③ 연구실에서 실험하느라고 밖에 나갈 시간이 없었다.
④ 저장한 자료가 모두 없어지더라면 다시 만들어야 한다.

TOPIK 12회 19번

① 원래 몸이 아프면 집 생각이 나는지 한다.
② 지난달부터 손님이 줄어들길래 매출이 감소했다.
③ 오늘 아침에 갑자기 배가 아프느라고 버스를 놓쳤다.
④ 어젯밤에는 바람이 심하게 불더니 아침에는 비가 온다.

※ 다음 밑줄 친 부분과 바꾸어 쓸 수 있는 것을 고르십시오.

TOPIK 15회 24번

가 : 민우야, 지난번에 내가 빌려 준 책 가지고 왔니?
나 : 미안해. 집에서 급하게 나오느라고 깜빡 잊어버렸어.

① 나오길래 ② 나오더라도 ③ 나온 탓에 ④ 나온 데다가

풀이 TOPIK 16회 16번의 답은 무엇인가? ②이다. 상대방이 모르는 이유를 말할 때는 '-거든(요)'를 쓴다.

TOPIK 15회 14번은? ①이다. 뒤 문장에 '-어/아/여 보세요'가 있으니까 앞에 '-(으)ㄹ 테니까'이다.

TOPIK 13회 16번은 몇 번인가? 답은 ②이다. '-는 바람에'이다. '갑자기' 어떤 일이 생겨서 못하거나 안 좋은 일이 생겼다고 할 때 사용한다.

TOPIK 14회 19번은 몇 번이 괜찮은가? ④이다. 나머지를 고쳐 보자.

① 계속 먹다 보니까 살이 찔 거예요. → 계속 먹다 보면 살이 찔 거예요.
② 돈이 많다고 해도 다 사고 싶어요. → 돈이 많다고 해도 다 살 수 없어요.
③ 날씨가 좋아 가지고 같이 산에 갑시다. → 날씨가 좋으니까 같이 산에 갑시다.
④ 여행을 자주 해서 그런지 아는 것이 많아요.

TOPIK 13회 22번은? ③이다. 나머지를 고쳐 보자.

① 급한 전화를 받더라도 손님이 온 줄도 몰랐다. → 받느라고
② 해가 뜨는 것을 보려다가 동해 바다로 갑시다. → 보러
③ 연구실에서 실험하느라고 밖에 나갈 시간이 없었다.
④ 저장한 자료가 모두 없어지더라면 다시 만들어야 한다. → 없어졌다면

TOPIK 12회 19번은 몇 번인가? ④이다. 나머지를 고쳐 보자.

① 원래 몸이 아프면 집 생각이 나는지 한다. → 나기도
② 지난달부터 손님이 줄어들길래 매출이 감소했다. → 줄어들더니
③ 오늘 아침에 갑자기 배가 아프느라고 버스를 놓쳤다. → 아파서
④ 어젯밤에는 바람이 심하게 불더니 아침에는 비가 온다.

TOPIK 15회 24번의 답은? ③이다. "-느라고" ≒ "-탓에"이다.

이유

1. **-어/아/여서 그런지**: 이유의 '-어/아/여서'에 추측의 '그런지'가 더해졌다. '**아마 그런 이유 같다**'는 뜻이다.

    예]   1) 철수 씨가 어제 일을 많이 해서 그런지 피곤해 해요.

2. **-(으)ㄹ 테니까 -아/어세요 · -(으)ㅂ시다**: 앞 문장에 항상 '**나**'의 의지가 들어 있고 뒤 **문장**에 항상 '**너, 당신**'에게 부탁/요구한다.

    예]   1) 내가 맛있는 음식을 해 줄 테니까 꼭 먹고 가세요.
            2) 금방 갈 테니까 꼭 극장 앞에서 만납시다.

3. **-는 바람에**: **내가 원하지 않는 이유** 때문에 안 좋은 일이 생겼다는 뜻이다. 이유의 주체는 '나', '다른 사람', '다른 것'이 **모두** 될 수 있다. '갑자기'와 어울려 쓴다.

    예]   1) 지하철이 고장 나는 바람에 지각했어요.
            2) 늦잠을 자는 바람에 약속 장소에 나갈 수 없었어요.

4. **-통에/-는 통에**: **전쟁, 싸움, 난리** 등과 같은 일이 있었을 때 사용하는 말이다. 뒤 문장에 **항상 안 좋은 일**이 있다.

    예]   1) 전쟁 통에 가족이 헤어졌어요.
            2) 어제 술집에서 모르는 사람과 싸우는 통에 지갑이 없어졌어요.

5. **-(았/었)다기에[길래]**: 보통 **밖의 이유 때문에 내가 무엇을 했다**는 뜻을 가진다. 그래서 '-다고 하기에', '-았/었다고 하기에' 등과 같이 **간접 화법**이 많이 쓰인다. '-았/었다고 하기에'를 줄여서 '**-았/었다기에**'로 한다.

    예]   1) 그 영화가 너무 재미있다기에 봤는데 별로 재미없었다.
            2) 친구가 몹시 목이 마르다길래 음료수를 사 주었어요.

6. **-(으)다 보니(까)**: **무엇을 계속했는데 어떤 결과가 있었다, 발견을 했다**는 뜻이다. 서술어가 미래일 수 없다.

    예]   1) 듣기 연습을 열심히 하다 보니까 어느 날 잘 듣게 되었어요.
            2) 매일 달리기를 하다 보니 마라톤 대회에 나가고 싶었습니다.

7. **-어/아/여 봐야 -(으)ㄹ 수 있다: 일반적인 이야기, 진리, 원칙에 대한 표현에 사용한다. 명령형이나 청유형을 쓸 수 없다.**

    예]   1) 김치를 먹어 봐야 한국 사람들을 이해할 수 있습니다.
          2) 상사에게 물어봐야 회사 생활을 잘 할 수 있어요.

8. **-느라(고)-하지 못하다/ 바쁘다/ 정신이 없다/ 시간이 없다: 어떤 일을 선택해서 시간이 걸린다는 뜻이다. 뒤 문장에 별로 좋지 않다. 비슷한 말은 '-탓에'가 있다.**

    예]   1) 시험 공부하느라고 다른 일 할 시간이 없었어요.
          2) 어제 술을 마시느라고 뉴스를 못 봤어요.

9. **-탓에/-(으)ㄴ 탓에: 좋지 않은 이유를 말할 때 쓴다. 결과가 좋지 않다.**

    예]   1) 키가 작은 탓에 그녀와 헤어지고 말았어요.
          2) 안 좋은 점수 탓에 4급에 올라갈 수 없어요.

10. **-덕에(덕분에)/-(으)ㄴ 덕분에: 좋은 이유를 말할 때 쓴다. 결과가 좋다.**

    예]   1) 선생님 덕분에 무사히 졸업하게 되었습니다.
          2) 선생님께서 도와주신 덕분에 이렇게 대학교에 입학하게 되었습니다.

11. **-거든(요): 상대방이 몰랐던 이유를 말할 때 쓴다.**

    예]   1) 김치는 매워서 안 먹거든요.
          2) 컴퓨터가 이렇게 편한지 몰랐거든요.

12. **-잖아(요): 상대방과 같이 아는 이유를 말할 때 쓴다.**

    예]   1) 알다시피, 제가 너무 피곤하잖아요.
          2) 지난번에 말씀드렸지만 저는 김치가 매워서 안 먹잖아요.

연습문제

※ [1~5] 다음 (   )에 알맞은 것을 고르십시오.

1

가: 왜 식사를 안 하세요?
나: 아까 아침을 많이 먹었다고 (   ).

① 말씀드리잖아요 ② 말씀드렸잖아요 ③ 말씀드리거든요 ④ 말씀드렸거든요

2

가: 이 노트북 컴퓨터 어떻게 사용하는 거예요?
나: 제가 (   ) 걱정하지 마세요.

① 알려 주려고 ② 알려 주려니까 ③ 알려 줄 테니까 ④ 알려 주다 보니까

3

가: 왜 오늘 수업 시간에 늦었어요?
나: 지하철이 (   ) 늦었어요.

① 고장났다가 ② 고장난 덕분에 ③ 고장나느라고 ④ 고장나는 바람에

4

친구가 (   ) 병원에 갔다.

① 입원하여도 ② 입원하나마나 ③ 입원했다길래 ④ 입원했더라면

5

결혼은 해 (   ) 인생을 알 수 있는 겁니다. 저는 결혼을 하기 전에는 사람들이 인생을 잘 모른다고 봅니다.

① 봤자 ② 봐야 ③ 봐도 ④ 봤고

※ [6~10] 다음 밑줄 친 부분이 맞는 것을 고르십시오.

6
① 계속 공부하다 보니까 1등을 할 거예요.
② 시간이 많다고 해도 모두 하고 싶어요.
③ 친구가 많아 가지고 매일 같이 놉시다.
④ 늦게까지 술을 마셔서 그런지 몸이 안 좋아요.

7
① 조기 축구를 하려다가 동네 축구장에 갑시다.
② 수학 숙제를 하느라고 스포츠 뉴스를 볼 수 없었다.
③ 드라마를 보더라도 아이가 학교에서 온 줄도 몰랐다.
④ 친구와의 연락이 끊어지더라면 인터넷으로 알아봐야 한다.

8
① 아침에 늦느라고 선생님께 야단 맞았다.
② 겨울이 오면 사람들이 감기에 걸리는지 한다.
③ 어제는 날씨가 너무 맑더니 오늘은 날씨가 흐리다.
④ 오다가 꽃이 너무 아름답길래 사진으로 찍을 겁니다.

9
① 몸이 약해짐에 따라 움직일 수 있었다.
② 설명한 대로 해 보니까 쉬울 수 없었다.
③ 이 책은 베스트셀러라서 날개 돋힌 듯 팔린다.
④ 전기 밥솥이 고장나는 바람에 밥을 먹을 수 있었다.

10
① 이 시계는 성능이 좋은 반면에 가격이 너무 비싸다.
② 이 사고는 운전자가 음주를 한 덕분에 일어난 것입니다.
③ 공부하고 또 공부하라. 공부하는 사람이 언제나 이길 법이다.
④ 선생님께서 열심히 도와주신 탓에 성적이 오르게 되었습니다.

예상문제

※ [1~5] 다음 (   )에 알맞은 것을 고르십시오.

1

가: 선생님께서는 어떻게 열 권의 소설을 쓸 수 있었습니까?
나: 저는 그저 매일 꾸준히 (   ) 그렇게 되었습니다.

① 쓸까 봐 ② 쓰고 보면 ③ 쓰다 보니 ④ 쓴다 싶어

2

가: 왜 아침마다 달리기를 하세요?
나: 다이어트를 (   ).

① 시작하지요 ② 시작했더군요 ③ 시작하거든요 ④ 시작했거든요

3

가: 어제 그 드라마 봤어요? 너무 재미있던데…….
나: 저는 시험 (   ) 못 봤어요.

① 공부했다가 ② 공부하는 바람에 ③ 공부하느라고 ④ 공부하는 데다가

4

가: 이번에 어떻게 대학원에 우수한 성적으로 입학했어요?
나: 열심히 (   ) 그렇게 되었어요.

① 공부하려고 ② 공부하려니까 ③ 공부할 테니까 ④ 공부하다 보니까

5

사람은 정직하게 돈을 (   ) 다른 사람으로부터 존경을 받을 수 있습니다.

① 벌어도 ② 벌지만 ③ 벌어야 ④ 벌려고

※ [6~10] 다음 밑줄 친 부분이 맞는 것을 고르십시오.

6
① 친구가 시킨 대로 말을 <u>하길래</u> 어려웠다.
② 하늘이 흐린 걸 보니까 오후에 비가 <u>온 듯했다</u>.
③ 여자 친구와 사이가 <u>나빠짐에 따라</u> 계속 만날 수 있다.
④ 시계가 <u>고장나는 바람에</u> 정확한 시간을 알 수 없었다.

7
① 이번 졸업여행을 <u>갔는지 마는지</u> 모르겠다.
② 인터넷으로 주문하면 <u>싸다길래</u> 주문할 수 없었다.
③ 어제 남자 친구하고 <u>데이트하느라고</u> 숙제를 할 수 없었다.
④ 그 친구가 어릴 때 음악을 <u>좋아하더니</u> 지금은 요리사가 되었다.

8
① 친구가 <u>좋다고 해도</u> 화를 낼 수 있어요.
② 요즘 <u>살다 보니까</u> 이상한 일도 생길 것 같아요.
③ 공원에 사람이 <u>많아 가지고</u> 집에 그냥 돌아 왔어요.
④ 어제 공부를 <u>안 해서 그런지</u> 시험 문제가 너무 쉬워요.

9
① 옆집에서 <u>싸우는 통에</u> 잠을 한 숨도 못 갔다.
② 내 친구는 <u>친절할 반면에</u> 화를 낼 때도 있다.
③ 사람이 한 평생을 살면서 변화가 <u>있을 법이다</u>.
④ 봉사활동을 열심히 <u>한 탓에</u> 우리 사회가 밝아질 것입니다.

10
① 텔레비전을 <u>보아도</u> 찌개를 태울 뻔 했다.
② 시험을 잘 <u>보려다가</u> 도서관에 빨리 가세요.
③ 담배 때문에 몸에 병이 <u>나더라면</u> 입원해야 합니다.
④ 어제는 친구들과 <u>노느라고</u> 저녁 늦게 집에 들어갔다.

6과 계획과 의도

TOPIK에서 계획과 의도는 〈-(으)ㄹ까 하다, -(으)려던 참이다, -(으)려다가, -(으)ㄹ 뻔하다, -기로 하다〉가 많이 나왔다. 모두 중요한 문법들이고 자주 출제되었으므로 잘 익히기 바란다. 다음 기출문제를 풀어 보자.

기출문제

※ 다음 밑줄 친 부분이 맞는 것을 고르십시오.

TOPIK 10회 21번

① 선수들은 반드시 <u>승리하고 말겠다</u>고 말했습니다.
② 회의 준비를 급히 <u>끝내고 봐서</u> 회의 시작 1분 전이었습니다.
③ 여러분의 도움이 없었으면 우리는 <u>성공해 놓을</u> 수 없었을 겁니다.
④ 끝까지 <u>할까 말까 하다</u> 보니 이렇게 좋은 결과가 나온 것 같습니다.

TOPIK 13회 22번

① 급한 전화를 <u>받더라도</u> 손님이 온 줄도 몰랐다.
② 해가 뜨는 것을 <u>보려다가</u> 동해 바다로 갑시다.
③ 연구실에서 <u>실험하느라고</u> 밖에 나갈 시간이 없었다.
④ 저장한 자료가 모두 <u>없어지더라면</u> 다시 만들어야 한다.

※ 다음 (   )에 알맞은 것을 고르십시오.

TOPIK 9회 21번

아직 확실하지 않지만 이번 연휴에는 고향에 (   ).

① 갈까 해요　② 가게 해요　③ 가고 있어요　④ 갈 걸 그랬어요

TOPIK 9회 17번

가: 얼굴색이 안 좋은 것 같네요. 어디 아프세요?
나: 네. 안 그래도 감기 기운이 있어서 약을 (   ).

① 먹고 말겠어요　② 먹을 게 뻔해요　③ 먹을 모양이에요　④ 먹으려던 참이에요

TOPIK 14회 16번

가: 어, 아직도 서울에 안 가셨어요? 벌써 가신줄 알았는데…….
나: 네. 어제 (   ) 사정이 생겨서 한 주 연기했어요.

① 가느니   ② 가고자   ③ 가려다가   ④ 가더라도

TOPIK 12회 30번

　영화를 못 (   ) 다행히 다음 시간 영화표가 몇 장 남아 있어서 가까스로 표를 살 수 있었다.

① 볼까 해서   ② 볼 뻔했지만   ③ 볼 만했지만   ④ 볼 리 없었지만

풀이 　TOPIK 10회 21번은 몇 번인가? ①이다. 나머지는 어떤지 확인해 보자.

① 선수들은 반드시 <u>승리하고 말겠다고</u> 말했습니다.
② 회의 준비를 급히 <u>끝내고 봐서</u> 회의 시작 1분 전이었습니다. → 끝내고 보니까
③ 여러분의 도움이 없었으면 우리는 <u>성공해 놓을</u> 수 없었을 겁니다. → 성공할
④ 끝까지 <u>할까 말까 하다 보니</u> 이렇게 좋은 결과가 나온 것 같습니다. → 최선을 다하니까

TOPIK 13회 22번은? ③이다. 나머지를 확인하자.

① 급한 전화를 <u>받더라도</u> 손님이 온 줄도 몰랐다. → 받느라고
② 해가 뜨는 것을 <u>보려다가</u> 동해 바다로 갑시다. → 보려면
③ 연구실에서 <u>실험하느라고</u> 밖에 나갈 시간이 없었다.
④ 저장한 자료가 모두 <u>없어지더라면</u> 다시 만들어야 한다. → 없어졌다면

TOPIK 9회 21번은 몇 번인가?
①이다. '확실하지 않지만'이라는 말 때문에 알 수 있다.

TOPIK 9회 17번은?
④ '안 그래도'라는 말 때문에 쉽게 알 수 있다.

TOPIK 14회 16번은 몇 번인가?
③이다. '한 주 연기했어요'라는 말로 알 수 있다.

TOPIK 12회 30번은?
②이다. '다행히'라는 말 때문에 알 수 있다.

계획과 의도

1. **-(으)ㄹ까 하다: 불확실한 계획을 말할 때 사용한다.**

   예]
   1) 확실하지는 않지만 다음 주에 경주에 갈까 해요.
   2) 방학을 하면 고향에 갈까 합니다.
   ※ -(으)ㄹ까 모르다 ≒ -(으)ㄹ지 모르다
      1) 이번에 베이징에 갈까 모르겠어요.
   ※ -(으)ㄹ까 말까하다: 망설이다
      1) 다이어트 중이라 고기를 먹을까 말까해요.

2. **-(으)려던 참이다: '마침', '안 그래도'와 함께 쓰여서 지금 하려고 했다는 뜻이다.**

   예]
   1) 마침 쉬려던 참이었어요.
   2) 안 그래도 병원에서 검사를 받아보려던 참이었어요.

3. **-(으)려다가 -못하다/안하다: 계획이나 의도를 했지만 못하거나 안했다는 말이다. 또는 안 좋은 일이 생겼다는 뜻을 가진다.**

   예]
   1) 이번 방학에 제주도에 가려다가 일이 생겨서 못 갔어요.
   2) 자전거를 피하려다가 넘어져서 다쳤어요.

4. **-(으)ㄹ 뻔하다: 그렇게 될 것 같았지만 결국 그렇게 되지 않았다는 뜻이다. '다행히', '하마터면'이 같이 쓰인다. '다행이다', '아쉽다'로 나눌 수 있다.**

   ① 다행이다, 위험했다
   1) 길을 건너다가 사고가 날 뻔 했어요.
   2) 늦게 일어나는 바람에 늦을 뻔 했어요.

   ② 아쉽다
   1) 우리 팀이 이길 뻔했는데 마지막에 졌어요.

5. **-기로 하다: 결심하다**

   예]
   1) 이번 방학에 고향에 가기로 했어요.

연습문제

※ 다음 밑줄 친 부분과 바꾸어 쓸 수 있는 것을 고르십시오.

1
가: 여름 방학이 되면 배낭여행 갈 거예요?
나: 할 일이 많이 생겨서 <u>가야할 지</u> 잘 모르겠어요.

① 가야할까　② 가야하거나　③ 가야하든지　④ 가야하는 등

※ 다음 밑줄 친 부분이 맞는 것을 고르십시오.

2
① 내년 대회에서 <u>이기고 말았다고</u> 말했습니다.
② 선생님께서 도와주셔서 연구를 <u>해 둘</u> 수 있었습니다.
③ 많은 나비를 <u>연구하고 나서</u> 생물학자가 되었습니다.
④ 그 때 결정을 <u>할까 말까 해서</u> 좋은 대학교에 들어갔습니다.

※ [3~5] 다음 (　　) 에 알맞은 것을 고르십시오.

3
주말에 친구 집에 (　　) 생각 중이에요.

① 갈까 말까　　　　　② 가게 해요
③ 가고 있어요　　　　④ 갈 걸 그랬어요

4
가: 저, 이번 주말에 산에 같이 가지 않으실래요?
나: 네. 안 그래도 저도 산에 (　　).

① 가고 말겠어요　　　② 갈 게 뻔해요
③ 갈 모양이에요　　　④ 가려던 참이었어요

5
가: 아직 컴퓨터 안 사셨어요?
나: 네. (　　) 돈이 모자라서 다음 달에 사려고요.

① 사느니　② 사려고　③ 사려다가　④ 사더라도

연습문제

※ [6~8] 다음 (　　　)에 알맞은 것을 고르십시오.

6

경찰은 차가 뒤로 (　　　) 사고가 난 것으로 보고 있다.

① 후진하기에는　　　　② 후진하려다가
③ 후진한다니까　　　　④ 후진하다가는

7

가: 왜 제게 안 알려 주셨죠?
나: (　　　) 밤이 너무 늦어서 일부러 그랬어요.

① 알다시피　　② 알릴 정도로　　③ 알려주려다가　　④ 알리는 바람에

8

책을 못 (　　　) 다행히 친구의 도움으로 무사히 살 수 있었다.

① 살까 해서　　② 살 뻔했지만　　③ 살 만했지만　　④ 살 리 없었지만

예상문제

※ [1~2] 다음 밑줄 친 부분이 맞는 것을 고르십시오.

1
① 쉬운 것이 <u>없는다고</u> 말했습니다.
② 언제나 미리 <u>준비해 말아야</u> 합니다.
③ 연습을 <u>끝내고 보아</u> 밤 11시였습니다.
④ 이 남자와 결혼해야 <u>할지</u>를 상담하고 싶습니다.

2
① 늦게 까지 책을 <u>읽더라도</u> 숙제를 하지 못했다.
② 중국 여행을 <u>하려다가</u> 친구와 저녁을 먹었다.
③ 병원에서 환자를 <u>진료하는 데다가</u> 너무 바빴다.
④ 만일 지구에 사람이 살지 <u>않았더라면</u> 어땠을까?

※ [3~4] 다음 (　　　　　)에 알맞은 것을 고르십시오.

3
비행기에서 갑자기 기절해 (　　　　　) 다행히 의사가 있어 얼마 후 의식을 찾았다.

① 죽으려고 해서　　　② 죽을 만했지만
③ 죽을 뻔했지만　　　④ 죽을 수 없었지만

4
이번 달 말에 관악산에 (　　　　　) 했어요.

① 가기로　　② 갈까 말까　　③ 갈 정도로　　④ 갈 예정으로

예상문제

※ [5~7] 다음 (　　　)에 알맞은 것을 고르십시오.

5
가: 단풍 놀이 잘 갔다 오셨어요?
나: 아니요, 토요일에 (　　　　) 피곤해서 못 갔어요.

① 가려고　　　　　　② 가더라도
③ 가려다가　　　　　④ 가는 바람에

6
철수는 책을 (　　　　) 약속이 생각이 나서 학생회관으로 향했다.

① 읽으려고　② 읽으려다가　③ 읽는다니까　④ 읽기 위해서

7
가: 이 소설책 좀 읽어 보세요. 너무 재미있어요.
나: 안 그래도 서점에서 그 소설을 (　　　　　　).

① 살 거예요　　　　　② 사려다가 못 사요
③ 사려는 것 같아요　④ 사려던 참이었어요

※ 다음 밑줄 친 부분과 바꾸어 쓸 수 있는 것을 고르십시오.

8
가: 결혼하시면 아파트를 살 거예요?
나: <u>사야할지 말아야 할지</u> 생각하고 있어요.

① 살까 말까　　　　② 사거나 말거나
③ 사든지 말든지　　④ 사는 둥 마는 둥

MEMO

2장 꼭 알아야 할 문법

 호응

호응은 한 문제씩 꼭 출제되었다. 특히 부정 호응 관계에 주목해서 연습하면 다른 문제보다 더 쉽게 풀 수 있다. 먼저 기출문제를 풀기로 하자.

기출문제

※ 다음 밑줄 친 부분이 맞는 것을 고르십시오.

TOPIK 16회 23번

① 저 영화배우는 무려 세 편밖에 안 찍었다.
② 어떻게 된 일인지 이번 주에는 좀처럼 연락이 온다.
③ 민수 씨는 절대로 그런 무책임한 행동을 할 사람이다.
④ 말이 너무 빨라서 도저히 무슨 말인지 못 알아듣겠다.

TOPIK 15회 19번

① 그 약속은 절대로 지킬게요.
② 마침 저에게 돈이 조금도 있어요.
③ 이틀 만에 겨우 숙제를 끝냈어요.
④ 아직 여행 떠날 준비가 다 됐어요.

TOPIK 14회 20번

① 우리 부모님은 자식들을 함부로 사랑하신다.
② 내 애인은 제법 못생겼지만 마음이 참 넓다.
③ 밖이 그다지 덥지 않아서 외출해도 괜찮겠다.
④ 산 위에서 본 마을의 모습은 마치 아름다웠다.

TOPIK 13회 20번

① 그 일이 과연 적성에 잘 맞을지 걱정이다.
② 우리가 만난 시간이 진작 2년이나 된다.
③ 지갑이 떨어진 것도 모르고 하마터면 버스에서 내렸다.
④ 축구 경기를 응원하기 위해서 어찌나 많은 사람들이 운동장에 모였다.

풀이 TOPIK 16회 23번은 몇 번이 맞는가? ④이다. 나머지를 확인해 보자. 호응 관계를 굵게 표시했다.

① 저 영화배우는 <u>무려</u> 세 편밖에 안 찍었다. → 무려 세 편이나 찍었다/아직 세 편밖에 안 찍었다
② 어떻게 된 일인지 이번 주에는 <u>좀처럼</u> 연락이 온다. → 좀처럼 ~연락이 안 온다/없다
③ 민수 씨는 <u>절대로</u> 그런 무책임한 행동을 할 사람이다. → 절대로 ~ 사람이 아니다
④ 말이 너무 빨라서 <u>도저히</u> 무슨 말인지 <u>못</u> 알아듣겠다.

TOPIK 15회 19번은? ③이다. 나머지를 보자.

① 그 약속은 <u>절대로</u> 지킬게요. → 절대로 지킬 수 없어요/ 꼭 지킬게요
② 마침 저에게 돈이 <u>조금도</u> 있어요. → 조금도 없어요/조금 있어요
③ 이틀 만에 <u>겨우</u> 숙제를 끝냈어요.
④ <u>아직</u> 여행 떠날 준비가 다 됐어요. → 아직 ~ 안 됐어요/이제

TOPIK 14회 20번은 몇 번이 맞는가? ③이다. 나머지를 확인하자.

① 우리 부모님은 자식들을 <u>함부로</u> 사랑하신다. → 함부로 ~ 사랑하지 않으신다/정말 사랑하신다
② 내 애인은 <u>제법</u> 못생겼지만 마음이 참 넓다. → 조금
③ 밖이 <u>그다지</u> 덥지 <u>않아서</u> 외출해도 괜찮겠다.
④ 산 위에서 본 마을의 모습은 <u>마치</u> 아름다웠다. → 너무/마치 그림처럼 아름다웠다
　　　　　　　　　　　　　　　　　　　　　 마치 그림 같았다

TOPIK 13회 20번은 몇 번인가? ①이다. 나머지를 확인해 보자.

① 그 일이 <u>과연</u> 적성에 잘 맞을지 걱정이다.
② 우리가 만난 시간이 <u>진작</u> 2년이나 된다. → 벌써
③ 지갑이 떨어진 것도 모르고 <u>하마터면</u> 버스에서 내렸다. → 하마터면 내릴 뻔했다
④ 축구 경기를 응원하기 위해서 <u>어찌나</u> 많은 사람들이 운동장에 모였다.
　　→ 어찌나 많은 사람들이 모였는지 모르겠다

호응

호응 1

호응	예문
과연 (역시) ~군(요)	**과연** 재미있는 드라마**군요**.
그다지 ~ 지 않다	**그다지** 쉽지 **않은** 문제입니다.
그저 (그냥)	나는 **그저** 가만히 있었어요.
도저히 ~ 없다	그 문제는 **도저히** 풀 수 **없어요**.
마치 ~와/과 같다, ~처럼	**마치** 그곳은 그림**처럼** 아름다웠어요.
실컷 (마음껏) ~아/어세요	시장하셨을 테니까 **실컷 드세요**.
아직 ~ 못/안하다	**아직** 숙제를 다 **못해서** 걱정이에요.
언제라도	**언제라도** 저희 집에 놀러 오세요.
오히려 (반대로)	그 사람은 **오히려** 내게 쌀쌀하게 대했다.
전혀 ~ 모르다	나는 그 일에 대해 **전혀 모릅니다**.
절대로 ~ 안 되다	그 일은 **절대로** 하면 **안 됩니다**.
절대로~아니다	철수는 **절대로** 나쁜 사람이 **아니에요**.
제법 ~ 잘하다	그 외국인은 **제법** 한국말을 잘합니다.
조금도 ~ 없다	**조금도** 남김 **없이** 먹어 버렸어요.
좀처럼 ~ 안하다/~지 않다	이런 기회는 **좀처럼** 다시 오지 **않을** 것 같아요.
진작 ~았/었어야 한다	**진작 공부했어야 합니다**.
하마터면 ~ (으)ㄹ 뻔하다	**하마터면** 큰 일 날 **뻔 했어요**.
함부로 ~안하다, 못하다	**함부로** 욕을 하면 **안 됩니다**.
혹시~세요?	**혹시** 김 선생님 **아니세요**?
무려 ~이나	자장면을 **무려** 10그릇**이나** 먹었대요.
벌써 ~되다	**벌써** 시간이 이렇게 **되었네요**.
별로 없다	좋아하는 게 **별로 없어요**.
아직 ~ 아니다, 없다	**아직** 남자 친구가 **없어요**.
좀처럼 ~아니다, 없다	**좀처럼** 제게는 그런 기회가 **없더라고요**.
겨우	그 소설책을 **겨우** 읽었어요.

호응 2

호응	예문
아무리~아/어도	**아무리** 힘들**어도** 그 산에 꼭 가겠어요. (형용사를 사용하면 '하겠다'는 뜻이다.) 이 책은 **아무리** 읽**어도** 이해하기가 힘들어요. (동사가 쓰이면 '할 수 없다'는 뜻이다.)
얼마나 ~(으)ㄴ 지	유학생활이 **얼마나** 힘든**지** 모르겠어요.
어찌나~던지	사람들이 **어찌나** 많던**지** 앉을 수도 없었어요.

연습문제

※ [1~8] 다음 중 밑줄 친 부분이 맞는 것을 고르십시오.

1
① 우리나라에는 <u>무려</u> 5천만 명밖에 살고 있다.
② 공부할 시간은 <u>좀처럼</u> 오지 않으니까 지금 열심히 해야 한다.

2
① <u>절대로</u> 하지 말아야 할 것들이 있다.
② 나는 <u>도저히</u> 말할 수 있었다.

3
① 거짓말은 <u>절대로</u> 하면 안된다.
② 사랑하는 마음이 <u>조금도</u> 있어요.

4
① 밥을 <u>겨우</u> 먹지 못했어요.
② <u>아직</u> 시작도 못했는데요.

5
① 내 동생은 우리집 개를 <u>함부로</u> 대한다.
② 철수가 <u>제법</u> 공부를 잘하지 않는다.

6
① 오늘은 <u>그다지</u> 춥지 않아서 옷을 적게 입어도 된다.
② 남산에서 본 서울은 <u>마치</u> 너무 멋있었다.

7
① 그 친구가 이 사람을 <u>정말로</u> 좋아할지 모르겠다.
② 한국어 공부를 시작한지 <u>진작</u> 5년이 되었다.

8
① <u>하마터면</u> 숙제를 안 하고 잠이 들었다.
② 야구 경기를 보기 위해 <u>어찌나</u> 많은 사람들이 모였는지 모르겠다.

예상문제

※ 다음 (　　　　　)에 알맞은 것을 고르십시오.

1
가: 요즘 듣기 연습 많이 해요?
나: 네. 그런데 듣기 (　　　　　) 잘 안 들려요.

① 연습을 해도　　　　　　② 연습을 해 보면
③ 연습을 해 봐야　　　　　④ 생각을 해 보니까

※ [2~5] 다음 중 밑줄 친 부분이 맞는 것을 고르십시오.

2
① <u>좀처럼</u> 그를 만날 기회가 많다.
② <u>절대로</u> 영화를 열심히 공부해라.
③ <u>무려</u> 10억짜리 복권에 당첨되었다.
④ 이 세상에는 <u>도저히</u> 이해할 수 없다.

3
① 숙제를 <u>아직</u> 다 했어요?
② 이사 갈 생각이 <u>조금도</u> 없어요.
③ 자다가 <u>겨우</u> 일어날 수 없었어요.
④ <u>절대로</u> 비밀을 지킬 수 있어요.

4
① 이 세상 사람 누구도 <u>함부로</u> 할 사람은 있다.
② 내 친구는 <u>제법</u> 공부를 못하지만 성격이 좋다.
③ 이 산은 <u>마치</u> 그림 속에 있는 모습처럼이다.
④ 철수는 성격이 <u>그다지</u> 활발하지 않아서 걱정이다.

5
① <u>과연</u> 둘은 계속 만나야만 할까?
② 이 집 스파게티가 <u>어찌나</u> 맛있는 음식이었다.
③ 그 사람을 안 지도 <u>이제부터</u> 10년이 안 되었다.
④ 갑자기 버스가 서는 바람에 <u>하마터면</u> 큰일 날 뻔했다.

2과 이음

두 문장을 비슷한 것으로 잇거나 반대로 이야기하는 문법은 〈-(으)ㄹ 겸해서, -는/(으)ㄴ 김에, -는 길에, -는/은/(으)ㄴ 반면에〉이다. 이 문법들도 여러 번 출제되었다. 특히, 글을 읽고 물음에 답하는 27번 이후의 문제에 자주 출제되었다. 꼭 확인하기 바란다. 먼저, 기출문제를 풀어 보자.

기출문제

※ 다음 (   )에 알맞은 것을 고르십시오.

TOPIK 14회 28번

그래? 그럼 나도 돈도 절약하고 아이들 건강도 (   ) 과자 만들기에 도전해 볼까?

① 챙길 뿐   ② 챙길 겸   ③ 챙기는 한   ④ 챙기는 대신

※ 다음 중 밑줄 친 부분이 맞는 것을 고르십시오.

TOPIK 12회 23번

① 서울에 <u>갈 김에</u> 선생님 댁에 갔다.
② 옷을 <u>입은 채로</u> 물에 들어가면 안 된다.
③ 여행도 가고 친구도 <u>만난 겸</u> 기분이 좋았다.
④ 나라마다 언어가 <u>다를 정도로</u> 문화도 다르다.

※ 다음 (   )에 알맞은 것을 고르십시오.

TOPIK 14회 29번

우리의 얼굴을 보면 눈과 귀는 두 개씩 (   ) 입은 하나뿐이다.

① 있으나 마나   ② 있으면 해서   ③ 있는 데다가   ④ 있는 반면에

기출문제

※ 다음 중 밑줄 친 부분이 맞는 것을 고르십시오.

TOPIK 11회 21번

① 이 제품은 열에 <u>강한 반면에</u> 습기에는 약합니다.
② 여러분이 청소를 열심히 <u>한 탓에</u> 교실이 깨끗해졌어요.
③ 성공하려면 노력하라. 노력하는 사람에게는 못 <u>당할 법이다</u>.
④ 이번 사고는 운전자가 깜빡 잠이 <u>들은 바람에</u> 일어났다고 합니다.

※ 다음 (   )에 알맞은 것을 고르십시오.

TOPIK 15회 28번

가: 그럴까? 그럼 통장 만들러 (   ) 가계부도 사 와야겠다.

① 나가는 김에　　② 나가려고 해서　　③ 나가다 보니까　　④ 나가면 나갈수록

※ 다음 중 밑줄 친 부분이 맞는 것을 고르십시오.

TOPIK 13회 23번

① 기분 전환도 <u>하는 길에</u> 잠깐 산책하러 갈래요?
② 너무 피곤해서 옷을 <u>입은 김에</u> 그냥 잠이 들었다.
③ 두 시간 동안 봤으면 실컷 <u>구경한 셈이니</u> 이제 그만 집에 가자.
④ 해외로 출장을 <u>간 채로</u> 그 곳의 유명한 관광지도 둘러볼 생각이다.

※ 다음 밑줄 친 부분과 바꾸어 쓸 수 있는 것을 고르십시오.

TOPIK 10회 24번

가: 꽃이 참 예쁘네요. 누구한테서 받으셨어요?
나: 받은 게 아니에요. <u>오는 길에</u> 예뻐서 샀어요.

① 오기로　　② 오다가　　③ 오느라고　　④ 오기 위해

풀이 TOPIK 14회 28번은 몇 번이 답인가? ②이다. -(으)ㄹ "겸"은 두 가지를 할 수 있다.

TOPIK 12회 23번은? ②이다. 나머지도 확인해 보자.

① 서울에 <u>갈 김에</u> 선생님 댁에 갔었다. → 온 김에
② 옷을 <u>입은 채로</u> 물에 들어가면 안 된다.
③ 여행도 가고 친구도 <u>만난 겸</u> 기분이 좋았다. → 만나서
④ 나라마다 언어가 <u>다를 정도로</u> 문화도 다르다. → 다르고

TOPIK 14회 29번은 몇 번인가? ④이다. "반면에"는 다르거나 반대를 말할 때 쓴다.

TOPIK 11회 21번은? ①이다. 나머지를 확인해 보자.

① 이 제품은 열에 <u>강한 반면에</u> 습기에는 약합니다.
② 여러분이 청소를 열심히 <u>한 탓에</u> 교실이 깨끗해졌어요. → 했기 때문에, 한 덕분에
③ 성공하려면 노력하라. 노력하는 사람에게는 못 <u>당할 법이다</u>. → 당하는 법이다
④ 이번 사고는 운전자가 깜빡 잠이 <u>들은 바람에</u> 일어났다고 합니다. → 드는 바람에

TOPIK 15회 28번은 몇 번인가? ①이다.

TOPIK 13회 23번은 몇 번? ③이다. 나머지도 확인해 보자. "-김에"는 무엇을 하려다가 다른 무엇인가를 할 때 사용한다.

① 기분 전환도 <u>하는 길에</u> 잠깐 산책하러 갈래요? → 할 겸
② 너무 피곤해서 옷을 <u>입은 김에</u> 그냥 잠이 들었다. → 입은 채로
③ 두 시간 동안 봤으면 실컷 <u>구경한 셈이니</u> 이제 그만 집에 가자.
④ 해외로 출장을 <u>간 채로</u> 그 곳의 유명한 관광지도 둘러볼 생각이다. → 간 김에

TOPIK 10회 24번은? ②이다. "-는 길에"는 "-다가"와 바꾸어 사용할 수 있다.

이음

1. -(으)ㄹ 겸해서: **두 번째의 이유로** 라는 뜻을 가진다.

   예]
   1) 공부도 하고 돈도 벌 겸해서 미국에 가려고요.

2. -는/(으)ㄴ 김에: 원래 **무엇을 하는 기회에 하나를 더한다**는 뜻을 가진다.

   예]
   1) 친구를 만난 김에 술 한 잔 했어요.
   2) 한국에 가는 김에 성 선생님을 만나려고 한다.

3. 오다/가다+는 길에: '**그 중간에**' 라는 뜻이다. '**-다가**'와 바꾸어 쓸 수 있다.

   예]
   1) 오는 길에 중학교 동창을 만났다. = 오다가 중학교 동창을 만났다.
   2) 여자 친구를 만나러 가는 길에 장미꽃 100송이를 샀다. = 여자 친구를 만나러 가다가 장미꽃 100송이를 샀다.

4. -는/은/-(으)ㄴ 반면에: '**-(하는) 것과 다르게**', '**반대로**' 라는 뜻이다.

   예]
   1) 이 방은 깨끗한 반면에 좀 비싸요.
   2) 김 선생님은 평소에 친절한 반면에 화가 나면 너무 무섭다.

※ 이음 표현과 같이 자주 나오는 표현

   1. -(으)ㄴ 채(로) : '그대로 변하지 않고'의 뜻이다.
      예) 텔레비전을 켜 놓은 채 잠이 들었다.

   2. -(으)ㄹ 정도(로) : '그만큼'의 뜻이다.
      예) 오늘은 얼음이 얼 정도로 매우 추웠다.

연습문제

※ [1~3] 다음 (　　　)에 알맞은 것을 고르십시오.

1

친구와 밥도 먹고 이야기도 (　　　) 식당에 갔다.

① 할 뿐　　② 할 겸　　③ 하는 한　　④ 하는 대신

2

　그는 성격이 특이하다. 기분이 좋을 때는 누구라도 친구가 되는 (　　　) 슬플 때는 지구상에서 가장 슬픈 사람이 된다.

① 바람에　　② 관계로　　③ 반대로　　④ 반면에

3

가: 밥 먹고 우리 산책해요? 어때요?
나: 그래요. (　　　) 커피도 한 잔 해요.

① 산책하는 김에
② 산책하려고 해서
③ 산책하다 보니까
④ 산책하면 할수록

연습문제

※ 다음 밑줄 친 부분과 바꾸어 쓸 수 있는 것을 고르십시오.

4
가: 어디에 가세요?
나: 학교에 가는 중인데, <u>가는 길에</u> 친구 좀 만나려고요.

① 가기로　　　② 가다가　　　③ 가느라고　　　④ 가기 위해

※ [5~6] 다음 밑줄 친 부분이 맞는 것을 고르십시오.

5
① 전주에 <u>갈 김에</u> 비빔밥을 먹었다.
② 돈도 벌고 쇼핑도 <u>한 겸</u> 최고였다.
③ 피곤하면 화장을 안 <u>지운 채로</u> 잔다.
④ 영하 15도가 <u>되는 정도로</u> 날씨는 추웠다.

6
① 달리기를 <u>한 채로</u> 2시간 동안 있었다.
② 친구도 <u>만나는 길에</u> 동창회에 연락을 했다.
③ 오늘은 너무 추워서 장갑을 <u>낀 김에</u> 지냈다.
④ 10시간이나 잤으면 실컷 <u>잔 셈이니</u> 이제 일어나세요.

예상문제

※ [1~3] 다음 ( )에 알맞은 것을 고르십시오.

1

가: 시장에 가야하는데 뭐 필요한 것 없어요?
나: 그럼, 시장에 ( ) 콩나물 500원어치 부탁 드릴게요.

① 갈 겸해서
② 가시는 바람에
③ 가시는 김에
④ 가시는 곳에서

2

신간 서적도 확인하고 책도 ( ) 해서 시내에서 가장 큰 서점에 갔다.

① 읽는 길   ② 읽을 겸   ③ 읽는 만큼   ④ 읽는 대신

3

옛날에는 남자와 여자의 일이 구분되었다. 남자는 밖에서 일하는 ( ) 여자는 집에서 아이들을 돌봤다.

① 바람에   ② 관계로   ③ 반대로   ④ 반면에

※ [4~6] 다음 밑줄 친 부분이 맞는 것을 고르십시오.

4

① 관악산에 <u>올 김에</u> 절에 잠깐 들렀다.
② <u>앉은 채로</u> 4시간이나 누워 있었다.
③ 운전도 하고 <u>쉴 겸해서</u> 차를 세웠다.
④ 점심에는 줄을 <u>설 정도로</u> 인기가 있는 식당이었다.

5

① 책을 <u>읽은 채로</u> 잠이 들고 말았지 뭐예요?
② 이 정도 했으면 숙제는 다 <u>하는 셈이지요</u>.
③ 뛰어 가서 책을 <u>사는 길에</u> 문학 잡지를 샀다.
④ 방안을 <u>정리하는 김에</u> 필요없는 책들을 버렸다.

6

① 어제 집에 <u>오는 김에</u> 어머니 친구분을 만났어요.
② 쓰기가 너무 어려워서 <u>연습하고</u> 쉽지 않았어요.
③ 이 음악은 아무리 들어도 <u>들으나마나</u> 어렵습니다.
④ 여자 친구 만날 생각에 공부는 <u>하는 둥 마는 둥</u> 했어요.

3과 회상

회상에는 〈-던, -었/았/였던, -던데요, -더라고요, -더니, -었/았/였더니〉 등이 있다. 꾸준히 계속 나오는 문법이다. 다음 기출문제를 풀어 보자.

기출문제

※ 다음 (   )에 알맞은 것을 고르십시오.

TOPIK 14회 14번

가: 옷을 왜 다 꺼내 놓았어?
나: 예전에 가끔 (   ) 옷들 중에서 필요 없는 것은 버리려고…….

① 입는   ② 입을   ③ 입었던   ④ 입겠던

※ 다음 중 바른 문장을 고르십시오.

TOPIK 15회 21번

① 늦게 <u>도착하더니</u> 모두 떠나고 없어요.
② 모두 다 있는데 민수 씨만 <u>없었던데요</u>.
③ 여기는 그 사람과 내가 처음 <u>만나던</u> 곳이에요.
④ 어제 가 보니까 그 물건은 벌써 <u>팔렸더라고요</u>.

풀이 TOPIK 14회 14번의 답은 몇 번인가? ③이다. '예전에 가끔'이라는 말에서 답을 알 수 있다.

TOPIK 15회 21번의 바른 문장은 무엇일까? 조금 어렵다. 답은? ④이다. 나머지를 확인해 보자.

① 늦게 <u>도착하더니</u> 모두 떠나고 없어요. → (내가) 늦게 도착했더니
② 모두 다 있는데 민수씨만 <u>없었던데요</u>. → 없던데요
③ 여기는 그 사람과 내가 처음 <u>만나던</u> 곳이에요. → 만났던
④ 어제 가 보니까 그 물건은 벌써 팔렸더라고요.

1. **-었/았/였던**: 이 표현은 **과거를 생각한다는** 뜻을 가지고 있다. 첫째, **과거에 시작해서 벌써 끝났다**는 의미를 갖기도 하고, 둘째, **과거에 자주 했다**는 뜻을 갖기도 한다. 앞의 것을 '끝남'이라고 하고 뒤의 것을 '자주함'이라고 하자.

   ① 끝남(어제, 아까, 지난주에, 저번에, 예전에 …)
   1) 저번에 등산했던 산은 아름다웠어요.
   2) 작년에 그녀와 갔던 동해가 아직도 기억납니다.

   ② 자주함(자주)
   1) 엄마가 자주 불러 주셨던 노래가 생각납니다.
   2) 자장면은 어릴 때 자주 먹었던 음식입니다.

2. **-던**: 이 표현은 **아직 끝나지 않은 것을 생각한다는** 뜻을 가지고 있다.

   예] 1) 이 커피는 제가 마시던 거예요.
        2) 어, 내가 보던 잡지 못 봤어요?

3. **-던데요**: **과거의 일을 생각한다**는 뜻을 가지고 있다.

   예] 1) 어제 날씨가 좋던데요.
        2) 야구장에 사람이 많던데요.

4. **-더라고(요)**: 다른 사람에게 **과거에 겪어 느낀 사실을 이야기할 때** 사용한다. 〈'-더라'고 (생각했어)요, '-더라'고 (느꼈어)요〉를 줄인 것이다.

   예] 1) 도쿄 날씨는 서울보다 따뜻하더라고요.
        2) 우리 선생님은 너무 빨리 말씀하시더라고요.

5. **-더니**: **과거와 현재의 변화를 비교**하거나 **과거 때문에 결과가 있음을 말할 때** 사용한다. 앞의 것을 '변화'라고 하고 뒤의 것을 '결과'라고 하겠다.

   ① 변화 1) 어제는 비가 오더니 오늘은 날씨가 맑아요.
           2) 어제는 길이 막히더니 오늘은 한산하군요.

   ② 결과 1) 철수가 열심히 공부하더니 의과대학에 합격했대요.
           2) 영희가 계속 노래 연습을 하더니 성악가가 되었대요.

6. **-었/았/였더니**: **'내가 행동한' 결과를 말할 때** 사용한다.

   예] 1) 아까 밥을 많이 먹었더니 지금도 소화가 안돼요.
        2) 시험공부를 열심히 했더니 수학에서 만점을 받았어요.

연습문제

※ [1~3] 다음 (   )에 알맞은 것을 고르십시오.

1
가: 그럼 우리 어디서 만날까?
나: 지난번에 (   ) 곳에서 만나자.

① 만날   ② 만나는   ③ 만났던   ④ 만나겠던

2
가: 경주는 어땠습니까?
나: 사람도 아주 많고 볼거리도 (   ).

① 많다고요   ② 많던데요   ③ 많거든요   ④ 많기는요

3
가: 조금 전에 내가 (   ) 신문 어디에 있어요?
나: 텔레비전 앞에 있어요.

① 본   ② 볼   ③ 보는   ④ 보던

※ 다음 중 바른 문장을 고르십시오.

4
① 그 사람 정말 멋있더라고요.
② 철수 씨가 자전거를 타고 갔던데요.
③ 어제는 날씨가 춥더니 눈이 내렸어요.
④ 이 서점은 내가 처음으로 책을 사던 곳이다.

예상문제

※ [1~3] 다음 (   )에 알맞은 것을 고르십시오.

1
가: 이 컴퓨터 어디서 그렇게 싸게 사셨어요?
나: 우리 두 달 전에 같이 (   ) 용산의 전자가게에서요.

① 간　　　② 갈　　　③ 가던　　　④ 갔던

2
가: 대학교 친구들은 어때요?
나: 똑똑한 데다가 친절해서 잘 (   ).

① 도와주기는요　　　② 도와주거든요
③ 도와주잖아요　　　④ 도와주더라고요

3
가: 어릴 적 고향이 가끔씩 생각나시죠?
나: 네. 제가 (   ) 고향은 참 아름다웠습니다.

① 산　　　② 사는　　　③ 살았던　　　④ 살겠던

※ [4~5] 다음 중 바른 문장을 고르십시오.

4
① 휴대 전화가 점점 <u>싸더라고요</u>.
② 어제는 열심히 노래를 <u>불렀던데요</u>.
③ 조금 전에 <u>마시는</u> 맥주를 친구가 마셨어요.
④ 10년 전에는 <u>시골이더니</u> 지금은 도시가 되었어요.

5
① 이 바나나는 내가 <u>먹겠던</u> 거예요.
② 도쿄보다 서울이 많이 <u>추웠던데요</u>.
③ 그 사람은 한국어를 정말 <u>잘했더고요</u>.
④ 어릴 때에 춤을 <u>좋아하더니</u> 무용가가 되었대요.

4과 추측

추측은 〈-것 같다, -듯하다, -나 보다, -모양이다, -았/었을지(도) 모르다〉 등이 있다. 이 문법들은 TOPIK에 골고루 출제되었다. 먼저 풀어 보자.

기출문제

※ 밑줄 친 부분이 맞는 것을 고르십시오.

TOPIK 10회 27번

㉠과 바꿔 써도 의미가 같은 것을 고르십시오.

진우가 ㉠바쁜가 봐. 요즘 수업이 끝나자마자 가네.

① 바쁠 거야　② 바쁜 편이야　③ 바쁜 것 같아　④ 바쁠 뻔 했어

TOPIK 7회 3급 15번

이런 책도 읽는 걸 보면 한국말을 아주 잘 하는 모양이에요.

① 하려고요　② 했거든요　③ 하나 봐요　④ 할 뻔했어요

TOPIK 8회 4급 22번

사람들마다 얼굴이 다르듯이 나라마다 풍습도 다르다.

① 다르기보다는　② 다를 정도로　③ 다른 것처럼　④ 다를 것 같으면

※ 다음 (　　　　)에 알맞은 것을 고르십시오.

TOPIK 10회 18번

그때 너를 만나지 않았다면 난 벌써 여기를 (　　　　) 몰라.

① 떠났듯이　② 떠났을 줄　③ 떠났을지도　④ 떠났더라면

풀이 TOPIK 10회 27번은 몇 번인가? ③이다.

진우가 <u>바쁜가 봐</u>.
　　　= 바쁜 것 같아.
　　　= 바쁜 듯해.
　　　= 바쁜 모양이야.

TOPIK 7회 3급 15번은 몇 번일까? ③이다. '-나 보다'로 바꾸어 쓸 수 있다.

한국말을 아주 잘 <u>하는 모양이에요</u>.
　　　　= 하나 봐요.
　　　　= 하는 것 같아요.
　　　　= 하는 듯해요.

TOPIK 8회 4급 22번은? ③이다. 다르듯이=다른 것처럼

TOPIK 10회 18번의 정답은? ③이다. 불확실한 추측이다.

추측

1. **-것 같다**: **이유가 있는 추측**이다. **직접 경험**하고 말할 수 있다.

    예]
    1) 그 영화 보니까 정말 재미있는 것 같아.
    2) 비가 오는 것을 보니까 저녁부터 추워질 것 같습니다.

2. **-듯하다**: **이유가 있는 추측**이다. 신문기사 등과 같은 문어체에 쓰일 때도 있다.

    예]
    1) 남북 정상, 내일 서울에서 만날 듯
    2) 그 남자 정말로 인기가 많은 듯합니다.

    참고: -듯이=-것처럼

    > 땀이 비 오듯이
    > 물이 흐르듯이
    > 속삭이듯이
    > 낙엽 떨어지듯이
    > 밥 먹듯이(=자주)

3. **-나 보다**: 이유가 있는 추측이다. 하지만 직접 경험하고 말할 수 없다.

    예]
    1) 영화관 앞에 사람들이 줄 서 있는 걸 보니까 영화가 재미있나 봐요.

4. **-모양이다**: 이유가 있는 추측이다. 하지만 직접 경험하고 말할 수 없다.

    예]
    철수가 지금도 자고 있는 걸 보니까 피곤한 모양이에요. (=피곤한 가 봐요.)

5. **-았/었을지(도) 모르다**: 확실하지 않은 추측을 말할 때 사용한다.

    예]
    철수는 10년 전에 영희를 사랑했을지도 몰라.

연습문제

※ [1~3] 밑줄 친 부분이 맞는 것을 고르십시오.

1 시험이 <u>어려운 모양이에요</u>. 사람들 표정이 안 좋은데요.

① 어려운 거예요　　　　　② 어려운 편이에요
③ 어려운 것 같아요　　　　④ 어려울 뻔 했어요

2 누구나 그 책을 사는 걸 보니 <u>베스트셀러인 것 같아요</u>.

① 베스트셀러인 듯해요　　　② 베스트셀러인 편이에요
③ 베스트셀러일 뻔해요　　　④ 베스트셀러 모양이에요

3 그 사람은 거짓말을 <u>밥 먹듯이 해요</u>.

① 밥을 먹어요　　　　　　② 밥을 먹을 때 해요
③ 밥이 좋다고 해요　　　　④ 밥 먹는 것처럼 해요

※ 다음 (　　　　)에 알맞은 것을 고르십시오.

4 　고등학교 다닐 때 공부를 열심히 했더라면 좋은 대학교에 (　　　　) 모르겠습니다.

① 붙었듯이　　② 붙었을 줄　　③ 붙었을지도　　④ 붙었더라면

예상문제

※ [1~4] 밑줄 친 부분과 가장 비슷한 것을 고르십시오.

1

철수가 공부를 열심히 <u>하나 봐요</u>. 성적이 많이 올랐대요.

① 하는 듯해요 　② 하고 있어요 　③ 하는 것이에요 　④ 하는 편이에요

2

내일 큰 비가 <u>내릴 듯</u>.

① 내릴 것 　② 내릴 모양 　③ 내릴 나봐 　④ 내릴 편

3

영희가 이 힙합 음악을 듣는 걸 보면 듣기를 잘<u>하는 모양이에요</u>.

① 하려고요 　② 했거든요 　③ 하나 봐요 　④ 할 뻔했어요

4

내 친구는 뛰어와서 그런지 얼굴에 땀이 <u>비 오듯합니다</u>.

① 비가 옵니다 　　　　　　② 비가 올 정도입니다
③ 비 오는 것 같습니다 　　④ 비가 올 듯합니다

5과 높임말

높임말은 가끔씩 출제되고 있지만 꼭 확인해야 할 문법이다. 다음 기출문제를 풀어 보자.

기출문제

※ 다음 중 밑줄 친 부분이 맞는 것을 고르십시오.

TOPIK 16회 21번

① 선생님께서 저한테 큰 상을 <u>드리셨어요</u>.
② 민수야, 교수님이 연구실로 서둘러 <u>오시래</u>.
③ 우리 할아버지께서는 재산이 꽤 <u>많으셨어요</u>.
④ 혹시 시간이 <u>계시면</u> 저와 차 한잔 하시겠어요?

TOPIK 13회 21번

① 모르는 것이 있으면 나에게 <u>여쭤 보세요</u>.
② 할아버지께서 나를 좀 <u>도와 드리면</u> 좋겠다.
③ 할아버지, 제가 댁까지 <u>데려다</u> 드리겠습니다.
④ 나는 지금 할머니를 <u>만나 뵈러</u> 공항으로 가는 중이다.

풀이 TOPIK 16회 21번은 몇 번인가? ③이다. 다른 것들도 확인해 보자.

① 선생님께서 저한테 큰 상을 <u>드리셨어요</u>. → 주셨어요
② 민수야, 교수님이 연구실로 서둘러 <u>오시래</u>. → (너를) 오래
③ 우리 **할아버지께서는** 재산이 꽤 **많으셨어요**.
④ 혹시 **시간이** <u>계시면</u> 저와 차 한잔 하시겠어요? → 있으면

TOPIK 13회 21번은 몇 번일까? ④이다. 나머지도 확인해 보자.

① 모르는 것이 있으면 **나에게** <u>여쭤 보세요</u>. → 물어 보세요
② 할아버지께서 나를 좀 <u>도와 드리면</u> 좋겠다. → 도와 주시면
③ 할아버지, 제가 댁까지 <u>데려다</u> 드리겠습니다. → 모셔다
④ 나는 지금 할머니를 <u>만나 뵈러</u> 공항으로 가는 중이다.

높임말

높임말 문제를 풀 때는 다음 두 가지를 생각하자.
 첫째, '나'는 '나'를 높일 수 없다.
 둘째, 사물은 높일 수 없다.
다음 표현들은 꼭 알아 두자.

	높임말	예문
보다	뵙다, 뵈다	선생님을 뵙고 싶어서 왔습니다.
있다	계시다	집에 누가 계십니까?
주다	드리다	아버지께 무슨 선물을 드릴까?
자다	주무시다	아버지께서 지금 주무세요.
도와 주다	도와 드리다	어머니 부엌일 좀 도와 드려.
데려다 주다	모셔다 드리다	할아버지, 제가 모셔다 드릴 테니까 걱정하지 마세요.
묻다	여쭈다, 여쭙다	이해가 안 되시면 선생님께 여쭈어 보세요.
먹다	드시다, 잡수시다	아버지, 이것 좀 드셔 보세요.
아프다	편찮다	우리 할머니께서 편찮으세요.
죽다	돌아가시다	할머니께서 1년 전에 돌아가셨어요.
밥	진지	아버지, 진지 잡수세요.
나이	연세	죄송하지만, 올해 연세가 어떻게 되십니까?
병	병환	할아버지께서 병환이 있으십니다.
이름	성함	죄송하지만, 성함이 어떻게 되시지요?

연습문제

※ [1~4] 다음 밑줄 친 부분이 맞는 것을 고르십시오.

1
① 선생님께서 저를 칭찬해 <u>주셨어요</u>.
② 저 실례지만 시간이 <u>계시면</u> 잠깐 이야기를 나누어도 될까요?

2
① 선생님 이따가 <u>봐요</u>.
② 할아버지께서는 일찍 <u>주무세요</u>.

3
① 명수야, 이 김치 좀 <u>드셔 봐</u>.
② 할머니를 <u>모시고</u> 경복궁에 갔다.

4
① 그럼 철수를 <u>만나 보고</u> 나한테 와.
② 친구가 <u>편찮으셔서</u> 정말 걱정이다.

예상문제

※ [1~4] 다음 밑줄 친 부분이 맞는 것을 고르십시오.

1
① 나는 친구에게 위로를 <u>해 드렸어요</u>.
② 어제 고등학교 때 선생님을 <u>찾아 뵈었어요</u>.
③ 나는 하루에 한 번 개를 <u>모시고</u> 산책을 한다.
④ 철수야, 선생님께서 너한테 도서관에 갔다 <u>오시래</u>.

2
① 너는 <u>성함</u>이 어떻게 되니?
② 그러면 제가 선생님께 <u>묻겠습니다</u>.
③ 시간이 없으니까 나를 <u>도와 드리면</u> 좋겠다.
④ 두 분은 음식을 <u>드시면서</u> 이야기를 하셨다.

3
① 네 동생 <u>연세는</u>?
② 고양이에게 밥을 <u>드리세요</u>.
③ 철수가 할머니를 <u>도와 주었다</u>.
④ 할아버지께서 저녁을 <u>잡수시고</u> 산책하러 가신다.

4
① 여기, 아무도 <u>안 계십니까</u>?
② 할아버지 <u>병이</u> 어떠신지요?
③ 어머니께서 텔레비전을 보고 <u>웃었다</u>.
④ 우리 할머니를 집까지 <u>데려가 주세요</u>.

6과 놓치면 안 되는 문법

6과에 나온 문법들은 다른 문법들과 함께 출제되었다. 또한 언제든지 정답으로 나올 수 있는 문법들이다. 꼭 확인해서 정리해 두자. 특히 〈-는/(으)ㄴ 척하다〉, 〈-는/(으)ㄴ/(으)ㄹ 셈이다〉, 〈-도록〉, 〈-(으)ㄹ만하다〉, 〈-(으)ㄴ채로〉, 〈-자마자〉 등은 어떻게 쓰이는지 활용까지 알아두자.

회차	문법 표현	예문
12회	-는/(으)ㄴ척하다(체하다)	그냥 공부하는 척하는 거예요.
8회	-았/었을 뿐이다	조금 힘들었을 뿐이에요.
11회	-기는(요)	어렵기는요. 오히려 굉장히 쉬워요.
10회	-이지 -이/가 아니다	저는 교사이지 학생이 아닙니다.
13회	-는/(으)ㄴ/(으)ㄹ셈이다	이제 모두 구경한 셈이니까 공부하자.
10회	-도록(시간, 정도)	실연한 날, 밤새도록 술만 먹었어요.
11회	-(으)ㄹ 수밖에 없다	열심히 공부할 수밖에 없어요.
13회	-는/(으)ㄴ 편이다	오늘은 문제가 쉬운 편이네요.
12, 10회	-든지÷-거나	라면을 먹든지 밥을 먹든지 하세요.
15회	-(으)ㄹ 만하다	초등학생들에게 놀 만한 곳이 없어요.
8회	-어/아/여 놓다	문을 열어 놓고 나와서 걱정이에요.
8회	-(으)ㄹ수록	수학은 공부할수록 더 어렵네요.
13회	-(으)ㄴ채로÷그대로	너무 피곤해서 옷을 입은 채로 잠이 들었어요.
8회	-느니 차라리	옷을 고치느니 차라리 새로 사는 게 좋겠다.
10회	-다기보다는	몸이 좋아졌다기보다는 마음이 평안해요.
9회	-어/아/여 오다(가다)	3년 동안 사귀어 온 그와 헤어졌다.
16회	-자마자÷-는 대로	학교가 끝나자마자 집으로 갔다.
16회	-다(가) 보면	공부하다 보면 어려울 때가 있다.

연습문제

※ [1~5] 다음 밑줄 친 부분이 맞는 것을 고르십시오.

1
가: 이번 시험에서 1등을 하셨다면서요? 매일 집에서 공부하셨나 봐요.
나: 아니에요. 수업 시간에 <u>공부했을 뿐이에요</u>.

① 공부하려 했어요　　　② 공부만 했어요
③ 공부하고 싶었어요　　④ 공부조차 안했어요

2
가: 혹시 의사 선생님이 아니십니까?
나: 저는 <u>간호사이지</u> 의사 선생님이 아닙니다.

① 간호사일 뿐이지　　　② 간호사가 아니지
③ 간호사이기도 하지　　④ 간호사이기를 바라지

3
가: 왜 이렇게 늦게 집에 와요? 얼마나 걱정했는데요.
나: 일 때문에 <u>늦을 수밖에 없었어요</u>. 미안해요.

① 늦기밖에요　　　　　② 늦을 수 있어요
③ 늦지 않으면 안 되었어요　　④ 늦지 않고는 안 되었어요

4
가: 보통 몇 시쯤 일어나요?
나: 6시 반쯤 <u>일어나는 편이에요</u>.

① 일어나야 해요　　　　② 일어나곤 해요
③ 일어나려고 해요　　　④ 일어나기만 해요

5
가: 회사에서의 추억이 있으시다면요?
나: 상사가 저를 보면 정말 열심히 <u>일하는 척했어요</u>.

① 일하려고 했어요　　　② 일하고 또 했어요
③ 일하는 것처럼 했어요　④ 일하면 일할수록이에요

※ [6~10] 다음 (   )에 알맞은 것을 고르십시오.

6
가: 왜 그렇게 갑자기 집에 가세요?
나: 가스 불을 (   ) 왔거든요.

① 켜 놓고 ② 켜려고
③ 켜 놓이고 ④ 켜 두려고

7
가: 이번에 대학교 시험을 보세요?
나: 대학 시험을 (   ) 차라리 기술을 배우겠어요.

① 보느니 ② 보려고
③ 보기는 ④ 보지만

8
가: 두 분 사귀시는 것 맞죠?
나: 아뇨. (   ) 친한 친구 사이에요.

① 사귀고 있지만 ② 사귀려고 하지만
③ 사귄다기보다는 ④ 사귄지 오래되었지만

9
가: 한국에 온 지 얼마나 되셨어요?
나: 벌써 3년이 (   ). 다음 달 3일이 3년째예요.

① 되면 가네요 ② 되어 좋아요
③ 되어 가네요 ④ 되면 좋아요

10
가: 이 찌개, 맛 좀 보세요.
나: 음, (   ). 그런데 좀 싱겁네요.

① 먹을 만해요 ② 먹는 셈이에요
③ 먹기에 이상해요 ④ 먹는 편이에요

예상문제

※ [1~6] 다음 밑줄 친 부분이 맞는 것을 고르십시오.

1
가: 내일 부모님께서 한국에 오신다고요?
나: 네. 그래서 내일 수업을 <u>마치자마자</u> 인천 공항에 가려고요.

① 마치더라도 　　　② 마치는 대로
③ 마치는가 하면 　④ 마치기는 하지만

2
가: 정말 한국말 잘하시는데요. 한국어는 얼마 동안 공부했어요?
나: <u>잘하기는요</u>. 한 2년 했어요.

① 잘하지 못해요 　　② 너무 잘해요
③ 잘할 수 있어요 　④ 잘할 수밖에 없어요

3
돈을 그 정도 모았으니 성실하게 <u>산 셈이다</u>.

① 살 뿐이다 　　　② 산 것이다
③ 산 것과 같다 　④ 살려고 했다

4
친구하고 만나서 밤이 <u>늦도록</u> 맥주를 마셨다.

① 늦어도 　　　② 늦게까지
③ 늦을 만큼 　④ 늦을 수밖에

5
누구를 <u>만나든지</u> 지금처럼 정성껏 대하세요. 그러면 성공할 거예요.

① 만나지만 　　② 만나거나
③ 만나면서 　　④ 만나거든

6
옷을 <u>입은 채로</u> 잠을 자지 마세요.

① 입은 그대로 　　② 입은 그뿐인
③ 입은 그처럼 　　④ 입은 그만큼

※ [7~10] 다음 (   )에 알맞은 것을 고르십시오.

7
가: 한국의 유명한 관광지는 어디에 있습니까?
나: 경주에 (   ) 곳이 있을 거예요.

① 볼 뿐인   ② 볼 만한
③ 볼 수 있는   ④ 볼 정도의

8
가: 한국어 공부는 어떻습니까?
나: (   ) 너무 재미있습니다.

① 하면 할수록   ② 하면 할 밖에
③ 하면 할 때만   ④ 하면 할 뿐인

9
가: 어제 처음으로 부부싸움을 했어요.
나: 남녀가 같이 (   ) 그럴 수 있어요.

① 생활하려 되면   ② 생활하고 되면
③ 생활하나 보면   ④ 생활하다 보면

10
가: 그 친구의 단점이 뭐야?
나: (   ) 거예요. 저는 그런 모습이 너무 싫어요.

① 잘났을 뿐인   ② 잘난 척하는
③ 잘난 셈하는   ④ 잘난 듯하는

TOPIK 적중특강

문법 정답

1장 반드시 출제되는 문법

1과 간접 화법

연습문제
1. 먹었다고
2. 힘들다고
3. 좋다고
4. 보라고
5. 주라고
6. 만들자고
7. 야구 했(느)냐
8. 어디냐고
9. 자야겠다고
10. 지냈(느)냐고

예상문제
1. ④ 2. ④ 3. ② 4. ② 5. ④
6. ④ 7. ③ 8. ③
9. 가 보라고 하셨다 10. 바꾸어 달라고 했다

2과 보조사

연습문제
1. ④ 2. ② 3. ④ 4. ① 5. ④
6. ③ 7. ④ 8. ③ 9. ④ 10. ②

예상문제
1. ③ 2. ② 3. ③ 4. ③ 5. ①
6. ③ 7. ④ 8. ④ 9. ③ 10. ④

3과 피동 I - 〈피동사〉

연습문제
1. ① 2. ② 3. ① 4. ② 5. ②
6. ①

예상문제
1. ③ 2. ① 3. ① 4. ② 5. ④
6. ①

3과 피동 II

예상문제
1. ① 2. ② 3. ① 4. ④ 5. ②

4과 사동

연습문제
1. ③ 2. ③ 3. ② 4. ② 5. ①
6. ① 7. ② 8. ③

예상문제
1. ② 2. ③ 3. ③ 4. ③ 5. ②
6. ①

5과 이유

연습문제
1. ② 2. ③ 3. ④ 4. ③ 5. ②
6. ④ 7. ② 8. ③ 9. ③ 10. ①

예상문제
1. ③ 2. ④ 3. ③ 4. ④ 5. ③
6. ④ 7. ③ 8. ③ 9. ① 10. ④

6과 계획과 의도

연습문제
1. ① 2. ③ 3. ① 4. ④ 5. ③
6. ② 7. ③ 8. ②

예상문제
1. ④ 2. ④ 3. ③ 4. ① 5. ③
6. ② 7. ④ 8. ①

2장 꼭 알아야 할 문법

1과 호응

연습문제
1. ② 2. ① 3. ① 4. ② 5. ①
6. ① 7. ① 8. ②

예상문제
1. ① 2. ③ 3. ② 4. ④ 5. ④

2과 이음

연습문제
1. ② 2. ④ 3. ① 4. ② 5. ③
6. ④

예상문제
1. ③ 2. ② 3. ④ 4. ④ 5. ④
6. ④

3과 회상

연습문제
1. ③ 2. ② 3. ④ 4. ①

예상문제
1. ④ 2. ④ 3. ③ 4. ④ 5. ④

4과 추측

연습문제
1. ③ 2. ① 3. ④ 4. ③

예상문제
1. ① 2. ② 3. ③ 4. ③

5과 높임말

연습문제
1. ① 2. ② 3. ② 4. ①

예상문제
1. ② 2. ④ 3. ④ 4. ①

6과 놓치면 안 되는 문법

연습문제
1. ② 2. ① 3. ③ 4. ② 5. ③
6. ① 7. ① 8. ③ 9. ③ 10. ①

예상문제
1. ② 2. ① 3. ③ 4. ② 5. ②
6. ① 7. ② 8. ① 9. ④ 10. ②

TOPIK 적중특강
쓰기

1장   대화를 이해하고 고르기
- **1과** 대화에 알맞은 표현 고르기
- **2과** 대화와 같은 의미 고르기

2장   안내문과 같은 내용 고르기

3장   맞는 표현을 논리적으로 고르기

4장   짧게 쓰기
- **1과** 세 표현으로 한 문장 쓰기
- **2과** 맞는 표현을 논리적으로 쓰기

5장   한 주제로 세 문단 이상 쓰기
- **1과** 다발 짓기로 쓸 거리 마련하기
- **2과** 문단 쓰기 Ⅰ
- **3과** 문단 쓰기 Ⅱ
- **4과** 실전 쓰기
- **5과** 글 형식 연습
  - (1) 글 문장 쓰기 연습
  - (2) 원고지 쓰기 연습

들어가기

〈한국어능력시험 중급 쓰기〉 문제의 모습은 이렇다. 객관식 고르기 10문제, 세 표현을 한 문장으로 이어 쓰기 2문제, 논리적인 표현을 (　)에 쓰기 3문제, 400~600자로 글쓰기가 한 문제이다. 점수로 보면 객관식 고르기 10문제는 각 문제가 4점이라서 모두 40점이 된다. 이어 쓰기와 (　)에 쓰기는 각 문제당 6점이라서 모두 30점이다. 마지막 400~600자로 글쓰기는 30점이다.

위에서 문제의 점수를 길게 이야기하는 이유는 마지막 문제인 400~600자 쓰기가 30점이기 때문이다. 만약에 400~600자 쓰기를 못하고 어휘·문법, 듣기, 읽기를 모두 높은 점수를 받는다고 하더라도 4급이 될 수 없다. 즉, 〈쓰기〉에서 400~600자 쓰기 이외의 다른 문제 중에서 하나라도 틀리고 400~600자 쓰기를 못했다면 3급일 수밖에 없다. 따라서 한국어 능력시험을 공부하는 한국어 학습자들은 400~600자 쓰기를 꼭 연습해서 시험에서 쓸 수 있어야 한다.

문제 순서대로 〈쓰기〉의 공부 방법에 대해서 하나씩 말하겠다. 객관식 고르기 10문제에서는 대화와 제시글을 빨리 보고 문제를 풀어야 한다. 한국어 교과서의 대화나 제시글을 여러 번 큰 소리로 읽고 대화에 사용하는 것이 제일 좋다. 수업 시간에 연습하고 또 연습하라. 그러면 어렵지 않을 것이다.

세 표현을 한 문장으로 이어 쓰는 문제도 마찬가지이다. 수업 시간에 문장과 문장을 잇는 표현들을 중심으로 정리하자. 그리고 큰 소리로 읽고 써 보자. (　)에 쓰기는 평소에 논리적인 표현을 연습하면 어렵지 않을 것이다.

400~600자 글을 쓸 때는 먼저 문제에서 무엇을 쓰라고 하는지 정확히 확인해야 한다. 다음으로 문단을 구성해서 쓸 수 있어야 한다. '-(으)ㅂ니다/습니다', '-아/어요' 스타일로 쓰지 않는다. '-한다' 스타일(192쪽 참조)로 써라. 마지막으로 쓴 다음에 반드시 한국어 선생님에게 체크받는다. 이렇게 여러 번 한다면 좋은 점수를 받을 것이다.

마지막으로 시간을 체크하면서 문제를 풀어라. 1교시인 어휘·문법/쓰기가 90분이라면 쓰기가 45분이다. 그런데 400~600자 쓰기는 적게는 20분에서 많게는 25분이 필요하다. 이 안에 400~600자로 써야 한다. 시간이 많지 않다. 그렇다면 〈쓰기〉 시험을 볼때 400~600자 쓰기 문제를 먼저 하고 다른 문제들을 푸는 것이 좋겠다.

〈TOPIK 적중특강 쓰기〉는 〈쓰기〉 문제를 한국어 학습자에게 쉽게 해줄 것이다. 특히 400~600자로 쓰기는 교실 상황을 그대로 다시 만들었다. 열심히 해서 큰 도움이 되기를 바란다.

한국어능력시험 쓰기 문항 유형 분석

〈TOPIK 적중특강 쓰기〉는 5장으로 나누어진다. 1장 대화를 이해하고 고르기는 31번 문제부터 36번까지이다. '알맞은 표현'과 '같은 의미'를 골라야 한다. 2장 안내문과 같은 내용 고르기와 3장 맞는 표현을 논리적으로 고르기는 문제는 적으나 날카로운 문제들이 있으므로 주의하자. 여기까지가 100점 만점에 40점을 차지한다. 4장 41번부터 46번까지는 60점의 점수를 차지한다. 특히 46번은 30점이라서 이 문제를 쓰지 못한다면 어휘·문법, 읽기, 듣기의 영역에서 우수한 점수를 얻더라도 3급이 될 수밖에 없다. 따라서 이 〈쓰기〉에서는 41번부터 46번까지 연습을 정확하고 많이 해야 한다.

41번과 42번은 세 문장을 한 문장으로 쓰는 문제이다. 각 6점씩이다. 43~45번도 각 6점씩이다. 논리적인 말을 요구하므로 이에 대해 연습이 필요하다.

46번은 약 20~25분의 시간동안 400~600자의 글을 써야하기 때문에 이 문제에 대해 정확히 준비해야겠다. 따라서 이 문제를 풀기 위한 기술을 하나씩 제시하였다.

다음 표는 위에서 말한 것을 정리한 것이다.

1장 **대화를 이해하고 고르기**
    1과 대화에 알맞은 표현 고르기
    2과 대화와 같은 의미 고르기

2장 **안내문과 같은 내용 고르기**

3장 **맞는 표현을 논리적으로 고르기**

4장 **짧게 쓰기**
    1과 세 표현으로 한 문장 쓰기
    2과 맞는 표현을 논리적으로 쓰기

5장 **한 주제로 세 문단 이상 쓰기**
    1과 다발 짓기로 쓸 거리 마련하기
    2과 문단 쓰기 Ⅰ
    3과 문단 쓰기 Ⅱ
    4과 실전 쓰기
    5과 글 형식 연습
        (1) 글 문장 쓰기 연습
        (2) 원고지 쓰기 연습

1장 대화를 이해하고 고르기

1과 대화에 알맞은 표현 고르기

쓰기 첫 번째 연습이다. 이 문제 유형은 대화의 가장 좋은 표현, 가장 자연스러운 표현을 선택하라고 요구한다. 다음 기출문제를 먼저 풀어 보자. 문제 유형을 알기 위해서이다.

기출문제

※ 빈칸에 가장 알맞은 것을 고르십시오.

TOPIK 16회 33번

가: 컴퓨터를 새로 사야 하는데 돈이 부족할 것 같아서 걱정이에요.
나: 그래요? 요즘 _____ 컴퓨터가 많이 나왔던데요.

① 값이 싸면서도 좋은　　② 비싼 것치고 훌륭한
③ 싸서 그런지 괜찮은　　④ 값이 비싸더라도 예쁜

TOPIK 15회 31번

가: 준영 씨는 먼저 들어갔나요?
나: 가방이 있는 걸 보니까 _____.

① 잠깐 나갔나 봐요　　② 잠깐 나가겠어요
③ 조금 후에 나가면 돼요　　④ 조금 후에 나가려고 해요

TOPIK 14회 31번

가: 민정 씨, 이번 생일 선물로 뭘 받고 싶어요?
나: 음, _____.

① 가방을 받으려고 해요　　② 가방을 받으면 좋았어요
③ 가방을 받을 거라고 봐요　　④ 가방을 받았으면 좋겠어요

> **풀이** 답은 무엇인가? TOPIK 16회는 ①, 15회도 ①, 14회는 ④이다.
>
> TOPIK 16회의 '가'는 무엇을 걱정하는가? 돈이 부족한 것을 걱정한다. 그래서 '나'는 값이 싸고 좋은 것을 말해 주었다. 문법 표현 '-면서도'는 '-지만'의 뜻이다. 답은 ①이다.
> TOPIK 15회에는 "-는 걸 보니까"가 나왔다. 이유표현이다. 다음에 나올 말은 추측 표현밖에 없다. "-것 같다, -듯하다, -나보다, -모양이다". 중에서 하나다. 답은 ①이다.
> TOPIK 14회는 "생일 선물로 뭘 받고 싶어요?"라고 물었으니까 "-았/었(으)면 좋겠어요"밖에 없다. 여기에서 "좋겠어요"에서 "겠"이 중요하다. 꼭 기억하자.
> 이 문제 유형은 3급, 4급을 열심히 공부한 사람은 어렵지 않게 풀 수 있다. 그러면 어떻게 공부하면 좋을까? 3급과 4급에 나와 있는 대화 표현을 많이 연습하고 사용하면 된다.

기출문제 정리

기출문제는 어떻게 나왔을까? 다음은 TOPIK 기출문제에서 정답과 관련된 표현을 모은 것이다. TOPIK 10회부터 16회까지 정리했다.

회차	문제
16회	31. 여행을 가려고요. **벌써** 비행기 표도 **예약해 놓았어요**. 32. 괜찮으니까 천천히 보고 **주셔도 돼요**. 33. 그래요? 요즘 **값이 싸면서도 좋은** 컴퓨터가 많이 나왔던데요. 34. 쉬울 거라고 생각했지만 **생각보다 어려워서 고생하고 있어요**.
15회	31. 가방이 있는 걸 보니까 **잠깐 나갔나 봐요**. 32. 시간이 없기는 하지만 **최선을 다해 보려고요**. 33. 네, 힘들지만 **공부를 하면 할수록** 재미있어요. 34. 아직요. **계속 찾다 보면** 어딘가 자리가 있겠지요.
14회	31. 음, **가방을 받았으면 좋겠어요**. 32. 네. 일주일에 두세 번은 하니까 **자주 하는 편이에요**. 33. **비밀번호를 누르기만** 하면 자동으로 열려요. 34. **깎아 주는 대신에** 하나 더 드릴게요.
13회	31. 재미가 없어서 저는 **졸기만 했어요**. 32. 네. 혹시 과장님께서 찾으시면 외근 나갔다고 전해주세요. 33. 제가 갔을 때는 **아무도 없던데요**. 34. 음식이 방금 나와서 **막 먹으려던 참이야**.

12회	31. <u>값이 아니라</u> 마음이 중요하지요. 32. 네. 거의 <u>일이 끝나가서요</u>. 33. 걸어 다니면 운동할 시간을 따로 <u>내지 않아도 되거든요</u>. 34. <u>회사가 너무 멀고 해서</u> 이사하려고요.
11회	31. 미진이요? 잘 <u>지내고 있던데요</u>. 32. <u>무슨 급한 일이 있는지</u> 아까 저쪽으로 막 뛰어갔어요. 33. 그래요? 그럴 줄 알았으면 <u>전화 한번 할 걸 그랬어요</u>. 34. <u>쓰레기통을 만들어 놓았더니</u> 이렇게 되었대요.
10회	31. <u>제가 물어보고 올 테니까</u> 여기에서 잠깐 기다리세요 32. 저렇게 일하다가 <u>건강이 나빠질 것 같아 걱정이에요</u>. 33. 수미 씨가 그러는데 <u>7년 쯤 사귀었다고 해요</u>. 34. 이 물건은 <u>값이 비싸서 그런지</u> 사겠다는 사람이 별로 없어요.

위의 표에서 문법 요소만 보면 다음과 같다. 굵게 표시한 문법 요소는 TOPIK 10회 이후 2회 출제된 것이다.

회차	16회	15회	14회	13회	12회	11회	10회
31번	-어/아/여 놓다	-나 보다	-았/었(으)면 좋겠다	**-기만 하다**	-이 아니라	**-던데요**	-(으)ㄹ 테니까
32번	-어/아/여도 되다	-(으)려고(요)	-편이다	-(으)면	-어/아/여 가다	-이/가 있는지	-것 같아 걱정이다
33번	-(으)면서도	-(으)면 -(으)ㄹ수록	**-기만 하면**	**-던데요**	-거든(요)	-(으)ㄹ 걸 그랬다	-다고 하다
34번	-보다 어떻다	-어/아/여다 보면	-는 대신에	-(으)려던 참이다	-어/아/여서	**-어/아/여 놓다**	-어/아/여서 그런지

▶ 〈-어/아/여 놓다〉, 〈-기만 하다〉, 〈-던데요〉 등이 자주 출제돼

위의 표에 따르면 '-어/아/여 놓다', '-기만 하다 ', '-던데요'가 TOPIK 10회 이후 두 번씩 나왔다. 이 표현들은 당연히 잘 알아야 하며 사용할 수 있어야 한다. 물론 위의 표에 나온 나머지 표현들도 계속 나올 수 있는 중요한 표현이므로 정확히 알아야 한다.

연습문제

이 문제 유형은 문제를 읽고 밑줄에 들어갈 표현을 선택지에서 신속하게 선택해야 한다. 다시 말해 선택지를 보면서 밑줄에 들어갈 말을 **빠르게** 선택해야 한다. 따라서 이 문제 유형은 **속도**가 중요하다. 그런데 부정확한 속도가 아니라 **정확한 속도**를 요구한다. 그러므로 **빠르게** 읽고 밑줄에 들어갈 표현이 무엇인지를 평소에 연습해야 한다.

이 문제 유형을 위해서 **빠르게** 연습을 해 보자. 다음 **연습문제 1**을 100초 동안 풀어 보자. 100초 후에 누가 많이 맞혔는지 확인해 보자. 최소 **80% 이상** 맞혀야 한다. 그럼, 이어질 대화문에 줄을 그어 연결해보자.

1

1. 배가 고픈데 뭘 좀 먹을까요?
2. 한국에 와서 어디를 여행했어요?
3. 저는 우유부단해서 결정을 잘 못해요.
4. 수미 씨가 시험에 떨어졌대요.
5. 박 선생님이 아직 결혼을 못했대요.
6. 요즘 살이 갑자기 쪄서 걱정이에요.
7. 한국어 공부한 지 얼마 되었어요?
8. 피곤할 때는 뭘 하세요?
9. 퇴근 후에 소주 한잔 어때요?
10. 상수 씨가 기침을 많이 하네요.

① 바빠서 아무데도 여행 못했어요.
② 조금 전에 간식을 먹었잖아요.
③ 소주 대신에 맥주는 어때요?
④ 한국어 공부한 지 한 달 되었어요.
⑤ 그냥 집에서 뒹굴뒹굴하는 편이에요.
⑥ 감기에 걸린 모양이에요.
⑦ 저는 그렇게 될 줄 알았어요.
⑧ 빨리 좋은 사람을 만나야 할 텐데요.
⑨ 자신감을 가지고 마음대로 해 보세요.
⑩ 누구나 운동으로 살을 뺄 수 있어요.

연습문제 1에서 몇 개를 맞혔는가? ☐ 개

연습문제

다시 한 번 연습문제 2를 연습해 보자. 기출문제를 반영한 문제들이다. 100초 후에 답을 맞혀보자. 시작해 보자.

2

11. 한국어 쓰기가 가장 자신 없어요.
12. 내일이 어머니 생신인데 준비했어요?
13. 드디어 내일 기말시험이에요!
14. 수학은 점점 어려워져요.
15. 극장 앞에 사람이 많아요.
16. 고국에 돌아가면 뭘 할 거예요?
17. 김 선생님, 지금 어디 가세요?
18. 이 회사에 다닌 지 얼마나 되었어요?
19. 수미 씨가 공무원 시험에 합격했대요.
20. 영수 씨는 잘 지낸대요?

① 개봉 영화가 재미있나 봐요.
② 시험 잘 보았으면 좋겠어요.
③ 벌써 15년이 되어 가네요.
④ 와, 이제 출근하기만 하면 되네요.
⑤ 제가 도와줄 테니까 걱정하지 마세요.
⑥ 전자회사에 들어갔다고 들었어요.
⑦ 디자인 공부를 하려고요.
⑧ 네, 음식점을 예약해 놓았어요.
⑨ 맞아요. 공부할수록 더 모르겠어요.
⑩ 저는 교보문고에 가려던 참이었어요.

연습문제 2에서 몇 개를 맞혔는가? ☐ 개

마지막으로 연습문제 3을 연습해 보자. 100초 후에 다시 확인해 보자.

3

21. 어떤 분이 이상형이세요?
22. 한국어가 너무 어려워요.
23. 왜 김치를 안 드세요?
24. 이번 시험 어땠어요?
25. 수미 씨, 피곤해 보여요.
26. 내일 발표 준비는 끝났어요?
27. 청계천에 처음 가신다고요?
28. 선생님, 숙제는 내일까지지요?
29. 축하해요. 드디어 졸업이군요.
30. 그 사람과 헤어져서 너무 힘들어요.

① 어제 잠을 잘 못자서 그런지 몸이 안 좋아요.
② 네, 잘 찾을 수 있을지 모르겠어요.
③ 시간이 흘러가면 잊혀질 거예요.
④ 모두 선생님 덕분이에요.
⑤ 멋있으면서도 똑똑한 사람이었으면 좋겠어요.
⑥ 내일까지가 아니라 모레까지입니다.
⑦ 열심히 하다 보면 잘하게 될 거예요.
⑧ 실수할 것 같아서 걱정이에요.
⑨ 생각한 것보다 쉬웠어요.
⑩ 저는 매운 음식을 잘 못 먹거든요.

연습문제 3에서 몇 개를 맞혔는가? ☐ 개

예상문제

※ [1~4] 빈칸에 가장 알맞은 것을 고르십시오.

1

가: 수미 씨는 아침 식사를 꼭 하는 편이에요?
나: 네. _____ 아침 식사는 꼭 하는 편입니다.

① 바쁜 일이 있는지
② 아무리 바빴다지만
③ 바쁜 일이 있을 테니까
④ 아무리 바쁜 일이 있어도

2

가: 수미 씨, 극장표 살 수 있어요?
나: 모르겠어요. _____ 줄이 참 길군요.

① 방학이라서 그런지
② 방학이었기 때문에
③ 인기가 너무 없어서
④ 연예인이 나오는 탓에

3

가: 왜 영수 씨가 회사에서 졸아요?
나: _____ 밤샘 근무한 것 같아요.

① 어제하고 옷이 다른 걸 보니까
② 어제하고 옷이 같은 걸 보니까
③ 컴퓨터로 열심히 일하는 걸 보니까
④ 가끔씩 화장실에 다녀오는 걸 보니까

4

가: 수미 씨는 어떻게 지내요?
나: 지난번에 만났는데 _____.

① 잘 지내는 것 같더라고요
② 잘 지내라고 말하더라고요
③ 잘 지내는지 피곤해 보였어요
④ 잘 지내는 것 같아 걱정이었어요

예상문제

※ [5~12] 빈칸에 가장 알맞은 것을 고르십시오.

5

가: 한국에서 돈 많이 버셨습니까?
나: 네. 한국에서 _____.

① 성공한 참이에요 ② 성공한 셈이지요
③ 성공할까 말까 해요 ④ 성공한 정도이지요

6

가: 어제 연극 정말 재미있었지요?
나: 네. 너무 감동스러워서 _____.

① 울려고 했어요 ② 울기만 했어요
③ 울 수 있었어요 ④ 울 필요가 있었어요

7

가: 소개해 준 사람 어땠어요?
나: _____ 같은 학교를 나왔더라고요.

① 얘기만 하면 ② 얘기는 그만하고
③ 얘기를 나눠 보면 ④ 얘기를 나눠 보니까

8

가: 감기약 먹었어요?
나: 네, 그런데 _____.

① 감기약만한 것이 없어요 ② 감기약을 먹기도 괜찮아요
③ 감기약을 먹어도 피곤해요 ④ 감기약을 먹기만 하면 잠이 와요

9

가: 요즘 한국 날씨가 좀 춥지요?
나: 네, 저는 한국 날씨가 _____.
　　겨울옷이 없어 걱정이에요.

① 이렇게 추울 줄 알았어요　　② 이렇게 추운지 몰랐거든요
③ 이렇게 맑을 줄 몰랐어요　　④ 춥기보다는 쌀쌀한 것 같아요

10

가: 일주일 후의 발표 준비는 어때요?
나: 요즘 잠을 못자요. _____ 잘 되겠지요.

① 열심히 준비하다 보면　　② 처음 준비해서 그런지
③ 열심히 준비할 테니까　　④ 잠을 자려던 참이니까

11

가: 수미 씨가 어디에 있어요?
나: 연락이 없는 걸 보니까 _____.

① 숙제를 다 했나 봐요　　② 집에 있으면 좋겠어요
③ 도서관에서 자기만 해요　　④ 도서관에 있는 모양이에요

12

가: 왜 아침에 수미 씨가 뛰어갔어요?
나: _____ 정신없이 갔어요.

① 구경할 것이 많으니까　　② 수업 시간에 늦었다면서
③ 늦게 일어나는 편이라서　　④ 수업 준비가 많을수록

2과 대화와 같은 의미 고르기

쓰기 두 번째 문제 유형이다. 밑줄 친 부분을 다른 말로 바꾸어 쓸 수 있느냐를 묻는다. 보통 35번 문제는 같은 의미의 문법을 묻고 36번의 문제는 같은 의미의 관용어를 찾게 한다. 가끔 두 문제 모두 관용어를 확인하는 문제도 출제된다. 먼저 기출문제를 확인해 보자.

기출문제

※ 밑줄 친 부분을 같은 의미로 바꾸어 쓴 것을 고르십시오.

TOPIK 16회 35번

가: 저 사람 이름이 뭐였는지 기억나요?
나: 저도 **얼굴은 몇 번 본 것 같은데** 이름이 생각나지 않네요.

① 낯을 봐서 ② 얼굴이 익어서
③ 얼굴을 봐서라도 ④ 낯이 익기는 하지만

TOPIK 15회 35번

가: 이 식당은 주말도 아닌데 손님이 정말 많네요.
나: **음식이 싼 것은 물론이고** 서비스도 아주 좋거든요.

① 음식에 따라 ② 음식에 비해
③ 음식이 싼 만큼 ④ 음식이 싼 데다가

TOPIK 14회 36번

가: 철수가 다른 사람한테 그 얘기를 하면 안 되는데…….
나: 걱정하지 마. 그 친구는 **비밀을 잘 지키니까**.

① 입이 짧거든 ② 입이 무겁거든
③ 말이 앞서니까 ④ 말뿐이라고 하더라

풀이 답은 몇 번일까?

TOPIK 16회 35번은 ④이다. "낯이 익기는 하지만"은 "얼굴을 몇 번 본 것 같지만"과 같은 의미이다. 관용어의 의미를 물었다.

TOPIK 15회 35번은 몇 번인가? ④이다. '-은/는 물론이고'는 '-는/(으)ㄴ/(이)ㄴ 데다가'와 같은 표현이다. 같은 의미의 문법을 아는지 물었다.

TOPIK 14회 36번은 몇 번? ②이다. '입이 무겁다'는 '비밀을 잘 지킨다'는 뜻을 가지고 있다. 같은 의미의 관용어를 찾는 문제였다.

기출문제 정리

그럼, TOPIK 10회부터 16회까지 어떤 문제들이 나왔는지 확인해 보자. 특히, 아래의 굵은 글씨로 표시한 부분을 다시 확인하자. 중요하다.

회차	35번	36번
16회	몇 번 본 것 같은데 = 낯이 익기는 하지만	꿈에도 생각하지 못하다 = 전혀 몰랐다/생각할 수 없었다
15회	-은/는 물론이고 = (-는/(으)ㄴ/(이)ㄴ) 데다가	아는 사람이 많다 = 발이 넓다
14회	저와 비슷해요 = 저만 해요	비밀을 잘 지키다 = 입이 무겁다
13회	-(으)면서도 -하다 = -도 하고 -도 하다	그만 두다 = 손을 떼다
12회	그럴 자격이 있다 = 그럴 만하다	눈을 붙이다 = 잠을 자다
11회	곧 도착할 것이다 = 거의 다 왔다	다 한 거나 마찬가지다 = 다 한 셈이다
10회	끝나면 바로 = 끝나는 대로	실수하는 게 당연하다 = 실수하기 마련이다

▶ <-는/(으)ㄴ/(이)ㄴ 데다가>, <꿈에도 생각하지 못하다> 등 문법과 관용어 출제돼

이 문제 유형은 TOPIK 10회 이후, 같은 문법이나 관용어가 나오지는 않았다. 따라서 앞으로 위 표에 정리한 표현들이 반복되어 나올 수 있다고 볼 수 있다. 문법에서는 비슷한 뜻을 가진 문법 표현이 무엇인지 생각하면서 정리하는 습관이 필요하다. 관용어는 사용의 예를 익히면 어렵지 않을 것이다.

연습문제 I

※ [1~16] 밑줄 친 부분을 같은 의미로 바꾸어 쓴 것을 고르십시오.

1 수미 씨, 언제 <u>국수를 먹을 수 있어요</u>?

① 잔치를 열어요　　　　② 결혼을 해요

2 어릴 때 엄마가 매일 공부하라고 했어요. 정말 <u>귀에 못이 박혔어요</u>.

① 귀가 아팠어요　　　　② 많이 들었어요

3 너 은근히 남자 볼 때 <u>눈 높더라</u>. 이젠 눈 좀 낮춰라.

① 기준이 높더라　　　　② 눈이 예쁘더라

4 김 과장이 사장님 <u>눈 밖에 났다면서</u>?

① 눈에 무엇이 났다면서　　　　② 미움을 받았다면서

5 너무 피곤해서 수업 끝나고 집에 가서 <u>눈을 붙여야겠어요</u>.

① 생각을 해 봐야겠어요　　　　② 잠을 자야겠어요

6 이 노트북은 <u>눈에 안 차는데요</u>. 다른 걸 보여주세요.

① 크지 않은데요　　　　② 마음에 안 드는데요

7 미국 집에 두고 온 고양이가 <u>눈에 밟혀요</u>.

① 자꾸 생각나요　　　　② 눈이 아파요

8 저는 <u>눈에 넣어도 안 아픈</u> 딸이 있답니다.

① 너무 사랑스러운　　　　② 눈이 너무 큰

9 이번 회사 시험에서 <u>미역국 먹었어</u>. 벌써 세 번째야.

① 떨어졌어　　　　　　② 안 좋았어

10 어릴 때 일이었어요. 어머니가 저녁 늦게까지 안 오시는 거예요. 정말 어머니를 <u>목이 빠지게</u> 기다렸지요.

① 목이 아프게　　　　　② 너무 애타게

11 한국인도 가끔씩 물건을 살 때 <u>바가지 쓸 때가 있다</u>.

① 비싸게 살 때가 있다　② 좋게 살 때가 있다

12 어제 여자 친구를 1시간이나 넘게 기다렸어요. 연락을 해도 안 받고…… <u>바람 맞았어요</u>. 앞으로 어떻게 해야 할지 모르겠어요.

① 약속을 잊었어요　　　② 약속을 지키지 않았어요

13 제가 한국말 잘한다고요? 왜 <u>비행기 태워요</u>? 알았어요. 제가 오늘 점심 살게요.

① 잘한다고 해요　　　　② 잘해서 상을 줘요

14 우리 반 학생 중에서 가장 <u>발이 넓은</u> 사람은 우양이다.

① 아는 사람이 많은　　　② 아는 곳이 많은

15 제가 어제 삼세 백화점에 갔었는데 <u>발 디딜 틈이 없더라고요</u>.

① 물건들이 틈이 없더라고요　② 사람이 너무 많더라고요

16 텔레비전이 고장 나서 서비스센터 직원이 <u>손을 보았다</u>.

① 고치려고 했다　　　　② 때리려고 했다

연습문제 I

※ [17~31] 밑줄 친 부분을 같은 의미로 바꾸어 쓴 것을 고르십시오.

17 유미 씨는 식당에서 <u>손을 뗀 지</u> 1년 넘었어요.
① 그만 둔 지 ② 오래 한 지

18 미국과 러시아가 <u>손을 잡고</u> 핵을 없애기로 했대요.
① 협력하여 ② 선택하여

19 부장님, 성수 씨하고는 <u>손발이 안 맞아서</u> 일 같이 못하겠어요.
① 하는 방법이 서로 달라서 ② 하는 방식을 서로 이해해서

20 집에 가면 <u>손을 내미는</u> 자식들 때문에 죽겠어요. 월급도 많지 않은데 말이죠.
① 같이 하자는 ② 도와 달라는

21 삼세 그룹은 <u>손을 대는</u> 사업마다 성공해요.
① 시작하는 ② 열심히 하는

22 우리 어머니께서 <u>손이 크세요</u>.
① 크거나 많게 주세요 ② 크거나 알맞게 주세요

23 얼마 전에 시골에 갔다 왔어요. 요즘 시골에는 <u>손이 부족하거든요</u>.
① 일할 사람이 별로 작거든요 ② 일할 사람이 별로 없거든요

24 수미 씨는 <u>입이 정말 가벼워요</u>.
① 비밀을 잘 지켜요 ② 비밀을 안 지켜요

25 저는 <u>입이 짧아요</u>.
① 많이 못 먹어요　　　② 많이 안 먹어요

26 쓰기는 더 열심히 해야한다고 <u>입이 아프게</u> 이야기했잖아요.
① 정말 많이　　　② 설마 많이

27 나오코 씨는 아는 사람들이 <u>입을 모아서</u> 칭찬을 해요.
① 모두　　　② 각각이

28 영미 씨는 <u>코가 높은 것 같아요</u>.
① 자존심이 세요　　　② 자존심이 없어요

29 밤 11시에 지하철을 타면 <u>파 김치된</u> 사람들이 꾸벅꾸벅 졸면서 집으로 가요.
① 너무 피곤한　　　② 책만 읽는

30 오늘 오전 내내 <u>파리만 날렸어요</u>.
① 파리가 많았어요　　　② 손님이 없었어요

31 저는 50년만에 아버지를 만날 줄은 <u>꿈에도 생각하지 못했습니다</u>.
① 전혀 생각하지 못했습니다　　　② 전혀 꿈에서 보지 못했습니다

연습문제 II

※ [1~13] 밑줄 친 부분을 같은 의미로 바꾸어 쓴 것을 고르십시오.

1 어제 컴퓨터 게임하면서 <u>공부하는 척했어요</u>.

① 공부하려고 했어요   ② 공부하는 것처럼 했어요

2 우리는 <u>그냥 친구 사이일 뿐이에요</u>.

① 특별한 관계가 아니에요   ② 우리는 매우 친한 사이예요

3 <u>힘들기는요</u>. 한국에서 산 지 1년이 넘었잖아요.

① 힘들지 않아요   ② 힘들 뿐이에요

4 고등학교 때는 열심히 <u>공부할 수밖에 없었어요</u>.

① 공부가 쉬웠어요   ② 공부해야만 했어요

5 저녁은 주로 <u>집에서 먹는 편이에요</u>.

① 집에서 사람들과 먹고 있어요
② 집에서 먹는다고 할 수 있어요

6 경주는 <u>구경할 만한 곳이 많아요</u>.

① 구경하기에 좋은 곳이 많아요
② 구경할 필요가 많은 곳이에요

7 어제 너무 피곤해서 <u>옷을 입은 채로 잤어요</u>.

① 옷을 입은 그대로 잤어요
② 옷을 입은 척하고 잤어요

8 이번 연휴에 고향에 갈까 합니다.

① 잘 모르겠지만 이번 연휴에 고향에 가겠습니다
② 잘 모르겠지만 이번 연휴에 고향에 가려고 합니다

9 안 그래도 집에 가려던 참이었어요.

① 집에 가려고 했어요
② 집에 가려던 셈이에요

10 지하상가 지나다가 예뻐서 샀어요.

① 지나는 길에 예뻐서 샀어요
② 지나가면서 예뻐서 샀어요

11 기분전환도 할 겸 제주도에 갔다 오려고요.

① 기분전환을 하고 싶어서 제주도에 갔다 오려고요
② 기분전환도 필요하고 해서 제주도에 갔다 오려고요

12 친구가 나를 반가워하기는커녕 나를 싫어했어요.

① 반가워하기도 필요하지만 나를 싫어했어요
② 반가워하기는 말할 것도 없고 나를 싫어했어요.

13 시간이 부족했으니까 시험 못 보는 게 당연하죠.

① 시험을 못 봐야 하죠
② 시험을 못 보기 마련이죠

예상문제

※ [1~8] 밑줄 친 부분을 같은 의미로 바꾸어 쓴 것을 고르십시오.

1

가: 철수 씨는 교보문고를 금방 찾았네요.
나: 사실은 <u>길을 잘 못 찾아요</u>. 그래서 어제 친구하고 여기에 왔었어요.

① 길눈이 밝아요
② 길눈이 어두워요
③ 길눈이 이상해요
④ 눈이 매우 높아요

2

가: 어제 리포트 때문에 밤을 새웠어요.
나: 그래서 <u>얼굴이 반쪽이 되었군요</u>!

① 얼굴이 정말 작아졌군요
② 얼굴이 피곤해 보이는군요
③ 얼굴에 반이 걱정되는군요
④ 얼굴에 반이 아파보이는군요

3

가: 이 노트북 생각보다 비싸네요. 일부러 왔으니까 <u>좀 생각해 주세요</u>.
나: 알겠습니다. 판매가에서 5% 더 빼드리겠습니다.

① 깎아 주세요
② 생각해 보세요
③ 너무 비싸네요
④ 좋은 걸로 주세요

4

가: 요즘 인터넷 서점이 인기래요.
나: 당연하죠. <u>가격이 싼 데다가</u> 빨리 배송해 주니까요.

① 가격에 따라
② 가격과 비교하면
③ 가격이 쌀 뿐 아니라
④ 가격은 상관하지 않고

5

가: 한국에서 유적지는 많이 가보셨어요?
나: 내일 수원 화성만 가면 <u>대부분 본 셈이에요</u>.

① 대부분 볼만 해요　　② 대부분 볼 뿐이에요
③ 대부분 본 것과 같아요　④ 대부분 보기가 쉽지 않아요

6

가: 자기는 진짜 나를 좋아해?
나: 그럼, <u>하늘만큼 땅만큼</u> 좋아한다니까.

① 하늘보다 땅보다　　　② 하늘 위에 땅 위에
③ 하늘과 같게 땅과 같게　④ 하늘과 비교해 땅과 비교해

7

가: 영수 씨는 어떤 사람이에요.
나: <u>팔방미인이에요</u>. 일이면 일, 운동이면 운동, 외국어면 외국어, 정말 부러워요.

① 하는 것마다 잘해요　② 여덟 가지가 예뻐요
③ 여덟 가지만 잘해요　④ 아름다운 사람이에요

8

가: 수미가 대학교에 떨어졌대요.
나: 매일 놀더니 <u>그럴 만하네요</u>.

① 그렇게 되니까 슬퍼요　② 그렇게 될 것 같았어요
③ 그렇게 되니 안타까워요　④ 그렇게 되면 안 되었어요

2장 안내문과 같은 내용 고르기

이 문제 유형은 안내문을 글로 옮겨서 쓸 수 있느냐를 확인한다. 그런데 〈TOPIK 적중특강 읽기 편〉의 텍스트를 보고 같은 내용 고르기와 매우 비슷하다. 따라서 선택지를 먼저 보고 그 다음에 안내문을 확인하자. 그러면 어렵지 않게 같은 내용을 고를 수 있다.

또 하나의 방법은 안내문에 나와 있는 명사형 표현을 어떤 식으로 옮길 수 있는지를 미리 공부하면 이 문제 유형을 쉽게 풀 수 있다. 예를 들면 '가능'을 '할 수 있다'로 옮길 수 있어야 한다. 이것은 뒤에 있는 연습문제로 확인하도록 하자.

기출문제를 확인해 보자. 세 문제를 선택했다.

기출문제

※ 다음 안내문과 같은 것을 고르십시오.

TOPIK 16회 37번

〈공동 세탁실 이용 안내〉
- 세탁 가능 시간: 오전 7시 ~ 오후 10시
- 사용료: 1회 500원(100원짜리 사용 불가)
- 세제 및 기타 세탁 용품은 비치되어 있지 않음
- 세탁 후 뒷정리 및 쓰레기 처리 요망

⇓

공동 세탁실 이용에 대해 안내 말씀 드리겠습니다. ①세탁실은 24시간 사용 가능하며, ②사용료는 횟수에 상관없이 오백 원입니다. ③세탁실에는 세제가 구비되어 있으니 준비해 오지 않으셔도 됩니다. ④공동 시설이므로 사용 후에는 청결 상태를 유지해 주시기 바랍니다.

TOPIK 15회 38번

(주) 한국 생명-신입 사원 채용 안내

- 채용 분야: 영업직, 관리직
- 지원 자격: 대학 졸업 이상
- 선발 방법
    - 1차: 서류 심사
    - 2차: 면접(서류 심사 합격자 대상)
- 제출 서류: 입사지원서, 자기 소개서, 최종 학교 졸업·성적증명서
- 지원 방법: 본사 홈페이지(http://kice.co.kr)에서 지원
- 지원 기간: 연중 채용

'한국 생명'에서는 영업직 및 관리직에서 일할 신입 사원을 모집하고 있습니다. ①대학을 졸업했거나 졸업 예정인 사람은 누구나 지원할 수 있습니다. ②선발은 서류 심사와 2회의 면접을 통해 이루어집니다. ③지원하고자 하는 사람은 제시된 서류를 본사에 방문하여 제출하면 됩니다. ④기간에 관계없이 지원이 가능합니다. 많은 지원 바랍니다.

TOPIK 14회 38번

도서관 이용 시 주의 사항

- 출입 시 도서관 이용증 제시
- 개인 물품 소지 불가 (노트북, 필기구 제외)
- 각층 열람실에서 자료 복사 가능 (5층 자료는 복사 불가)
- 평일 야간 1층 정보실에서 자료 열람 가능 (홈페이지에 당일 오후 5시까지 예약)

도서관 이용 시 주의 사항에 대해서 말씀 드리겠습니다. 우선 ①도서관에 들어갈 때는 이용증을 맡기도록 하십시오. ②도서관 안에는 노트북과 필기구는 물론 개인 물건을 가지고 들어갈 수 없습니다. ③자료 복사는 5층 자료를 제외하고는 모두 가능합니다. ④평일 야간에는 하루 전에 예약할 때에만 1층 정보실에서 자료를 볼 수 있습니다.

기출문제

풀이 TOPIK 16회 37번의 답은 무엇인가? ④이다. 무엇이 어떻게 틀렸는지 안내문과 글을 비교하면서 확인해 보자.

- 세탁 가능 시간: 오전 7시 ~ 오후 10시 : ①세탁실은 24시간 사용 가능하며
- 사용료: 1회 500원(100원짜리 사용 불가) : ②사용료는 횟수에 상관없이 오백 원입니다.
- 세제 및 기타 세탁 용품은 비치되어 있지 않음 : ③세탁실에는 세제가 구비되어 있으니 준비해 오지 않으셔도 됩니다.
- 세탁 후 뒷정리 및 쓰레기 처리 요망 : ④공동 시설이므로 사용 후에는 청결 상태를 유지해 주시기 바랍니다.

먼저, 세탁 시간은 오전 7시부터 오후 10시까지 가능하므로 24시간 사용 가능하다는 말은 틀렸다. 다음으로 사용료는 1회 500원이므로 사용료가 횟수에 상관없이 오백 원이라는 말도 틀렸다. 그 다음으로 세제와 세탁 용품은 비치되어 있지 않다고 했으니까 구비되어 있다는 말은 틀렸다. 단, '비치되다'와 '구비되다'는 비슷한 말이라는 것을 알아야 한다. 마지막으로 세탁 후에 뒷정리하고 쓰레기를 처리해 달라고 했다. 뒷정리와 쓰레기 처리를 해달라는 말은 깨끗하게 해 달라는 말이므로 청결 상태를 유지해 달라는 말과 같다. 그러므로 마지막 ④가 정답이다. '깨끗하다'와 '청결하다'의 말뜻을 알면 풀기 쉽다.

TOPIK 15회 38번의 답은 몇 번일까? ④이다. 다시 한번 안내문과 글을 비교해 확인해 보자.

- 지원 자격: 대학 졸업 이상 - ①대학을 졸업했거나 졸업 예정인 사람은 누구나 지원할 수 있습니다.
- 선발 방법
  - 1차: 서류 심사
  - 2차: 면접(서류 심사 합격자 대상) - ②선발은 서류 심사와 2회의 면접을 통해 이루어집니다.
- 지원 방법: 본사 홈페이지(http://kice.co.kr)에서 지원 - ③지원하고자 하는 사람은 제시된 서류를 본사에 방문하여 제출하면 됩니다.
- 지원 기간: 연중 채용 - ④기간에 관계없이 지원이 가능합니다.

15회 38번 문제를 보면 먼저 지원 자격이 대학 졸업 이상이라고 했으니까 졸업 예정인 사람은 지원할 수 없다. 그래서 틀렸다. 다음으로 선발은 서류 심사와 면접 1회씩이니까 2회의 면접을 이야기한 ②는 틀렸다. 지원 방법은 홈페이지에 제출하면 되니까 본사 방문해 제출하라는 말도 틀렸다. 마지막으로 지원 기간은 연중 채용이라고 했으니까 기간에 관계없다는 말이다. 따라서 마지막 ④가 맞다.

TOPIK 14회 38번의 답은 몇 번? ③이다. 어떻게 틀리고 맞는지 직접 확인해 보자.

기출문제 정리

다음은 기출문제의 안내문 내용이다.

회차	안내문 내용	안내문 성격
16회	37. 공동 세탁실 이용 안내문	참가
	38. 독감 예방 접종 안내문	예방
15회	37. 어린이날 맞이 일일 농촌 체험 교실 신청문	참가
	38. (주) 한국 생명-신입 사원 채용 공고문	채용
14회	37. 추석맞이 농산물 판매 안내문	판매
	38. 도서관 이용시 주의 사항 공고문	주의 사항
13회	37. 스키 캠프 참가 안내문	참가
	38. 교환·환불에 대한 안내문	교환·환불
12회	37. 꼭 한번 가보고 싶은 섬, 제주도 여행 안내문	참가
	38. 현대 소설 연구회 회원 모집 안내문	모집
11회	37. 제3회 청소년 마라톤 대회 참가 안내문	참가
	38. 〈영화 세계〉원고 모집 안내문	모집
10회	37. 월간 〈좋은 생활〉정기 구독 안내문	모집
	38. 제10회 안동 탈춤 축제 안내문	참가

▶ 〈참가 안내문〉, 〈모집 안내문〉 등이 자주 출제돼

위의 표에 따르면 참가를 바라는 안내문이 6회로 제일 많았다. 다음으로 모집 안내문이 3회 출제돼 그 다음으로 많았다. 신문이나 잡지에 나오는 참가 안내문과 모집 안내문을 가지고 쉬운 글로 옮겨서 말하거나 쓰는 연습을 해 보면 문제 유형이 더 쉬워질 것이다.

연습문제 I

※ 다음 표는 안내문에 나오는 명사 또는 명사형 단어들을 선택지에서 나오는 말로 바꾸는 연습을 하기 위해 만들었다. 특히, 굵게 표시한 단어는 자주 나오는 단어이므로 완전히 알아야 한다. 빈칸에 비슷한 말을 써 보자.

단어	비슷한 말	단어	비슷한 말
가능(하다)	1	**불포함(하다)**	들어있지 않다
불가능(하다)	할 수 없다	비치(하다)	놓아 두다
개요	주요 내용	사용(하다)	6
경우	때, 사정	**상관이 없다**	관계 없다
교환(하다)	2	선발(하다)	뽑다
구독(하다)	사서 읽다	선정(하다)	7
구입(하다)	3	소지(하다)	가지고 있다
기간에 관계없다	시간에 상관없다	시설	편리를 위한 도구
기회	좋은 때	신청(하다)	해달라고 하다
내외	정도	실시(하다)	실제로 하다
내용	실질적인 뜻	심사(하다)	자세히 조사해 정하다
대상	관계된 사람이나 사물	연구(하다)	자세히 관찰하고 분석하다
대여(하다)	4	연중	일년 내내
마감(되다)	끝나다	**불가(하다)**	8
마련(하다)	준비하다	열람(하다)	읽어보다
매장	파는 곳	**예약(하다)**	미리 약속하다
면접 (보다)	얼굴을 보면서 묻다	요망(하다)	9
모집(하다)	뽑아 모으다	유지(하다)	그대로 이어가다
무료	공짜	유치(하다)	밖의 것을 가져오다
문의(하다)	5	응모(하다)	모집에 응하다
물품	물건	입금(하다)	돈을 넣다
발송(하다)	보내다	자격	필요한 조건,능력
방문(하다)	찾아가다	**제공(하다)**	10
분위기	느낄 수 있는 기운	제공(되다)	주어지다
제시(하다)	보여주다	제한(하다)	한계를 정하다

제한 없음	누구나 괜찮음	토론(하다)	여러 사람이 논의하다
증정(하다)	주다	특징	특별한 점
지원(하다)	스스로 원하다	판매(하다)	14
지참(하다)	갖고 참석하다	포함(하다)	들어있다, 넣다
참가(하다)	들어가다, 참여하다	품목	물건의 종류
채용(하다)	11	필수	꼭 해야 할 것
처리(하다)	순서에 따라 끝까지하다	할인(하다)	가격을 깎아주다
청결(하다)	깨끗하다	행사	목적에 맞는 일
체험(하다)	12	형식	방법, 스타일
추가(하다)	후에 더하다	혜택	이익과 도움
취소(하다)	13	환불(하다)	15

1. _____
2. _____
3. _____
4. _____
5. _____
6. _____
7. _____
8. _____
9. _____
10. _____
11. _____
12. _____
13. _____
14. _____
15. _____

연습문제 II

※ [1~4] 다음 안내문의 내용과 <u>다른</u> 것을 고르십시오.

1

계간 〈문학과 철학〉 정기 구독 안내

- 1년 구독료 2만 8천원(8,000원 할인)
- 인터넷 홈페이지 또는 전화(02-555-0001)로 신청 후 신용카드 입금
- 매월 25일~30일 받아 보실 수 있음
  30일까지 받지 못한 경우 연락 주시면 다시 발송해 드림

　①<u>계간 〈문학과 철학〉을 이제 집에서 보실 수 있습니다.</u> ②<u>정기 구독을 신청하시는 분께는 구독료를 할인해 드립니다.</u> ③<u>정기 구독 신청은 인터넷 홈페이지로만 받습니다.</u> ④<u>매월 30일까지 책을 받지 못하신 분께는 다시 보내 드립니다.</u>

2

제11회 평촌 문화 축제

행사 개요: 평촌 시민을 위한 장기 자랑, 먹을 거리 축제
행사 장소: 평촌 범계역 주변
행사 목적: 평촌 시민의 친목 도모
행사 일시: 9월 22일부터 10월 2일까지

　①평촌에서는 평촌 시민을 위한 축제를 엽니다. ②올해로 열 한 번째로 열리는 축제에서는 장기를 자랑할 수 있고 맛있는 음식을 먹을 수 있습니다. ③이 행사의 목적은 평촌 시민의 건강을 위한 것입니다. ④일시는 구월 이십이일부터 시월 이일까지입니다.

3

제1회 인천 대교 건축 기념 마라톤 대회

일　　시: 10월 17일(토) 오전 9시 30분
참　가　비: 2만 5천원(보험료 포함)
참가 자격: 만 13세 이상~70세(65세 이상은 건강검진 증명서 제출)
제한 시간: 6시간
신청 마감: 9월 26일(토) 오후 1시
문　　의: 인천 대교 건축 기념 마라톤 조직 위원회(전화 031-775-7777)
특　　전: 참가자 전원에게 대회 기념 티셔츠 제공

①제1회 인천 대교 건축 기념 마라톤 대회를 안내합니다. ②만 65세 이상은 참가할 수 없습니다. ③참가하신 모든 분에게 대회 기념 티셔츠를 드립니다. ④참가비는 보험료를 합하여 2만 5천원입니다. 여러분의 많은 참여를 부탁드립니다.

4

격월간 〈미국 드라마와 함께〉 원고 모집

내　　용: 드라마 감상문
길　　이: 원고지 15장 내외
응모 자격: 드라마를 좋아하고 시청하시는 분
※ 글의 내용과 형식 제한 없음(단, 미국 드라마를 대상으로 함)
　응모한 분을 선정하여 〈미국 드라마와 함께〉 11월호와 최신 미국 드라마를 선사함
　뽑힌 분 중 3등 안에 드신 분께는 20~50만원의 원고료를 드림

①격월간 〈미국 드라마와 함께〉에서는 드라마 감상문을 모집하고 있습니다. ②응모하신 분 모든 분께는 〈미국 드라마와 함께〉 11월호를 드립니다. ③미국 드라마를 좋아하시는 분은 누구나 감상문을 보내실 수 있습니다. ④글의 내용과 형식은 마음대로 하셔도 괜찮습니다.

연습문제 II

※ [5~6] 다음 안내문의 내용과 같은 것을 고르십시오.

5

설악산 단풍 관광

· 외설악/비선대/신흥사 흔들바위
· 당일관광
· 대인 37,000원 / 소인 33,000원
· 포함 내용: 교통료, 입장료, 식사 2식, 가이드비, 여행자보험
· 출　　　발: 2010년 10월 10일/19일/21일/23일/25일

⇓

　설악산에서 단풍을 느껴보고 싶지 않으십니까? ①외설악과 비선대에서만 단풍을 느낄 수 있습니다. ②관광은 하루이지만 다음날 돌아옵니다. ③관광의 포함 내용에는 식사비가 들어가 있지 않습니다. ④출발은 시월 십일부터입니다.

6

현대 경영 연구회 회원 모집

자　　격: 경영에 관심 있는 세계 대학교 재학생
정기 모임: 매월 첫 번째 화요일, 세 번째 목요일
신청 방법: 인터넷(www.hmanage.com)신청 또는 방문 신청(학생 회관 105호)
연구회의 특징: －국내외 현대 경영 특성 연구
　　　　　　　－6개월에 한 번 유명 경영자 초청 강연

⇓

　현대 경영 연구회에서 새 회원을 모집합니다. ①경영에 대해서 알고 싶어하는 사람이면 누구나 참가할 수 있습니다. ②정기 모임은 매월 한 번 있습니다. ③신청은 인터넷 사이트에서 신청하시거나 방문하시면 됩니다. ④우리 연구회의 특징은 국내외의 전통 경영만을 공부할 수 있다는 점입니다. 많은 참가 부탁드립니다.

예상문제

※ [1~2] 다음 안내문의 내용과 같은 것을 고르십시오.

1

제90회 전국체육대회 배드민턴 동호인대회

참가자격: 배드민턴 취미활동중인 순수 아마추어 동호인
일   시: 2010. 10.24(일) ~25(월)
장   소: 대전광역시 도솔체육관
시   상: 우승 - 상장, 금메달
　　　　 준우승 - 상장, 은메달
　　　　 공동 3위 - 상장, 동메달
참가신청마감: 2010. 10.8(금) 18:00

　배드민턴을 좋아하시는 여러분, 대전 도솔체육관으로 오세요. ①이번 대회는 배드민턴을 취미로 생각하시거나 프로로 활동 중이신 모든 분이 참가할 수 있습니다. ②일시는 10월 24일부터 27일까지입니다. ③시상은 우승, 공동 준우승, 공동 3위로 나누어 합니다. ④신청마감은 10월 8일까지입니다. 여러분 많이 참가하세요.

2

교환/환불에 대한 안내문	
기간	구입 후 5일 이내
해당제품	품질에 문제가 있는 경우 디자인에 문제가 있는 경우 색상이 마음에 안드는 경우
보낼 곳	www.ppp.com에 통보 후 반품할 것

　당사 제품에 대한 교환 및 환불을 원하시는 손님 여러분께 안내 말씀을 드리겠습니다. ①교환 및 환불을 원하시는 분은 일주일 이내에 연락을 하시기 바랍니다. ②제품의 품질뿐 아니라 크기가 맞지 않으셔도 교환을 해 드립니다. ③매장 시간을 지켜주시기 바랍니다. ④교환하시기를 원하시는 고객께서는 저희 인터넷 사이트로 교환을 알려주신 다음 물건을 보내주시기 바랍니다. 감사합니다.

예상문제

※ [3~6] 다음 안내문의 내용과 같은 것을 고르십시오.

3

친환경 농법 농산물 판매

판매 상품: 상감 쌀, 송이 버섯, 양파 즙, 제철 과일
주문 시간: 10월 10일 09:00~ 20:00
주문 장소: 경기 아파트 놀이터 앞
특별 행사: 전 품목 일반 마트의 60% 가격으로 판매
　　　　　10만원 이상 구입 시 상감 쌀 무료 증정

⇓

　①10월 10일 경기 아파트 주차장 앞에서 친환경 농법으로 만든 농산물을 판매합니다. ②이 행사에서는 과일만 제외한 모든 곡류를 판매합니다. ③모든 상품은 마트보다 싸게 팝니다. ④11만원 이상 사시면 상감 쌀을 드립니다. 여러분의 많은 참여 바랍니다.

4

발표력 향상 워크샵 안내문

일시: 2010년 10월 13일(수) 오후 5~8시
장소: 대학관 309호
인원: 선착순 30명
비용: 무료
신청: 전화/ 방문 신청
　　　02-334-4445/ 제2강의동 2층 3332호

　발표력 향상을 위한 워크샵을 개최하오니 학생 여러분께서는 참여해 주시기 바랍니다. ①일시는 10월 13일 오후 5시부터 7시까지입니다. ②장소는 대학관 300호입니다. ③인원은 30명 이상입니다. ④신청은 전화로 하시거나 방문하시면 됩니다. 학생 여러분의 많은 참가 부탁드립니다.

5

도서 대출 회원증 발급안내	
대상	-초등학생이상 서울 시민
구비 서류	-가족 중 초등학생 이상의 증명 또는 반명함판 사진 각 1매 -신분증
대출기한 및 권수	-1인 3권 이내 -14일간(2주)
동일도서 재대출	반납 후 3일 이후에 재대출 가능

    도서 대출 회원증 발급에 대한 안내를 해 드리겠습니다. 먼저 ①<u>대상은 초등학교를 졸업해야 합니다.</u> 그리고 ②<u>명함판 사진을 제출해야 합니다.</u> ③<u>책을 빌려주는 기간은 2주입니다.</u> ④<u>반납한 후에는 일주일 후에 다시 대출이 가능합니다.</u> 감사합니다.

6

2010 첨단과학 체험교실 개최

참가대상: 전국의 중·고등학생(6개 프로그램 각 15~20명)
일   시: 2010년 11월 4일(목) 13:00~17:00
장   소: 한국기초과학연구소
신청방법: science.com에서 선착순 접수
주의사항: 6개 프로그램이 동시에 진행되므로 한 개의 프로그램만 선택하여 신청하시기 바랍니다. 반드시 참가학생 이름으로 회원가입하여 신청하시기 바랍니다.
문   의: 030-333-8899

    2010 첨단과학 체험교실을 개최합니다. ①<u>전국의 초중고 학생 여러분들을 초대합니다.</u> ②<u>일시는 11월 4일 12시부터입니다.</u> ③<u>신청은 인터넷으로 하시면 됩니다.</u> ④<u>6개의 프로그램이 진행되지만 프로그램을 두 개까지 신청할 수 있습니다.</u> 감사합니다.

예상문제

※ [7~8] 다음 안내문의 내용과 같은 것을 고르십시오.

7

한국대학교 도서관 열람실 이용 안내

열람 시간: 오전 7시~오후 11시
열람 자격: 본교에 재학 중인 학생(일반인은 주말에만 이용 가능)
주의 사항: 노트북을 비롯하여 귀중품은 본인이 책임 질 것
　　　　　남에게 피해를 주는 소음이나 행동을 하지 말 것
　　　　　열람 후 깨끗하게 정리하고 퇴관할 것

⇓

　한국대학교 도서관 열람실 이용에 대해 안내드리겠습니다. ①시간은 오전 7시부터 오후 10시까지입니다. ②자격은 본교에 재학하는 학생만 가능합니다. ③노트북과 귀중품은 관리실에 맡기시기를 바랍니다. ④열람 후에는 책상 주위를 청결하게 하고 귀가하시기 바랍니다. 감사합니다.

8

신종플루 진료 안내(주요지침)

· 대부분의 환자는 저절로 회복되므로 증세가 가벼운 환자는 치료제와 검사 불필요
　- 단, 의사의 판단에 따라 필요시 치료해야 함
· 약이 필요한 환자에게 무료 투약
· 고위험인 급성 열성 호흡기 질환 환자에게 투약해야 함
· 급성 열성 호흡기 증상
　- 7일이내 37.8도 이상의 발열과 더불어 다음의 증상 중 1개 이상이 있는 경우(콧물 혹은 코막힘, 인후통, 기침)

⇓

　신종플루 진료에 대해 안내해 드리겠습니다. ①대부분의 환자는 저절로 좋아지기 때문에 많이 아파도 검사는 필요하지 않습니다. ②약이 필요한 환자에게는 돈을 요구하지 않습니다. ③급성 열성 호흡기 증상은 10일 이내 발열이 있습니다. ④발열과 함께 두통이 있으면 급성 열성 호흡기 증상입니다. 참고하셔서 신종플루에 대처하시기 바랍니다.

3장 맞는 표현을 논리적으로 고르기

이 문제 유형은 TOPIK 읽기의 46~48번에 해당하는 논리적인 표현 고르기와 비슷하다고 느낄 수 있다. 즉, (   )에 알맞은 것을 고르는 문제와 비슷하다고 느낄 수 있다. 하지만 쓰기의 이 문제 유형이 읽기의 (   ) 문제보다 더 논리적이고 복잡하다. 이 문제 유형은 단순한 단어찾기를 요구하기보다는 구나 문장을 찾으라고 요구하기 때문에 먼저 앞 뒤 문맥을 정확히 이해해야 한다. 또한 정확한 표현을 구별할 수 있어야 한다.

따라서 문맥을 정확히 이해해야 하는 것이 첫 번째 과제이다. 다음으로 정확한 표현을 고를 수 있어야 한다. 기출문제를 확인해 보자.

기출문제

※ (   )에 가장 알맞은 표현을 고르십시오.

TOPIK 16회 39번

낯선 곳에서보다 가 본 적이 있는 곳에서 일이 더 잘될 때가 많다. 한 예로, 운동선수들이 경기 전에 경기할 장소에 가서 연습을 해 두면 경기 결과가 좋은 경우가 많다. (   ) 긴장감이나 두려움이 줄어들기 때문이다. 이는 익숙한 장소에서 편안함을 느낌으로써 나타나는 결과라고 할 수 있다.

① 경기 결과에 따라　　　　　② 일이 더 잘될 때에는
③ 경기할 장소가 바뀜에 따라　④ 처음 가는 곳에서 느낄 수 있는

TOPIK 15회 40번

동물들은 거울에 비친 자신의 모습을 다른 동물로 여긴다. 고양이는 거울 속 자신과 싸움을 벌이려 하고 개는 친구가 되고 싶어한다. 그런데 최근 한 실험에서 코끼리는 이와 다른 반응을 보이는 것으로 밝혀졌다. 코끼리들은 (   ) 행동을 하는 대신 마치 사람처럼 거울에 비친 자신의 모습을 가만히 바라보고 있었다는 것이다.

① 적이나 동료와 마주 봐야 하는　　② 적이나 동료와 마주 보는 듯한
③ 적이나 동료와 마주 볼지 모르는　④ 적이나 동료와 마주 보지 않아도 되는

기출문제

TOPIK 14회 39번

요즘 광고는 재미있다. 그래서 사람들은 광고에서 나오는 말과 노래를 유행처럼 따라 한다. 광고의 가장 큰 목적은 상품을 잘 알려서 많이 팔릴 수 있게 하는 것이다. 내용이 재미있는 광고는 사람들의 기억에 오래 남아서 판매량을 늘리는 데 효과가 크다고 한다. (   )는 말까지 생겨날 정도이다.

① 광고가 재미있어야 상품도 잘 팔린다
② 광고가 재미있는데도 상품도 잘 팔린다
③ 광고보다는 판매량에 관심을 두어야 한다
④ 광고와 상품의 판매량과는 별다른 관계가 없다

풀이 TOPIK 16회 39번의 답은 몇 번인가? ④이다.

　이 글은 '어느 곳'을 말하고 있다. 다시 말해 '어느 장소'를 말하고 있다. '이 장소에 가면 더 좋다, 잘 된다.'가 이 글의 주제문이다. 이 장소는 어떤 곳인가? '가 본 적이 있는 곳'이다. '가 본 적이 있는 곳'과 반대되는 장소는 어디인가? '낯선 곳'이다. '낯설다'는 말을 몰라도 '가 보지 않은 곳'이라는 말로 이해할 수 있다. 그렇다면 문장을 다시 보자. '(   ) 긴장감이나 두려움이 줄어들기 때문이다.' 긴장감이나 두려움이 있는 곳은 '낯선 곳'이다. 다시 말해 '처음 가는 곳'이겠다. 그래서 답은 ④이다.

　글을 읽을 때 문맥 안에서 **반대의 두 명사 범주를 확인**하는 것도 답을 쉽게 알아내는 한 방법이 될 수 있다. 자, 보자.

낯선 곳	가 본 적이 있는 곳
처음 가는 곳	익숙한 장소
긴장감, 두려움	편안함

　위의 표를 정리하면 처음 가는 곳은 긴장감과 두려움이 있다. 이런 감정을 줄이기 위해서는 익숙한 장소로 바꾸어야 한다. 처음 간 곳이라고 하더라도 미리 가서 그곳에 있으면 익숙한 장소가 될 것이다.

TOPIK 15회 40번의 답은 ②이다. 왜 그럴까? 글을 다시 보면서 설명하겠다.

> 동물들은 거울에 비친 자신의 모습을 다른 동물로 여긴다. 고양이는 거울 속 자신과 싸움을 벌이려 하고 개는 친구가 되고 싶어한다. **그런데** 최근 한 실험에서 코끼리는 **이와 다른** 반응을 보이는 것으로 밝혀졌다. 코끼리들은 (   ) 행동을 **하는 대신** 마치 사람처럼 거울에 비친 자신의 모습을 가만히 바라보고 있었다는 것이다.

위 글의 주제는 무엇인가? "동물들은 거울에 비친 모습을 다른 동물로 여기지만 코끼리는 다른 반응을 보였다."이다. (   )에 **정확한 표현**을 쓰기 위해서는 위 글에서 굵게 표시한 말들에 주목해야 한다. '**그런데**'는 앞 문장과는 다른 말을 하는 것이다. '**이와 다른**'도 마찬가지이다. '하는 대신'은 '하지 않는다'와 같은 말이다. 그러므로 '코끼리들은 거울에 비친 자신의 모습을 다른 동물로 여기지 않는' 행동을 한다. 따라서 답은 '② 적이나 동료와 마주 보는 듯한'이다.

이 문제도 TOPIK 16회 39번과 같이 **두 개의 반대 범주**로 나눌 수 있다. 다음을 보자.

동물들	코끼리
거울에 비친 모습을 다른 동물로 생각함	거울에 비친 모습을 자신의 모습으로 생각함

TOPIK 14회 39번의 답은 ①이다. 이 문제는 위에서 보인 다른 기출 문제보다 쉬웠다. 앞의 두 문제처럼 두 가지 다른 범주로 생각하게 하는 것이 아니라 한 주제로 이야기하기 때문이다. 주제어들을 뽑으면, '광고, 재미있다, 판매량, 늘린다'가 있다. 답은 ①이다.

기출문제 정리

지금까지 나왔던 기출문제의 ( )부분에 답을 넣어 보이겠다. 그럼, 확인해 보자.

회차	내용
16회	39. (처음 가는 곳에서 느낄 수 있는) 긴장감이나 두려움이 줄어들기 때문이다.
	40. 그러나 실제로 사회에서는 (창의성 못지않게 성실성도 요구된다). 성실하지 않으면 아무리 창의적인 사람이라고 해도 성공하기 어렵기 때문이다.
15회	39. 물이 하늘로 올라가 구름이 되고 다시 비가 되어 내리는 것처럼 (유행도 돌고 도는 것뿐이다).
	40. (코끼리들은 동료와 마주 보는 듯한) 행동을 하는 대신 마치 사람처럼 거울에 비친 자신의 모습을 가만히 바라보고 있었다는 것이다.
14회	39. (광고가 재미있어야 상품도 잘 팔린다)는 말까지 생겨날 정도다.
	40. (새로 만든 차가 안전한지를 알아보고자) 새 자동차를 이용하여 여러 가지 테스트를 하는 것이다.
13회	39. (안 좋은 기후 조건을 가졌다고 해도) 중요한 기능이 있기 때문이다.
	40. 세계의 모든 나라들은 (싫든 좋든 더불어 살아야 한다)
12회	39. 그런데 사과의 효능은 언제, 어떻게 (먹느냐에 달려있다).
	40. (그럴 듯한 작품을 요구하기보다는) 자신의 생각과 느낌을 자유롭게 그릴 수 있게 한다면 아이들이 그림에 자신감을 가질 수 있을 것이다.
11회	39. (밤에 잠을 못 자게 될까봐) 낮잠을 피하는 사람들이 있다. 그러나 낮잠을 자는 것은 밤의 숙면을 방해하지 않을 뿐 아니라 오히려 밤에 더 깊은 잠을 잘 수 있게 한다.
	40. (재능을 발견하거나 꿈을 가지도록 하는) 제일 좋은 방법은 다양한 동아리 활동에 참여해 보게 하는 것이다.
10회	39. 오랜 시간 함께 한 동료라고 해서 (모두 좋은 관계를 유지하는 것은 아니다). 오히려 오랫동안 함께 일한 사람 중에는 관계가 좋지 않은 사람들도 많다.
	40. 또한 대학생들이 (어려운 사람들에게 관심을 가짐으로써) 인간적으로 좀 더 성숙해질 수 있다는 데에도 큰 의미가 있다.

위에서 굵은 글씨로 한 부분을 몇 번이고 확인해 주기 바란다. 중요한 표현들이고 다시 나올 수 있는 표현들이기 때문이다.

연습문제

※ [1~2] (   )에 가장 알맞은 표현을 고르십시오.

1

경찰이라고 해서 (   ). 오히려 범인을 잡을 때에나 범죄 현장에서는 무섭게 보여야 한다. 어느 때부터인가 경찰은 술 취한 사람들이 자신들에게 마음대로 행동을 하고 욕을 해도 참아주고만 있다. 이런 현상은 잘못된 것이다. 시민들은 경찰이 법을 대신한 사람이므로 경찰의 권위를 인정해 주어야 하고 경찰은 시민들이 법을 지키지 않을 경우 정확하게 알려줄 의무가 있다.

① 무섭지 않은 상황이 없는 것은 아니다
② 무슨 일이든지 시민들이 요구하면 들어주어야 한다
③ 언제나 친절하게 시민들을 대해야 하는 것은 아니다
④ 언제나 친절한 모습으로 시민들에게 최선을 다해야 한다

2

원고지보다 컴퓨터로 글을 쓰면 여러 가지로 효율적이다. 먼저 컴퓨터로 글을 쓰면 자기의 생각을 오래도록 남길 수 있다는 장점이 있다. 이를 종이에 글을 쓰는 것과 비교하면 종이에 쓴 글은 사라지거나 없어지기 쉽지만 컴퓨터는 그렇지 않다. 또한 (   ) 쉽게 편집도 가능하다. 원고지에 글을 쓰면 오랜 시간동안 편집하는 과정을 거쳐야 하는데 컴퓨터는 그렇지 않다.

① 컴퓨터를 사용한 워드 작업을 통해서
② 컴퓨터를 사용하기 위한 워드 작업으로
③ 컴퓨터를 사용한 워드 작업뿐만 아니라
④ 컴퓨터를 사용하면서 워드 작업을 한다고해서

연습문제

※ [3~6] (　　　　)에 가장 알맞은 표현을 고르십시오.

3

　결국에는 (　　　　　　　) 이성 친구를 사귀지 않는 사람들이 있다. 그러나 이성 친구를 사귀게 되면 좋은 점이 한 두 가지가 아니다. 먼저 이성이 무슨 생각과 행동을 하는지 알 수 있다. 다시 말해 이성 친구가 원하는 것과 싫어하는 것을 알 수 있다. 이를 통해서 자기 자신이 이성 친구에게 무엇을 해야 하는지 알 수 있다. 다음으로 이성 친구를 배려하는 법을 배울 수 있다. 이성은 분명 다른 사고 방식을 가지고 있다. 이성 친구를 사귐으로써 나와 다른 이성의 사고 방식을 알게 된다. 그러면 그 사람에게 잘 해줄 수 있는 마음과 방법을 가질 수 있게 된다. 이별은 그 다음 문제이다.

① 헤어지기보다는
② 헤어지게 될까 봐
③ 헤어지려는 것보다
④ 헤어질 뿐만 아니라

4

　성공하고 싶은 사람이 있다면 지금 당장 행동으로 보여라. 지금 조금이라도 행동하지 않으면 아무 것도 얻을 수 없다. 예를 들면, 다이어트를 해서 살을 빼 예쁜 몸매를 갖고 싶은가? 그러면 지금 가까운 곳으로 나아가 (　　　　　　　). 5분도 좋고 10분도 좋다. 내일이면 할 수 없다. 지금 할 수 있는 것은 나의 행동뿐이다. 이 행동이 나를 성공으로 이끌 수 있다.

① 뛰기도 하고 자전거도 탄다
② 뛰거나 자전거를 타야 한다
③ 자전거를 타고 뛰어야 한다
④ 자전거를 타면서 뛰면 좋다

5

글을 잘 쓰고 싶다고 하는 사람이 많다. 한 가지 비결이 있다. 아침에 일어났을 때 꿈꾼 내용들을 적어보라. 꿈에서 만난 사람들에 대해서, 일어난 일들에 대해서, 말하기 창피한 일들에 대해서 적어보면 내가 원하는 것과 지향하는 것이 무엇인지 알 수 있게 된다. 좋은 글은 얼마나 (   ) 때문이다.

① 솔직하냐에 의지하기
② 솔직하냐에 달려 있기
③ 솔직하냐에 가까이 가기
④ 솔직하냐에 보다 가깝기

6

내게 아이가 생긴다면 아이가 악기를 연주할 수 있도록 해 주겠다. 아이가 악기를 연주할 수 있는 능력을 가지면, 외롭거나 힘들 때 악기 연주를 통해서 힘을 얻을 수 있기 때문이다. 마치 내가 (   ) 것처럼 말이다. 아이가 이렇게 되기 위해서 우선 아이가 좋아하는 악기를 선택할 수 있게 해 주겠다. 여러 악기를 연주해 보고 나서 가장 마음에 드는 악기를 선택할 수 있는 기회를 주겠다. 다음으로 좋은 선생님에게 지도 받을 수 있게 하겠다. 이를 통해 아이가 음악이라는 친구와 평생 함께 했으면 한다.

① 어려울 때 바이올린을 안는
② 어려울 때 바이올린을 흔드는
③ 어려울 때 바이올린을 비싸게 사는
④ 어려울 때 바이올린을 켜서 기분이 좋아지는

연습문제

※ [7~8] (   )에 가장 알맞은 표현을 고르십시오.

7

공부할 때 외우기가 응용할 수 있는 능력과 관계가 없다고 주장하는 사람들이 있다. 하지만 이는 잘못된 의견이다. 사람은 외우기 즉 (   ) 지식 소유에 대해서 정신적인 만족을 얻는다. 예를 들면, 초등학교 때에 강제로 외웠던 구구단은 커서도 절대로 잃어버리지 않는다. 게다가 구구단은 성인이 실생활에서 여러 가지 일을 할 때 응용할 수 있다.

① 암기를 통해 기본적인 지식을 확인할 뿐
② 암기를 통해 기본적인 지식을 확인할 뿐만 아니라
③ 암기를 통해 기본적인 지식을 확인해 줄 수 있으나
④ 암기를 통해 기본적인 지식을 확인을 제외할 뿐만 아니라

8

진심으로 그 사람을 사랑하고 있다고 생각하는가? 정말 그 사람을 사랑하고 있다면 남의 눈을 의식하지 말고 행동하라. 만일에 (   ) 진정으로 사랑하는 것이 아닐 수도 있다. 정말로 사랑하는 사람이 있다면 언제 어디서나 사랑하는 사람에게 최선을 다해서 말하고 행동하라. 다른 사람을 의식하지 말라. 그래야 참으로 사랑하는 것이다.

① 다른 사람의 시선에 움직이지 않는다면
② 다른 사람의 시선에 어떤 식이든지 따르지 않으면
③ 다른 사람의 시선에 어떤 식으로든지 움직이게 된다면
④ 다른 사람의 시선을 의식하지 않고 자기 마음대로 한다면

예상문제

※ [1~2] (   )에 가장 알맞은 표현을 고르십시오.

1

　한국 사람들은 최고·최대·최초라는 말을 매우 좋아한다. 하지만 제일 높고, 가장 크고, 제일 처음이라 말보다는 우리가 지금 (   )가 더 중요한 것이 아닐까. 다른 나라 사람들이 한국 사람들을 어떻게 보느냐보다는 한국 사람이 스스로 얼마나 행복하느냐가 더 중요한 덕목이다.

① 정신적으로나 물질적으로 어찌나 행복하느냐
② 정신적으로나 물질적으로 얼마나 행복하느냐
③ 정신적으로도 물질적으로도 얼마나 행복했는가
④ 정신적으로도 물질적으로도 어찌나 행복했는지

2

　요즘 전국에 막걸리가 인기이다. 막걸리는 보통 밀이나 쌀을 재료로 사용해 발효해서 만드는 술이다. 마치 요구르트나 김치처럼 막걸리는 사람의 (   ) 술이다. 이런 이유로 막걸리는 한국인뿐만 아니라 외국인들도 많이 찾고 있다.

① 소화하기에 좋은
② 건강에 꼭 필요한
③ 달리기하는 데에 좋은
④ 몸을 건강하게 만드는

예상문제

※ [3~6] (　　　　　)에 가장 알맞은 표현을 고르십시오.

3

　한국어 수업이 끝나기 전에 학생들과 하는 일이 있다. 오늘 연습하고 배운 부분을 처음부터 끝까지 함께 읽어 보는 것이다. 이렇게 하면 학생들은 오늘 무엇을 배우고 연습했는지, 무엇이 어려웠는지, 그리고 내일 무엇을 해야 할지를 알 수 있게 된다. 선생님도 오늘 수업에서 (　　　　　　　　　) 시간이 될 뿐만 아니라 내일 수업할 때 무엇을 어떻게 지도할 지 고민할 수 있다. 이렇게 볼 때 마무리는 시작보다 더 중요하다.

① 힘들다고 생각하는
② 행복한 부분을 보충한
③ 부족했던 부분이 없었던
④ 부족했던 부분을 생각할 수 있는

4

　요즘 소비자들은 인터넷으로 물건을 구입한다. 구입 상품으로는 인터넷 구매 초기에는 책과 같이 깨지지 않는 물건이 대부분이었으나 지금은 옷, 구두, 가구, 컴퓨터 등 다양해지고 있다. 이렇게 소비자들이 인터넷으로 물건을 구입하는 이유는 가격에 비해 품질과 디자인이 좋기 때문이다. 그래서 인터넷으로 (　　　　　　　　　) 훌륭한 디자인의 물건을 가질 수 있게 된다는 말까지 나오고 있다.

① 상품은 구입하는 것이 좋은 물건이 싼 데다가
② 상품을 주문하려면 좋은 물건을 비싸지 않으며
③ 물건을 주문해야 좋은 물건은 싸게 살 수 있으며
④ 물건을 구입할 뿐만 아니라 좋은 물건을 살 수 있으며

5

나이가 드는 일은 한편으로 슬픈 일이며 한편으로 기쁜 일이다. 다시 말해 사람이 나이가 들면 젊은이들보다 일을 할 수 없다고 생각해 슬퍼하기도 하지만 젊을 때의 고민과 (   ). 그런데 슬픔보다는 기쁨으로 매일매일 몸과 마음을 편안하게 해서 산다면 젊은이보다 잘 사는 일이 될 것이다.

① 아픔을 회고해 기뻐하기도 한다
② 아픔이 없어지는 계기가 되기도 한다
③ 아픔이 없으므로 기쁜 일이기도 하다
④ 아픔을 되돌아보는 기회를 갖기도 한다

6

사람들은 규칙적인 생활에 장점이 많다는 사실을 잊어버리고 있다. 규칙적인 생활은 첫째, 시간을 계획적으로 쓸 수 있게 한다. 즉, 몇 시에 무엇을 할지 정해 놓았으므로 그대로 생활할 수 있다. 둘째, 중요한 일을 정확하게 할 수 있게 한다. 중요한 일과 꼭 해야 할 일을 할 수 있어 자기 전에 후회하지 않아도 된다. 따라서 규칙적인 생활은 시간을 (   ).

① 계획적으로 쓸 수 있을 뿐만 아니라 일을 열심히 할 수 있다
② 계획을 정해 두고 사용하고 일도 중요한 순서로 맞추어야 한다
③ 계획을 세워 쓸 수 있게 하고 할 수 있는 일을 중요하게 생각한다
④ 계획적으로 사용할 수 있게 하고 일은 중요도에 따라 할 수 있게 한다

예상문제

※ [7~8] (   )에 가장 알맞은 표현을 고르십시오.

7

  한국어 단어를 더 깊이 이해하고 싶다면 한국어 한자를 공부해야 한다. 한국어 한자를 공부하면 한국어 단어를 쉽게 이해하고 오랫동안 기억할 수 있기 때문이다. 다음 단어들을 보자. '학생', '학교', '학자', '학문'. 모두 '학'이라는 말을 쓰고 있다. '학'은 '배우다'라는 말이다. '학'이 '배우다'라는 말을 알았다면 '학생', '학교', '학자', '학문'의 뜻을 어느 정도는 알 수 있을 것이다. '학'이라는 말을 추측해서 알 수 있기 때문이다. 반대로 이 '학'이라는 말을 모른다면 단어를 모두 따로 (   ) 것이다. 한자를 익히면 한국어 단어를 쉽게 알 수 있는 이유가 여기에 있다.

① 이해하지만 외우지는 못하는
② 이해하지 못하고 외워야 하는
③ 이해해야 하고 각각 외워야 할
④ 이해하기도 하고 외우기도 하는

8

  나는 정신적으로 피곤하거나 몸이 지쳤을 때 가끔씩 모교에 간다. 그곳에 가면 어릴 때의 나를 바라볼 수 있다. 그곳에는 어릴 때의 추억과 꿈이 있으며 선생님과 친구들이 있다. 모교 운동장을 걸어가면서 꽃들을 바라보고 다시 어릴 때로 돌아간다. 그리고 나는 인생의 문제와 걱정을 잠시 내려 놓게 되고 '괜찮아, 잘 될거야'라는 목소리를 듣게 된다. 모교에서 나와서 집으로 돌아올 때는 힘이 나고 (   ). 마치 무거운 짐을 벗어 놓은 듯하다.

① 그냥 슬프다
② 마음이 가볍다
③ 하늘이 파랗다
④ 심적인 부담이 크다

4장 짧게 쓰기

 1과

세 표현으로 한 문장 쓰기

이 문제 유형은 직접 손으로 문장을 써야 한다. 지금까지 문제들이 선택지를 보고 답을 선택하는 문제였다면 이제부터는 진짜로 써야 한다. 세 표현을 보고 그 표현을 순서대로 이어서 한 문장으로 만들어야 한다. 그래서 잇는 말 표현, 즉 **연결 어미 표현을 잘 알아야** 한다.

먼저 기출문제를 풀어 보도록 하겠다. 풀어 본 후에 답이 자기 것과 어떻게 다른지 확인해 보자.

기출문제

※ 제시된 표현을 순서대로 모두 사용해 한 문장으로 쓰십시오.

TOPIK 16회 41번

계단을 뛰어 내려가다 / 넘어지다 / 다칠 뻔하다

→ _____

TOPIK 15회 41번

동생이 떠나다 / 한참이 지나다 / 연락이 없다

→ _____

TOPIK 14회 42번

네가 올 때까지 기다리다 / 모임에 늦다 / 꼭 오다

→ _____

TOPIK 13회 42번

늦어서 서두르다 / 가스레인지를 켜다 / 나와 버렸다

→ _____

사실 생각보다 어려운 문제가 있기도 하다. 하지만 3급과 4급을 정상적으로 공부한 학습자라면 어렵지 않게 문장을 만들 수 있다고 생각한다. 문제를 하나씩 보도록 하자. 먼저 TOPIK에서 보인 답을 보이겠다. 그리고 저자가 자연스럽다고 생각한 문장의 답도 보이도록 하겠다. 문장의 굵은 표시는 연결 어미를 가리킨다.

기출문제

TOPIK 16회 41번

계단을 뛰어 내려가다 / 넘어지다 / 다칠 뻔하다

TOPIK : 계단을 뛰어 내려**가다(가)** 넘어**져서**/넘어**져 가지고**/넘어지**는 바람에** 다칠 **뻔했다**
저자 : 계단을 뛰어 내려가**다가** 넘어**져서** 다칠 **뻔했다**.

TOPIK 15회 41번

동생이 떠나다 / 한참이 지나다 / 연락이 없다

TOPIK : 동생이 떠**난 지** 한참이 지**났는데(도)**/지나**도**/지**났지만** 연락이 없다
저자 : 동생이 떠**난 지** 한참이 지**났지만** 연락이 없다.

TOPIK 14회 42번

네가 올 때까지 기다리다 / 모임에 늦다 / 꼭 오다

TOPIK : 네가 올 때까지 기다**릴 테니까** 모임에 늦**더라도** 꼭 와라
~기다**릴 거니까** 모임에 늦**어도** 꼭 와라
저자 : 네가 올 때까지 기다**릴 테니까** 모임에 늦**어도** 꼭 와.

TOPIK 13회 42번

늦어서 서두르다 / 가스레인지를 켜다 / 나와 버렸다

TOPIK : 늦어서 서두르**는 바람에** 가스레인지를 켜 **놓은 채** 나와 버렸다
저자 : 늦어서 서두르**다가** 가스레인지를 켜 **놓고** 나와 버렸어요.

기출문제 정리

지금까지 이 문제 유형에 어떤 연결 어미가 등장했는지 보자.

41번

회차	앞 문장 연결 어미	뒤 문장 연결 어미
16회	-다가	-어/아/여서
15회	-(으)ㄴ	-는데도, -어/아/여도, -지만
14회	-어/아/여서	-자마자
13회	-(으)면	-(으)면서
12회	-도록	-어/아/여서
11회	-어/아/여도, -는데도	-(으)ㄹ 정도로, -만큼
10회	-(으)ㄹ까	-(으)ㄹ

42번

회차	앞 문장 연결 어미	뒤 문장 연결 어미
16회	-(으)면	-(으)ㄹ 텐데
15회	-길래(기에)	-나, -는지
14회	-(으)ㄹ 테니까	-어/아/여
13회	-는 바람에(-다가)	-어/아/여 놓다(-(으)ㄴ 채로)
12회	-는 길에(-다가)	-느라고(-다가)
11회	-더라면, -(으)면	-(으)ㄹ 텐데
10회	-(으)려고, -(으)려다가	-어/아/여서(-기 때문에)

자주 나온 연결 어미를 의미와 빈도 순서대로 보도록 하겠다.

TOPIK 10~16회의 연결 어미 빈도순

의미	연결 어미
이유	-어/아/여서 (4번) -길래(기에) -(으)ㄹ 테니까 -는 바람에 -느라고 -기 때문에
도중/이유/전환	-다가 (4번)
양보	-어/아/여도, -는데도, -지만 (3번)
조건	-(으)면, -더라면 (3번)
후회	-(으)ㄹ 텐데 (2번)
시간	-(으)ㄴ 지 -도록 -자마자 -(으)면서
정도	-(으)ㄹ 정도, -만큼
주저	-(으)ㄹ까 -(으)ㄹ까
확인	-나, -는지
준비	-어/아/여 놓다
의도	-(으)려고

▶ **연결 어미 〈-어/아/여〉, 〈-다가〉 등이 자주 출제돼**

위의 표에 따르면 연결 어미 '-어/아/여'와 '-다가'가 4회 출제되었다. '-어/아/여도, -는데도, -지만', '-(으)면, -더라면'가 3회 출제되었다. '-(으)ㄹ 텐데'도 2회 출제되었다.

이 유형의 문제들은 평소에 문장과 문장을 잇는 연습을 많이 해서 써보고 말해 보아야 익숙해지고 쉽게 풀 수 있다.

연습문제

※ [1~5] 제시된 표현을 순서대로 사용해 한 문장으로 쓰십시오.

1 집에 일이 생기다 / 약속에 갈 수 없다
→

2 어제 드라마를 보다 / 숙제를 못하다
→

3 컴퓨터를 켜 놓다 / 회사에 오다
→

4 선물을 사주다 / 시험을 잘 보다
→

5 옷을 많이 입다 / 날씨가 춥다
→

연습문제

※ [6~10] 제시된 표현을 순서대로 사용해 한 문장으로 쓰십시오.

6 사랑하는 사람하고 헤어지다 / 너무 슬프다
→

7 불장난하다 / 큰일 날 뻔하다
→

8 시간이 많이 지나다 / 전화가 없다
→

9 밥을 먹다 / 잠이 들다
→

10 선생님이 잘 가르쳐주시다 / 졸업을 하다
→

예상문제

※ [1~5] 제시된 표현을 순서대로 **모두** 사용해서 한 문장으로 쓰십시오.

1 한국에 남아야 하다 / 모국으로 돌아가야 하다 / 고민하고 있다

→

2 공부를 열심히 하다 / 다 못 풀다 / 문제수가 많다

→

3 50년이 되다 / 부모님을 못 만나다 / 가슴이 아프다

→

4 좋은 의사 선생님이 계시다 / 주저하지 말다 / 전화를 하다

→

5 한국어를 배우다 / 5년이 되다 / 다른 사람들이 한국 사람 같다고 하다

→

예상문제

※ [6~15] 제시된 표현을 순서대로 **모두** 사용해서 한 문장으로 쓰십시오.

6 잠을 자다 / 악몽을 꾸다 / 바닥에 떨어질 뻔하다

→

7 마트에 다녀오다 / 시장가게에 값싼 옷이 있다 / 빨리 사다

→

8 어제 일찍 자다 / 아침에 일찍 일어나다 / 지각을 하지 않다

→

9 어제 갑자기 자동차가 고장나다 / 오늘 아침 지하철을 이용하다 / 출근하다

→

10 어제 밤을 새우다 / 너무 피곤하다 / 학교에서 계속 자다

→

11 한국어를 열심히 공부하다 / 너무 바쁘다 / 엄마가 부르는 것도 못 듣다
→

12 저녁에 집에 가다 / 밥을 먹다 / 텔레비전을 보다
→

13 열심히 일하다 / 월급을 많이 받을 수 없다 / 걱정이다
→

14 내가 도와 주다 / 걱정하지 말다 / 열심히 하다
→

15 이 책을 계속 읽다 / 이해할 수 없다 / 읽기를 포기하다
→

2과 맞는 표현을 논리적으로 쓰기

이 유형의 문제는 문단의 논리를 정확하게 이해해야 한다. 이 문제를 잘 풀기 위해서는 다음과 같은 과정이 필요하다. 먼저, 문단의 중심 생각을 찾아야 한다. 한 문단의 중심 생각을 알아야 (   )의 내용을 논리적으로 추측해서 쓸 수 있기 때문이다.

보통, 중심 생각은 중심 문장에 있다. 일반적으로 중심 문장은 첫 문장이나 마지막 문장인 경우가 많다. 〈그러므로, 그래서, 따라서〉와 같은 결과 접속사가 마지막 문장에 있으면 중심 문장으로 보아도 좋다. 이를 결론 문장이라고 한다.

둘째로, 첫 문장 또는 둘째 문장이 끝난 후 〈그러나, 하지만, 반면에〉 등과 같은 반대 접속사가 오면 그 다음에 오는 문장이 중심 문장일 수 있다. 이 문장을 역접 문장이라고 한다. 이 말들 앞의 문장은 중요한 문장이 아니다. 중요한 문장은 역접 문장이다. 그 속에 중심 생각이 있기 때문이다.

셋째, (   ) 앞에서 무엇에 대해서 이야기했는지를 잘 생각해서 쓰기 바란다. 즉, 중심 문장이 첫 문장 또는 마지막 문장에 있는 경우에는 (   )가 앞의 문장과 같은 내용이 이어져 있다고 볼 수 있다. 반대로 〈그러나, 하지만, 반면에〉로 이어지는 역접 문장이면 (   )와 반대되는 내용이 들어 있다고 추측할 수 있다. 그럼 먼저 기출문제를 풀어 보자.

기출문제

※ 다음 글을 읽고 (   )에 알맞은 말을 쓰십시오.

TOPIK 16회 43번

점심 식사 후에 낮잠을 자면 오후에 일을 하거나 공부를 하는 데 도움이 된다. 하지만 점심을 먹자마자 바로 자는 것은 음식이 소화되는 시간을 늦춰 속을 불편하게 할 수 있다. 그러므로 식사 후에는 졸리더라도 바로 (   ) 주의해야 한다.

> **TOPIK 15회 44번**
>
> 편의점에서 가장 많이 팔리는 것은 음료수를 비롯하여 김밥이나 라면과 같은 먹을거리들이다. 그런데 이러한 먹을거리는 보통 입구에서 가장 먼 쪽에 진열돼 있는 반면 판매량이 많지 않은 물건들은 입구 쪽에 있는 경우가 많다. 이는 음료수나 김밥 등을 사러 온 손님이 안으로 들어가는 동안 다른 물건에도 관심을 가져 판매량을 (   ).

> **TOPIK 14회 45번**
>
> 어느 심리학자의 말에 따르면 자신이 행복하다고 생각하는 사람은 다른 사람과 자신을 비교하지 않는다고 한다. 그런데 어떤 사람은 끊임없이 자신을 다른 사람과 비교해 가면서 산다. 이런 사람은 처음엔 겉으로 보이는 단순한 면만을 비교하면서 자신이 다른 사람보다 낫다고 여겨 우월감을 가진다. 그러나 자기 자신을 (   ) 점점 더 장점보다는 단점이 눈에 들어오게 되어 결국은 자신을 다른 사람만 못하다고 여기게 된다.

풀이 TOPIK에서는 16회 43번의 가능한 답을 〈6점: (낮잠을/잠을)자지 않도록/자지 않게/자지 않기 위해〉라고 했다. 문제를 다시 보자. 색으로 표시한 부분을 주목하자.

> 점심 식사 후에 낮잠을 자면 오후에 일을 하거나 공부를 하는 데 도움이 된다. 하지만 점심을 먹자마자 바로 자는 것은 음식이 소화되는 시간을 늦춰 속을 불편하게 할 수 있다. 그러므로 식사 후에는 졸리더라도 바로 (   ) 주의해야 한다.

이 문단의 중심 생각은 어디에 있는가? '점심을 먹자마자 바로 자면 안된다'이다. 무슨 문장에서 이렇게 말하는가? '하지만'이라고 하는 역접 문장에서 말한다. 역접 문장과 그 다음의 결론 문장은 계속 같은 내용을 말하고 있다. 따라서 TOPIK에서 말한 답이 나올 수 있다.

TOPIK 15회 44번의 가능한 답은 〈6점: 늘리기/증가시키기/높이기/올리기 위한 것이다/위함이다/늘리고자/늘리려고 하는(한) 것이다〉이다. 문제를 다시 보자.

기출문제

> 편의점에서 가장 많이 팔리는 것은 음료수를 비롯하여 김밥이나 라면과 같은 먹을거리들이다. 그런데 이러한 먹을거리는 보통 입구에서 가장 먼 쪽에 진열돼 있는 반면 판매량이 많지 않은 물건들은 입구 쪽에 있는 경우가 많다. 이는 음료수나 김밥 등을 사러 온 손님이 안으로 들어가는 동안 다른 물건에도 관심을 가져 판매량을 (   ).

위 문단의 중심 생각은 무엇인가? '인기없는 물건을 입구 쪽에 진열하는 이유'이다. 이 문제는 두 개의 반대 범주로 나누어 보면 쉽게 알 수 있다. '반면'이라는 말을 통해서 많이 팔리는 것과 팔리지 않는 것을 멀고 가까움으로 나누었음을 알 수 있다. 많이 팔리는 것은 먼 곳에, 많이 팔리지 않는 것은 가까운 곳에 둔다. 왜 그럴까? 많이 팔기 위함이다. 답은 나왔다. 문제에서는 '판매량을 (   )' 되었으므로 '판매량을 늘리다, 올리다' 등의 단어가 나와야 한다. 판매량을 늘리는 것은 많이 파는 것이기 때문이다.

TOPIK 14회 45번의 가능한 답은 〈6점: 다른 사람과 비교하면 할수록〉이다. 이 글의 주제는 '다른 사람과의 비교'이다. 글쓴이는 '다른 사람과 비교하면 자신을 다른 사람보다 못하게 여긴다'고 한다. 앞의 '비교하다'라는 동사를 힌트로 삼을 수 있다.

▶ 〈그러므로〉, 〈따라서〉 등이 자주 출제

아래의 표를 보면 〈그러므로, 따라서, 그래서, 그러므로, 그러면〉과 같은 결과 접속사가 많이 쓰였다는 사실을 알 수 있다. 이를 통해 결론 문장에 포함된 ( )를 쓸 수 있느냐가 중요하다는 사실을 알 수 있다. 앞의 문장들을 정확하게 확인하는 연습을 해야 결론 문장의 ( )를 쓸 수 있다.

게다가 〈그러나〉가 3번, 〈하지만〉도 1번 쓰여서 반대 접속사도 많이 쓰였음을 알 수 있다. 이는 한 문단 속에서 반대되는 말을 쓸 수 있느냐도 문제를 만드는 사람들의 관심사임을 알 수 있다. 이 때에는 서로 다른 두 범주로 나누어 보면 생각보다 쉽게 풀 수 있다. 이외에 같은 말을 다시 하는 〈즉, 곧, 다시 말하면, 구체적으로 말하면〉과 같은 말도 확인해 보아야 하겠다.

다음으로 문법을 보자. 먼저, 자주 나오는 〈-는 것보다, -만이 아니라, -(으)ㄴ 반면〉과 같은 표현은 뒷 문장에 더 좋은 것 또는 반대의 것이 있음을 말한다. 다음으로 〈-다는 말도 있듯이, -다고 말해서는 안 된다, -다는 것이 밝혀졌다, -다는 점이다〉는 '-다' 앞에 문장을 넣을 것을 요구하고 있다. 〈-(으)ㄹ 수 있다〉, 〈-도록 하다〉, 〈-(으)면〉 등도 자주 출제되니 확인해 두자.

기출문제 정리

기출문제를 분석해 보았다. 접속사와 ( ) 안의 답안을 잘 보기 바란다.

회차	문제와 답
16회	43. <u>그러므로</u> 식사 후에는 졸리더라도 바로 (자지 않도록) 주의해야 한다. 44. 사람도 옷을 어떻게 입느냐에 따라 그 사람의 (인상이 달라 보일 수 있다). 45. 무조건 (많은 사람을 만나는 **것보다**) 자신에게 꼭 필요한 사람을 만나 관계를 친밀히 하는 것이 사회생활에 도움이 되는 인간관계를 맺는 방법인 것이다.
15회	43. <u>따라서</u> (발에 맞는 신발을 사려면) 오전보다는 오후 시간을 이용하는 것이 좋다. 44. 이는 음료수나 김밥 등을 사러 온 손님이 안으로 들어가는 동안 다른 물건에도 관심을 가져 판매량을 (늘리려고 하는 **것이다**). 45. <u>그러나</u> (늦었다고 생각할 때가 가장 **빠르다는**) 말도 있듯이 무엇인가를 새로 배우고 시작하기에 늦은 나이란 없다.
14회	43. <u>즉,</u> 장난감은 아이들에게 단순히 (놀이 도구만이 아니라) 간접 경험의 도구로서 기능한다. 44. 눈동자의 크기는 항상(같은 **것처럼** 보이지만) 사실은 그렇지 않다. 45. <u>그러나</u> 자기 자신을(다른 사람과 비교하면 할수록) 점점 더 자신의 장점보다는 단점이 눈에 들어오게 되어 결국은 자신을 다른 사람만 못하다고 여기게 된다.
13회	43. 지금보다 돈을 (덜 쓰면) 된다. 44. 마치 (몸을 건강하게 하기 **위해서** 음식을 먹는 것처럼) 마음의 건강을 위해서는 책을 읽어야 한다. 45. <u>그래서</u> 예비 취업생들은 회사 생활도 경험하고 (돈도 벌 수 있고) 해서 이 인턴사원제도에 지원을 하고 있다.
12회	43. 이 제도가 시작된 이후 (일회용 봉지의 사용은 감소한 **반면**) 가방의 사용은 증가하였다. 44. <u>하지만</u> 시간이 (오래 걸리더라도) 손으로 직접 쓴 편지가 종종 그리워진다. 45. <u>그러므로</u> 상대방의 의견이 자기의 의견과 다르다고 해서 무조건 (상대방이 틀렸다고)말해서는 안 된다.
11회	43. <u>그러면</u> 왠지 모르게 다시(연기를 할 수 있는 힘이 생겼다). 44. 로봇이 사람의 생각이나 기분을 알고 (일을 한**다면**)우리의 삶은 얼마나 편해질까? 45. 만 3세 미만의 아이들의 경우 잘못을 저질러도 (혼내지 않도록 해야) 한다.
10회	43. 한 연구에 따르면 가족과 함께 살고 있는 노인이 그렇지 않은 노인보다 (오래 산다는 것이) **밝혀졌다**. 44. <u>그러나</u> 화가는 물이 어떻게 (흐르는지를) 보고 있다고 대답했다. 45. <u>그런데</u> 재미있는 사실은 그 복잡함 속에 섞여 있다 보면 정신이 없기는커녕(오히려 기운이 난다는) 점이다.

연습문제

※ [1~7] 다음 글을 읽고 (   )에 알맞은 말을 쓰십시오.

1

패션의 완성은 신발에 있다. 옷에 맞추어서 신발을 잘 신어야 멋있게 입었다는 소리를 들을 수 있다. 예를 들면 양복을 입고 운동화를 신는다거나 한복을 입고 실내화를 신는다면 어울리지 않을 것이다. 그러므로 옷을 잘 입으려면 (   ) 한다.

2

모르는 사람과 좋은 인간관계를 맺기 위해서는 사람에 대해 나쁘게 말하지 않는 것이 좋다. 다시 말해, 다른 사람에 대해 (   ) 것이다. 하지만 많은 사람들은 다른 사람들에 대해서 긍정적으로 말하지 않는 경우가 많다. 이는 매우 잘못된 것이다.

3

많이 소유해야 행복하다는 사람들이 있다. 이 사람들은 아파트도 보통 사람들보다 넓은 곳에서 살아야 하고 차도 소형차보다는 중형차를 구입한다. 하지만 행복은 (   )는 나누어 주는 데에 있다. 어려운 사람들에게 자기가 가진 것을 조금이라도 나누어 주며 진정한 행복을 느끼는 사람들도 생각보다 많다.

4

춤을 배우기가 쉽지는 않다. 음악은 신나지만 발이 음악에 맞추어 움직이지 않아 어렵다. 그래서 그런지 춤을 배우다가 중간에 포기하는 사람들이 많다. 그러나 매일 매일 열심히 연습하면 언젠가는 잘 할 수 있다. 자기를 믿는 믿음이 중요하다. 그러므로 (   ) 매일 열심히 노력하자.

5

　나는 편의점을 가끔씩 이용한다. 보통, 편의점은 늦은 밤이나 새벽에, 일반 가게들이 문을 닫았을 때 찾게 된다. 내가 편의점을 찾는 이유는 편의점 물건이 보통 가게보다 비싸기는 하지만 시간과 관계없이 살 수 있기 때문이다. 그리고 일반 가게와는 달리 컵라면을 비롯한 먹을 거리들을 (　　　　　) 때문이다. 다시 말해 음식을 전자레인지로 데워서 먹을 수가 있고 뜨거운 물을 넣어서 익혀 먹을 수 있다.

6

　'처음' 또는 처음을 줄인 '첫'이라는 말을 들으면 기분이 설레고 흥분된다. 첫 차를 타고 나오는 긴장된 회사원의 모습과 첫 눈을 같이 맞으려는 행복한 연인들의 모습을 생각해 보라. 첫 사랑도 가슴을 뛰게 하지만 첫 수업도 기분을 들뜨게 한다. 첫 인상은 또 얼마나 중요한가. 처음에 가졌던 마음과 생각을 가지고 마지막까지 할 수 있는 사람은 행복한 사람이다. 행복한 사람이 되기 위해서는 (　　　　　　　　　) 것이다.

7

　외국인에게 한국어 발음은 쉽지 않다. 모국어에 없는 발음이 한국어에 많기 때문이다. 한국어 발음을 정확하고 빠르게 하기 위해서는 텔레비전 드라마를 보면서 주인공의 말을 따라해 보자. 한국어 발음에 상당한 효과가 있을 것이다. 특히 (　　　　　　　　　) 더 잘 할 수 있다. 왜냐하면 내가 주인공이 된 것과 같은 느낌으로 하면 더 쉽고 자연스럽게 한국어 발음을 배울 수 있기 때문이다.

예상문제

※ [1~9] 다음 글을 읽고 (   )에 알맞은 말을 쓰십시오.

1

요즘 남자들은 외모에 신경을 많이 쓴다. 더 멋있고 어리게 보이고 싶어서이다. 그래서 성형 수술을 하는 남자들도 증가하고 있다. 하지만 이는 바람직하지 않은 현상이다. 왜냐하면 내면에 아름다움이 없다면 (   ) 정말로 멋있는 것이 아니기 때문이다.

2

인터넷으로 검색하면 모든 (   ) 사실은 그렇지 않다. 실제로 중요한 정보들은 책 속에 있다. 인터넷으로 찾을 수 있는 정보들은 많은 사람들이 알고 있는 정보일 때가 많다.

3

먹는 제품에는 유통 기한이라는 것이 있다. 즉, 언제까지 음식을 먹어도 좋다는 날짜가 겉면에 표시되어 있다. 그런데 가끔씩 어머니들은 음식의 (   ) 아깝다는 이유로 그 음식을 버리지 않고 그대로 먹을 때가 있다. 돈을 아끼는 것도 좋지만 건강을 먼저 생각해야 한다.

4

직장을 찾을 때의 기준은 무엇인가? 먼저 (   ). 회사에서 경제적으로 보장을 해 주면 일을 열심히 할 수 있기 때문이다. 하지만 돈을 많이 받는 것보다도 미래의 전망을 보고 직업을 선택하는 사람들도 있다. 이것은 지금 경제적으로 넉넉하지 못하더라도 미래가 더 중요한 사람들이 가진 선택 기준이다.

5

　　집과 가정은 비슷한 말인 것처럼 보이지만 다른 말이다. 집은 밖에서 볼 수 있지만 가정은 밖에서 볼 수 없다. 집은 (　　　　　　) 가정은 사람들로 이루어진다. 일반적으로 집은 차가운 느낌을 주지만 가정은 따뜻한 느낌을 준다.

6

　　시작해라. 하고 싶은 일이 있으면 빨리 시작하라. 왜냐하면 (　　　　　) 이라는 말도 있듯이 시작하면 50%는 한 것이기 때문이다. 할까 말까 생각하지 말자. 지금이 최고의 시간이고 지금 있는 곳이 최선의 장소이기 때문이다.

7

　　인터넷으로 책을 사는 경우가 늘고 있다. 주문하기 편리한 데다가 책을 집에까지 무료로 가져다 주니 얼마나 좋은지 모르겠다. 하지만 예전에 책을 사기 위해 일부러 서점에 가서 이책 저책 보면서 책을 고르던 기쁨이 사라지는 것 같다. 종종 예전에 가던 서점에 들러서 책도 (　　　　　) 싶어진다.

8

　　유머 있는 남자가 여성들에게 인기가 많다고 한다. 유머는 남을 웃기는 능력으로 이런 능력을 가진 남자는 실제로 많지 않다. (　　　　　　) 평소에 재미있고 웃기게 말하는 사람의 이야기를 잘 듣고 기억해야 한다. 그 다음에 가까운 친구들에게 들은 이야기를 자연스럽고 재미있게 해보면 자신도 모르게 유머있는 남자가 될 것이다.

9

　　일반적으로 한국 사람들은 식당에서 식사를 한 후 입술을 벌려 (　　　　) 습관이 있다. 이 사이에 고춧가루가 끼었는지를 알고 싶어하기 때문이다. 이 사이에 고춧가루가 있으면 양치질을 하거나 입을 헹구어 고춧가루를 없앤다.

5장 한 주제로 세 문단 이상 쓰기

이 문제 유형은 직접 원고지에 글을 써야 하기 때문에 한국어 학습자들에게 부담을 준다. 하지만 미리 연습을 해 두면 어렵지 않다. 꾸준한 연습이 필요하다. 먼저 기출문제를 보도록 하겠다. 문제의 유형을 아는 것이 첫 번째 과제이기 때문이다. 그럼 문제를 살펴보자.

회차	글의 제목	글의 순서	글의 성격
16회	내가 생각하는 행복	**언제** 행복하다고 느끼는가? 행복은 **무엇**이라고 생각하는가? 행복을 위해서 **어떤 노력**을 하는가?	설명
15회	고치고 싶은 나의 생활	나의 **나쁜 생활 습관** 습관 때문에 생기는 **불편하거나 안 좋은 점** 습관을 고치기 위해 **해야 할 일**	문제 해결
14회	잊지 못할 추억	**어떤 추억**인가? **왜** 지금까지 기억에 남아 있는가? **언제** 그 추억이 떠오르는가?	설명
13회	꼭 만나 보고 싶은 사람	만나고 싶은 **사람 소개** 만나고 싶은 **이유** 만나면 하고 싶은 **일이나 말**	설명
12회	10년 후의 나의 모습	일의 내용 일의 **의미와 가치** 현재의 **나의 노력**	설명
11회	나의 성격	성격의 특징 장점과 단점 고치고 싶은 **부분과 그 이유**	문제 해결
10회	갖고 싶은 직업	직업명 **하는 일** 그 일을 하려는 **이유** 그 일에 필요한 **조건**	설명

문제들의 특징을 살펴보자.

첫째, 글의 제목을 볼 때, 글의 성격이 '나'와 관련된 주관적인 내용이다.

16회는 〈내가 생각하는 행복〉, 15회는 〈고치고 싶은 나의 생활〉, 14회는 〈잊지 못할 추억〉이다. 따라서 〈서울과 베이징의 비교〉, 〈경주와 교토의 비교〉와 같은 '나'와 관계되지 않은 내용은 출제되지 않았다. 〈휴대 전화가 현대 사회에 끼친 영향〉과 같은 내용은 나오지 않았다. 지식을 요구하는 〈객관적〉인 느낌의 글이 될 수 있기 때문이다. 게다가 20~25분 안에 〈서울과 베이징의 비교〉나 〈휴대 전화가 현대 사회에 끼친 영향〉에 대한 글을 쓸 수 없기 때문이다.

둘째, 문제 출제자들은 친절하게도 글의 순서를 알려주었다. 16회 〈내가 생각하는 행복〉은 다음과 같은 내용을 포함하라고 했다. 아래의 표를 보자.

> **언제** 행복하다고 느끼는가?
> 행복은 **무엇**이라고 생각하는가?
> 행복을 위해서 **어떤 노력**을 하는가?

〈내가 생각하는 행복〉이라는 제목의 글을 쓰기 위해서는 위의 내용 순서대로 써 주기만 하면 된다. 다음과 같이 쓰면 되겠다.

> "(나는) **언제** 행복했다고 느꼈다. 행복은 **무엇**이라고 생각한다. 행복을 위해서 **어떤 노력**을 하고 있다."

위에서 '언제', '무엇', '어떤 노력'이라는 말을 강조했다. 그 이유는 '언제', '무엇', '어떤 노력'만 생각해서 쓰면 되기 때문이다.

그러면 우리는 무엇을 해야하는가? 위의 문제들을 분석한 표를 다시 확인해 보자. 문제에 굵게 강조한 의문사들을 보자. 무슨 말이 제일 많이 나오는가? 〈무엇, 어떤, 내용〉과 〈왜, 이유〉, 〈언제, 노력〉이라는 말이다.

다시 말해, 우리는 TOPIK에서 글을 쓸 때, 먼저 글의 대상이 무엇인지를 설명해주어야 한다. 그리고 다음으로 그것이 필요한 이유도 설명해 주어야 한다. TOPIK 글쓰기에서 가장 중요한 의문사는 바로 무엇과 왜이다. '무엇'에 대해 쓰고 '왜'그런지를 써야 한다.

TOPIK 글쓰기를 위한 연습은 다음과 같다. 먼저 다발 짓기를 연습하겠다. 글의 순서를 잡고 생각해서 쓸 거리를 만드는 단계이다. 둘째, 문단 쓰기를 연습하겠다. 쓸 거리를 마련한 후 다시 문단의 순서대로 글을 쓸 수 있게 하겠다. 셋째, 실전 쓰기를 연습하겠다. 실전 쓰기에서도 순서대로 빨리 쓸 수 있는 법을 연습할 것이다. 마지막으로, 글 문장 쓰기와 원고지 쓰는 방법을 연습하겠다.

1과 다발 짓기로 쓸 거리 마련하기

먼저 '사랑'이라는 말을 생각해 보자. 무슨 말이 생각나는가? 옛날 남자(여자), 첫 사랑, 입맞춤, 어머니, 보고 싶어요, 그리움, 노을, 바다, 부끄러움, 손잡기, 눈빛, 눈물, 슬픔, 드라마, 타이타닉, 배용준, 겨울 연가…. 정말 많은 말들이 생각난다. 다발 짓기는 어떤 단어를 보고서 생각나는 말들을 마음대로 써 보는 것을 말한다. 다음 다발 짓기 표를 보자.

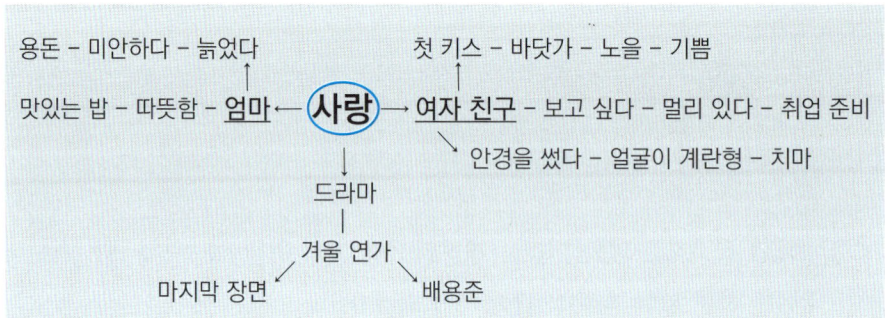

바로 이것을 우리는 다발 짓기라고 한다. 주어진 단어나 문장을 두고 생각나는 대로 계속 써 보는 것이다. 위에서 중요한 단어는 '사랑'이었다. 사랑을 보고 생각난 단어는 '엄마' '여자 친구', '드라마'였다. 이 세 단어 중에 '여자 친구'를 보고 생각난 단어가 가장 많았다. 여자 친구로 된 다발 짓기를 가지고 글로 써 보자.

> 나는 사랑하는 여자 친구가 있다. 이름은 영희이다. 나는 영희를 대학에 다닐 때 만났다. 그녀는 너무 아름다웠다. 그녀를 처음 본 순간 나는 숨을 쉴 수가 없었다. 나는 그녀에게 사랑고백을 했고 우리는 좋은 친구가 되었다. 영희는 안경을 썼다. 둥근 안경이다. 얼굴은 계란형이고 치마가 정말 잘 어울린다. 그녀와 나는 같이 동해로 여행을 갔었다. 그 때 첫 키스를 했다. 그 때 세상은 정말 아름다웠다. 바닷가에는 파도 소리만 있었다. 하늘은 노을이 지고 있었고 내 마음은 기쁨뿐이었다. 지금은 멀리 있어서 만날 수가 없다. 그래서 그녀가 보고 싶다. 나는 정말 사랑하는 여자 친구가 있다. 그녀는 영희이다.

어떤가? 잘 썼는가? 왜 그렇게 생각하는가? 글 쓰는 사람은 다발 짓기 표에서 '엄마'나 '드라마'보다 '여자 친구'를 선택해서 글을 썼다. 다발 짓기를 할 때는 생각나는 대로 마음대로 하자. 그러나 위 글처럼 주제를 하나 선택해서 그 주제만 써야 한다. 주제란 중심 생각을 문장으로 쓴 것을 말한다.

위 문단의 주제는 무엇인가? '나에게는 사랑하는 여자 친구가 있다.'이다.

연습문제 I

※ 다음 단어를 보고 생각나는 대로 다발 짓기를 해 보자. 그리고 나서 150자~200자로 글을 써 보자. 글을 다 쓴 후에 한국어 선생님에게 제출해서 고치자.

1)

나의 장점

연습문제 I

2)

선생님

3)

컴퓨터

연습문제 I

〈보기〉

빨리빨리

〈보기의 예〉

※ 다음은 외국인 한국어 학습자가 다발 짓기를 통한 문단 짓기를 한 예이다. 제목은 〈빨리빨리〉이다. 〈가〉는 외국인 한국어 학습자가 쓴 것 그대로이고 〈나〉는 저자가 고친 것이다.

〈가〉
　　한국 사람은 뭘 할 때도 빨게 보인다. 특히 한국 아줌마들이 빨다. 한국 아줌마가 특별히 빨게 보이는 때는 그 속에서도 지하철을 타는 때이다. 지하철을 타는 때, 아줌마는 누구보다 일찍 넣는다. 그리고 비는 자리를 잡는다. 그런 것을 보면 저는 아무리 피곤하고 있어도 앉고 싶은 마음은 없어진다. 더욱 한국 아줌마는 목소리가 크다. 항상 큰 목소리로 뭐가 외친다고 생각한다. 그런 모습을 보면 세계에서 가장 강하는 사람은 아줌마라고 생각해 버린다. 그런 점을 쓰면 한국 아줌마들은 좋지 않은 사람처럼 보인다. 하지만 그녀는 넓은 마음을 가지고 있다. 지하철을 타고 있을 때 서는 사람을 보고 짐을 맡긴다고 했다. 또 쇼핑할 때 제가 일본사람이어서 얻으면 가계 주인에 바꿔서 상품 설명을 해 준다. 사실은 아줌마가 쓰는 말도 한국말에 너무 가까운 일본 말이니까 통약을 하기에는 너무 멀지만…생활 속에서 아줌마에게 도와주는 것은 많이 있다. 한국 아줌마는 행동도 빨다. 말하기도 빨다. 아마도 성격이 성급하다. 그래도 세계에서 가장 정이 깊은 사람이라서 생각합니다.

〈나〉
　　(한국 사람은 <u>무엇을</u> 할 때도 <u>빠르게</u> 보인다.) 특히 한국 아줌마들이 <u>빠르다</u>. 한국 아줌마가 특별히 <u>빠르게 보일</u> 때는 <u>그 중에서도</u> 지하철을 <u>탈</u> 때이다. 지하철을 <u>탈</u> 때, 아줌마는 누구보다 일찍 <u>지하철에 들어간다</u>. 그리고 빈 자리를 잡는다. 그런 것을 보면 <u>나는</u> 아무리 <u>피곤해도</u> 앉고 싶은 마음은 없어진다. 더욱 한국 아줌마는 목소리가 크다. 항상 큰 목소리로 <u>무엇이라고 외친다</u>. 그런 모습을 보면 세계에서 가장 <u>강한</u> 사람은 아줌마라고 생각이 든다. 그런 점을 쓰면 한국 아줌마들은 좋지 않은 사람처럼 보인다. 하지만 그녀는 넓은 마음을 가지고 있다. 지하철을 타고 있을 때 <u>서 있는 사람</u>을 보고 짐을 맡긴다고 <u>한다</u>. 또 쇼핑할 때 <u>내가</u> 일본사람이어서 <u>물건을 사면</u> 가게 주인 <u>대신에</u> 상품 설명을 해 준다. 사실은 아줌마가 쓰는 말도 한국말에 너무 가까운 일본 말이니까 <u>통역</u>을 하기에는 너무 멀지만…생활 속에서 <u>아줌마가</u> 도와주는 것은 많이 있다. 한국 아줌마는 행동도 빠르다. 말하기도 빠르다. 아마도 성격이 성급하다. (그래도 세계에서 가장 정이 깊은 <u>사람이라고 생각한다</u>.)

평가 잘 썼다. 그 이유는 주제가 하나이기 때문이다. '한국 아줌마들은 빠르다'이다. 하지만 처음 문장과 마지막 문장은 이 글의 내용과 어울리지 않는다. 그래서 (　　)를 했다. 필요 없는 문장들이다. 빼자. 표현면에서 '-라고 생각한다'는 쓰지 않아도 된다. 또 '제가'라는 말은 TOPIK에서 글을 쓸 때 쓰지 말아야 한다. 〈나〉에서 굵게 표시한 것은 표현을 고친 것이다. 몇몇 부분 문제가 있지만 그대로 두었다. 잘 썼다.

2과 문단 쓰기 I

1) 우리는 다발 짓기를 통해 글을 어떻게 시작해야 하는지를 배웠다. 다발 짓기는 짧은 시간 안에 쓰고 싶은 것을 쓸 수 있게 도와 준다.

2) 글쓰기에서는 무엇보다도 '나의 생각'이 중요하다. 왜냐하면 '나의 생각'이 있어야 글을 쓸 수 있기 때문이다. '나의 생각'을 보여 주는 방법은 여러 가지이다. 먼저 나의 생각은 단어로 나타낼 수 있다. 하지만 이것만으로는 나의 생각을 완전하게 보여줄 수 없다. 나의 생각을 완전하게 말해주려면 문장이 필요하다. 이 문장이 여러 개가 모여서 문단이 된다. 문단은 '나의 생각'을 보여 줄 수 있는 중요한 단위가 된다. 문단이 여러 개 모이면 바로 글이 된다. 다음 표를 보자.

나의 생각
↓ ↓ ↓ ↓
글자 → 단어 → 문장 → **문단** → 글

우리가 배우고 연습하려는 것은 단어나 문장이 아니다. 문단이다. 문단은 '나의 생각'을 전달하는 가장 기본적인 것이다. 다음 문단을 잘 읽어 보자.

제목: 니자미 사범대학교 기숙사에서의 첫날 밤

니자미 사범대학교 기숙사에서의 첫날밤은 매우 힘들었다. 그 날 밤은 기숙사로 짐을 힘들게 다 옮기고 정리도 하지 못했다. 화장실은 고장이었고 샤워기도 움직이지 않았다. 다행히 물은 나왔지만 흙물이었다. 모든 것이 힘들었다. 하지만 더 힘들었던 것은 기숙사에 살고 있는 학생들 때문이었다. 그들은 나에게 호기심을 보이면서 무엇인가를 러시아 말과 우즈베크 말로 계속 물었다. 그리고 내가 기숙사 방으로 들어가면 그들은 계속 문을 두드렸다. 그 때, 문 열쇠도 고장이었기 때문에 걱정은 더 되었다. "무슨 일이 있으면 어떻게 하나?" 하고 스스로 물었다. 니자미 사범대학교의 첫날밤은 결코 쉽지 않았다.

위 문단을 이해하기 쉬웠는가? 왜 그랬는가? 위 문단의 주제는 무엇인가? 위의 문단을 다시 한 번 보자.

> **니자미 사범대학교 기숙사에서의 첫날밤은 매우 힘들었다.** [그 날 밤은 기숙사로 짐을 힘들게 다 옮기고 정리도 하지 못했다. 화장실은 고장이었고 샤워기도 움직이지 않았다. 다행히 물은 나왔지만 흙물이었다. 모든 것이 힘들었다. 하지만 더 힘들었던 것은 기숙사에 살고 있는 학생들 때문이었다. 그들은 나에게 호기심을 보이면서 무엇인가를 러시아 말과 우즈베크 말로 계속 물었다. 그리고 내가 기숙사 방으로 들어가면 그들은 계속 문을 두드렸다. 그 때, 문 열쇠도 고장이었기 때문에 걱정은 더 되었다. "무슨 일이 있으면 어떻게 하나?" 하고 스스로 물었다.] **니자미 사범대학교의 첫날밤은 결코 쉽지 않았다.**

처음 문장인 '니자미 사범대학교 기숙사에서의 첫날밤은 매우 힘들었다.'를 **중심 문장**이라고 한다. 중심 문장은 '글쓴이의 생각'을 보여 준다. 또한 이 중심 문장은 문단의 주제가 된다. 이 중심 문장을 그 다음에 구체적으로 말해 주는 것이 **몸 문장들[뒷받침 문장들]**이라고 한다. 몸 문장들을 다 썼으면 마지막 문장에 **결론 문장**을 써 준다. 문단은 다음과 같은 형식으로 이루어진다.

문단 = 중심 문장 + 몸 문장들 + 결론 문장

이렇게 중심 문장을 먼저 쓰고 몸 문장들을 쓰고 결론 문장을 쓰는 이유는 첫째, 문단의 주제를 강조하기 때문이다. 둘째, 문장에 순서가 있기 때문이다. 여기서 말하는 순서는 **질문에 대한 답**이기도 하다. 다음의 대화를 보자.

> 가: 니자미 사범대학교 기숙사에서의 첫날밤**은 어땠어요?**
> 나: 매우 힘들었어요.
> 가: **왜요?**
> 나: 왜냐하면 그 날 밤은 기숙사로 짐을 힘들게 다 옮기고 정리도 하지 못했거든요. 또 화장실은 고장이었고 샤워기도 움직이지 않았어요. 다행히 물은 나왔지만 흙물이었어요. 모든 것이 힘들었어요. 하지만 더 힘들었던 것은 기숙사에 살고 있는 학생들 때문이었습니다. 그들은 나에게 호기심을 보이면서 무엇인가를 러시아 말과 우즈베크 말로 계속 물었어요. 그리고 내가 기숙사 방으로 들어가면 그들은 계속 문을 두드렸어요. 그 때, 문 열쇠도 고장이었기 때문에 걱정은 더 되었어요. "무슨 일이 있으면 어떻게 하나?" 하고 스스로 물었을 정도였어요.

위의 글에서 '나'의 대답은 '가'의 질문에 대한 것이었다. 글이란 본질적으로 묻고 답한 것을 쓰는 것이다. 이런 이유로 '나'의 니자미 사범대학교 기숙사에서의 첫날밤이 어땠는지 알았다. 그리고 왜 힘들었는지도 매우 구체적으로 알 수 있었다. 이것은 문단이 질문과 그에 대한 답으로 이루어져 있음을 말하는 것이다. 그래서 이해하기가 쉽다.

연습문제 II

※ 다음 제목으로 문단을 200자~250자 정도로 써 보십시오. 먼저 다발 짓기를 해 보십시오. 다음에 질문에 대한 답을 써 보십시오. 그리고 문단을 써 보십시오.

1)

가장 무서웠던(충격적이었던) 일

▼

가: 언제 가장 무서웠어요?
나: _____
가: 왜 무서웠어요?
나: _____
   _____
   _____
   _____

▼

2)

가장 기뻤던 일

▼

가: 언제 가장 기뻤어요?
나: _____
가: 왜 기뻤어요?
나: _____
_____
_____
_____

▼

연습문제 II

1)의 예시

다음은 외국인 한국어 학습자가 쓴 문단글이다. 제목은 〈가장 무서웠던 일〉이다. 〈가〉는 외국인 한국어 학습자가 쓴 것 그대로이고 〈나〉는 저자가 고친 것이다.

〈가〉
> 지난 달에 혼자서 설악산에 갔다왔다. 산길에 중에서 미끄러웠다. 생각보다 길이 나빠서 미끄러워월 때 정말 죽을 뻔했다. 그러나 그럭저럭 대청봉까지 도착했지만 첨심이 없었다. 올라가기로 4시간반 정도 걸렸으니까 정말 죽을 뻔했다. 힘들었어요. 그 때 내가 생각하기에는 60살대 부모님이 나보다 먼저 도착했다. 그 부모님이 나를 불렸다. 근데 나가 물도 식료도 없다고 했으면 부모님이 주먹밥과 물을 나에게 나눴다. 그 부모님에 덕분에 나는 3시간 반으로 잘 내렸다. 혼자서 설악산 등반은 가장 무서웠던 일이지만 내 운이 너무 좋아서 무사히 돌아올 수 있었다. 혼자서 불십분히 준비로 등산하면 안 됩니다.

〈나〉
> 지난 달에 혼자서 설악산에 갔다 왔다. <u>산길이</u> 미끄러웠다. 생각보다 길이 나빠서 <u>미끄러워질 때</u> 정말 죽을 뻔했다. 그러나 그럭저럭 대청봉까지 도착했지만 <u>점심</u>이 없었다. 올라가기로 4시간 반 정도 걸렸으니까 정말 죽을 뻔했다. <u>힘들었다</u>. 그 때 내가 생각하기에는 60살로 보이는 <u>아저씨와 아주머니</u>가 나보다 먼저 도착했다. 그 아저씨와 아주머니가 나를 <u>불렀다</u>. <u>그런데 내가</u> 물도 식료도 없다고 <u>하니까</u> 그 분들이 주먹밥과 물을 나에게 <u>나누어 주었다</u>. <u>그 분들 덕분에</u> 나는 3시간 반이 <u>걸려서 잘 내려왔다</u>. 혼자서 설악산 등반은 가장 무서웠던 일이지만 <u>나는</u> 운이 너무 좋아서 무사히 돌아올 수 있었다. 혼자서 불충분한 준비로 등산하면 안 된다고 생각했다.

평가 잘 썼다. 설악산에서 죽을 뻔한 일을 썼다. 중심 문장이 문단 앞에 있었더라면 더 좋은 글이 되었을 것이다.

1)의 예시

다음 글도 확인해 보자. 〈가〉는 외국인 학습자의 글이고 〈나〉는 저자가 고친 글이다.

〈가〉
몇 년 전에 벨기에를 여행했을 때 가짜 경찰의 피해를 당했다. 그 때 돈이 모자라서 주의의 분위기가 이상하지만 싼 호텔에서 숙박했다. 밤에 나와 친구는 호텔을 나가자마자 모르는 사람이 우리에게 길을 물러 말을 걸었다. 우리는 그 길을 알았으니까 가르쳐 줬다. 그 때 갑자기 경철라고 하는 남자가 두 명 와서 아까 길을 물어보던 사람과 우리에게 지갑과 여권을 보여달라고 했다. 그 사람이 쉽게 보여주기 때문에 우리도 따라 보여 줬다. 결찰은 그들을 확인하면서 거기는 위험한 지역이라서 조심하라고 했다. 금방 경찰은 그들을 돌려줘서 떠나가고 길을 물어보던 사람도 바로 떠나갔다. 그 후 음료수를 사려고 지갑을 열어보니 영국 파운드 지폐가 달러지폐에 바뀌어있다. 모르는 사람을 쉽게 믿으면 안된다고 너무 무서웠다.

〈나〉
몇 년 전에 벨기에를 여행했을 때 가짜 경찰의 피해를 당했다. 그 때 돈이 모자라서 <u>주위의</u> 분위기가 <u>이상했지만</u> 싼 호텔에서 숙박했다. 나와 친구는 밤에 호텔을 <u>나가자</u> 모르는 사람이 우리에게 길을 물었다(말을 걸었다). 우리는 그 길을 알았으니까 가르쳐 줬다. 그 때 <u>갑자기 경찰이라고</u> 하는 남자가 두 명 와서 아까 길을 물어보던 사람과 우리에게 지갑과 여권을 보여 달라고 했다. 그 사람이 쉽게 <u>보여주었기</u> 때문에 우리도 따라 보여 줬다. 경찰은 지갑과 여권을 확인하면서 거기는 위험한 <u>지역이니까</u> 조심하라고 했다. 경찰은 금방 지갑과 여권을 돌려 주고 나서 떠나가고 길을 물어보던 사람도 바로 떠나갔다. 그 후 음료수를 사려고 지갑을 열어보니 영국 파운드 지폐가 달러지폐<u>로</u> 바뀌어 <u>있었다</u>. 모르는 사람을 쉽게 믿으면 안된다<u>고 하더니</u> 너무 무서웠다.

평가 잘 쓴 글이다. 중심 문장이 맨 앞에 와서 읽기가 편하다. 벨기에에서의 무서웠던 일을 잘 써 주었다.

♣ 문단 정리 ♣

첫째, 우리는 문단 연습을 하고 있다. 문단은 여러 문장들이 한 주제로 모인 것이다.

둘째, 문단은 반드시 중심 문장이 있다. 중심 문장은 중요 생각을 보여준다. 앞의 예로 보면 질문에 대한 첫 번째 대답이 중심 문장이다. 너무 중요하므로 다시 보자.

> (1) 가: 한국 사람은 어때요?
>   나: 한국 사람은 너무 바빠요.
>   ◆ 중심 문장: 한국 사람은 너무 바쁘다.
> (2) 가: 일본 아줌마들은 배용준을 싫어해요?
>   나: 아니에요, 일본 아줌마들은 배용준을 너무 좋아해요.
>   ◆ 중심 문장: 일본 아줌마들은 배용준을 너무 좋아한다.
> (3) 가: 서울은 교통 시설이 어때요?
>   나: 서울은 교통 시설이 편리해요.
>   ◆ 중심 문장: 서울은 교통 시설이 편리하다.
> (4) 가: 미노루 씨의 형은 몇 살이에요?
>   나: 우리 형은 나보다 2살 많아요.
>   ◆ 중심 문장: 미노루 씨의 형은 미노루 씨보다 2살 많다.
>
> (1)~(3)의 중심 문장은 모두 문단으로 만들 수 있다. 왜냐하면 구체적으로 쓸 수 있기 때문이다. 그러나 (4)는 구체적으로 쓸 수 없기 때문에 문단을 만들 수 없다.

셋째, 문단의 몸 문장들과 결론 문장은 중심 문장에 대해서만 말해야 한다.

넷째, 문단을 쓸 때는 꼭 들여쓰기를 꼭 해야 한다. 들여쓰기는 쉽다. 원고지나 종이, 컴퓨터에서 글을 쓸 때 맨 앞의 한 칸 다음에 써라.

3과 문단 쓰기 II

앞에서는 문단 쓰기 I을 연습했다. 이제는 중심 문장과 그 다음에 오는 문장들의 순서에 맞추어 쓰기를 연습해 보자. 순서에 맞추어 글을 쓰면 구체적으로 쓸 수 있다. 다르게 말하면, 독자를 생각하면 순서를 맞출 수 있다.

※ 다음 〈가〉의 문장들을 보고 다음에 어떤 질문이 나와야 할지 〈나〉를 보고 〈다〉에 써 보십시오.

〈가〉

(1) **여름**은 아이들이 가장 좋아하는 계절이다.
(2) **축구**는 세계에서 가장 인기 있는 스포츠이다.
(3) **서울**은 환경문제가 심각하다.
(4) **한국 사람들**은 길에다 쓰레기를 버리지 말아야 한다.
(5) **한국과 중국의 결혼식**은 여러 가지가 다르다.

〈나〉

무엇이에요?   왜요?   좋은 결과예요?   나쁜 결과예요?   예가 있어요?

〈다〉

(1) **여름**은 아이들이 가장 좋아하는 계절이다. + ☐
(2) **축구**는 세계에서 가장 인기 있는 스포츠이다. + ☐
(3) **서울**은 환경문제가 심각하다. + ☐
(4) **한국 사람들**은 길에다 쓰레기를 버리지 말아야 한다. + ☐
(5) **한국과 중국의 결혼식**은 여러 가지가 다르다. + ☐

다음의 답을 보자. 문장의 순서가 보이는가? 여기에서 강조하고 싶은 것은 사람들이 중심 문장을 읽은 다음에 원하는 문장의 순서가 있다는 것이다. 독자들이 중심 문장을 본 다음에, 다음과 같은 보고 싶은 문장이 있다.

〈다〉의 답

> (1) 독자는 다음 문장에서 아이들이 **왜** 여름을 좋아하는 계절인지와 **무엇**을 하고 싶어 하는지를 알고 싶을 것이다.
> (2) 독자는 축구가 **무슨** 스포츠인지와 **왜** 세계에서 가장 인기가 있는지 알고 싶을 것이다.
> (3) 독자는 서울이 **왜** 환경문제가 심각한지, **어떻게** 심각한지 알고 싶을 것이다. 그리고 그 나쁜 결과도 알고 싶을 것이다.
> (4) 독자는 한국 사람들이 **어떻게** 쓰레기를 버리는지와 **왜** 쓰레기를 버리지 말아야 하는지를 궁금해 할 것이다.
> (5) 독자는 한국과 중국의 결혼식이 **어떻게** 다른지 알고 싶어 한다. 그리고 **무엇**이 다른지 알고 싶어 한다.

위의 내용을 정리하면 다음과 같다. 즉 중심 문장+무엇인가?, 중심 문장+왜인가?, 중심 문장+무슨 효과인가?, 중심 문장+구체적인 예로 나눌 수 있다. 다음 표를 꼭 기억해 두자.

중심 문장과 질문들

1. 무엇인가?(내용 설명)   2. 왜인가?(이유)
   중심 문장
3. 무슨 효과인가?(효과/결과)   4. 구체적인 예?(예시)

예를 들어 설명해 보자. 두 사람이 대화를 하고 있다. 다음 대화를 문단으로 옮겨 보자.

중심 문장과 질문들의 예

중심 문장: 우울증은 나쁜 결과를 가져오므로 마음 관리를 잘 해 고쳐야 한다.

가: 우울증은 **어떤** 병이에요?
나: 우울증은 슬픔이 계속되는 병이에요.
가: 우울증은 **왜** 생긴다고 보세요?
나: 우울증은 마음을 관리하지 못해서 생깁니다. 다른 사람과 비교해서 스스로를 불행하다고 생각하니까 마음이 좋지 않게 됩니다. 마음이 이렇게 되면 계속 나쁜 생각들이 일어날 수 있어요.
가: 우울증은 **어떤 결과**를 가져오나요?
나: 우울증은 자기 인생을 좋지 않게 생각해서 인간 관계를 못하게 합니다. 심지어는 자살에 이르는 사람도 많이 있습니다. 요즘은 한국에서도 스스로 목숨을 끊는 사람들이 많아졌습니다.
가: 우울증을 **어떻게** 없앨 수 있을까요?
나: 근본적으로 마음 관리를 잘해야 합니다. 어떤 일이 있든지 긍정적으로 생각하고 자기 자신에 대해서 자랑스럽게 생각해야 합니다. 종교를 가져서 절대적인 존재에게 귀의하는 것도 좋은 방법이 된다고 생각합니다.

▼

 우울증은 나쁜 결과를 가져오기 때문에 마음 관리를 잘 해 고쳐야 한다. 우울증은 슬픔이 계속되는 병이다. 우울증은 마음을 관리하지 못해서 생긴다. 구체적으로 말해서, 다른 사람과 비교해서 스스로를 불행하다고 생각하니까 마음이 좋지 않게 된다.
 마음이 이렇게 되면 계속 나쁜 생각들이 일어날 수 있다. 우울증의 결과는 이렇다. 사람이 우울증을 계속 느끼면 인간 관계를 못하게 된다. 심지어는 자살에 이르는 사람도 많이 있다. 요즘은 한국에서도 스스로 목숨을 끊는 사람들이 많아졌다.
 이 문제의 해결책으로는 근본적으로 마음관리를 잘해야 한다는 것이다. 어떤 일이 있든지 긍정적으로 생각하고 자기 자신에 대해서 자랑스럽게 생각해야 한다. 종교를 가져서 절대적인 존재에게 귀의하는 것도 좋은 방법이다.

 위 글은 세 문단으로 이루어졌다. 첫 번째 문단은 중심 문장과 우울증이 어떤 병인지, 우울증이 생긴 이유를 말했다. 두 번째 문단은 우울증의 안 좋은 결과를 말했다. 세 번째 문단은 우울증의 해결 방법을 말했다.
 이렇게 각 문단은 각각의 주제가 있으면서도 하나의 큰 글이 되었다. 질문들이 이렇게 만들었다.

연습문제 Ⅲ

※ 다음을 읽고 400자 이상으로 글을 쓰십시오.

1) '내 인생을 바꾸어 놓은 사건(사람)'이라는 제목으로 글을 쓰십시오. 다발 짓기를 하고 대화를 완성해 보십시오. 마지막으로 세 문단으로 쓰십시오. 한 문단에 150글자 이상으로 쓰십시오.

〈가〉 다발 짓기

> 1. 언제였어요?   2. 무슨 사건이었어요?
>
> 내 인생을 바꾸어 놓은 사건(사람)
>
> 3. 어떻게 달라졌어요?

▼

〈나〉 대화 쓰기

가 인생을 바꾸어 놓은 사건이 언제였어요?

나 _____

가 무슨 사건이 있었어요?

나 _____
  _____
  _____
  _____

가 그래서 어떻게 달라졌어요?

나 _____
  _____
  _____
  _____

▼

〈다〉 세 문단 쓰기: 문단을 바꿀 때 들여쓰기를 하십시오.

연습문제 III

2) '가장 감동적인 영화(책)'라는 제목으로 글을 쓰십시오. 다발 짓기를 하고 대화를 완성해 보십시오. 마지막으로 세 문단으로 쓰십시오. 한 문단에 150글자 이상으로 쓰십시오.

〈가〉 다발 짓기

> 1. 영화(책)의 내용을 소개해 주세요. 2. 왜 감동적이었어요?
>
> 가장 감동적인 영화(책)
>
> 3. 지금은 어떤 영화(책)를 보았어요?

▼

〈나〉 대화 쓰기

가 영화(책)의 내용을 소개해 주세요.

나 _____
_____
_____

가 왜 감동적이었어요?

나 _____
_____
_____
_____

가 그래서 지금은 어떤 영화(책)를 보았어요?

나 _____
_____
_____
_____

▼

〈다〉 세 문단 쓰기: 문단을 바꿀 때 들여쓰기를 하십시오.

연습 문제 Ⅲ

※ 다음의 〈가〉는 외국인 한국어 학습자의 글이다. 〈나〉는 고친 글이다. 잘 쓴 글이다. 참고해 보자.

제목: 내 인생을 바꾸어 놓은 사건(사람)

〈가〉

　　내잉생을 바꾸어 놓은 계기는 <u>영어공부있었다</u>. <u>어떤 날</u> 우리집 근처에 영어학원이 생겨서 거기에 다니기로 했다. 이전에 나는 약간 낯을가리는 <u>성격이더니</u> 영어를 배우면서 적국적으로 말해야 한다고 알게 되었다. 덕분에 이전보다 대인관계도 좋아지고 학생들이나 선생님과 <u>친하질</u> 수 있게 되었다. 그때 나에게 조언을 준 강사에는 지금도 감사의 마음을 가지고 있다.

　　그 영어공부를 통해서 나중에 영국유학에 가게 되었다. 거기서 한국인친구가 <u>생기기 때문에</u> 한국에 대한 관심이 생겼다. <u>한국사람과 일본사람에는</u> 비슷한 점이 많이 있어서 그런지 우리는 사이좋게 지냈다. 그후 일본에 돌아가보니까 오히려 한국에 대해 관심이 많아져서 부모님께서 영국에 한국어공부 하러 갔다 <u>오냐고</u> 놀리신 적도 있었다. 그 관심이 점점 커져서 드디어 한국에 오게 되었다. 이제 생각해보니까 그때 영어학원에 <u>다녀</u> 시작하지 않았더라면 나는 지금 한국에 있지 않을 것같다. 그래서 영어공부가 내 잉생을 바꾸었다고 생각한다.

▼

〈나〉

　　내 인생을 바꾸어 놓은 계기는 영어공부**였다**. **어느** 날 우리 집 근처에 영어학원이 생겨서 거기에 다니기로 했다. 이전에 나는 약간 낯을 가리는 **성격이었지만** 영어를 배우면서 적극적으로 말해야 한다고 알게 되었다. 덕분에 이전보다 대인관계도 좋아지고 학생들이나 선생님과 **친해질** 수 있게 되었다. 그때 나에게 조언을 준 강사에게는 지금도 감사의 마음을 가지고 있다.

　　그 영어공부를 통해서 나중에 영국유학을 가게 되었다. 거기서 한국인 친구가 **생겼기** 때문에 한국에 대한 관심이 생겼다. **한국 사람과 일본 사람은** 비슷한 점이 많이 있어서 그런지 우리는 사이좋게 지냈다. 그 후 일본에 돌아가 보니까 오히려 한국에 대해 관심이 많아져서 부모님께서 영국에 한국어공부 하러 갔다 **왔냐고** 놀리신 적도 있었다. 그 관심이 점점 커져서 드디어 한국에 오게 되었다. 이제 생각해 보니까 그때 영어학원에 **다니기** 시작하지 않았더라면 나는 지금 한국에 있지 않을 것 같다. 그래서 영어공부가 내 인생을 바꾸었다고 생각한다.

제목: 가장 감동적인 책

〈가〉
　　내 삶을 바꾸어 놓은 작가가 있다. 그 사람이 쓴 책은 다 긍정적인 말에서 써 있다. 그 사람은 나보다 나이가 10살정도 많다. 아이를 키우면서 인생을 즐기고 있다. 『나는 영리하다. 누구나 모르겠지만』이라는 책을 읽었을 때, 이 생각에서 살자고 생각했다. 작가인 이름은 '긴이로 나츠오'이다.
　　이 책에는 사물을 긍정적으로 생각하고 자기를 믿는 말이 많다. 내가 가장 좋아하는 말은 '매력과 노력으로 명예 만회'이다. 이 말을 만날 전에는 실수를 했었을 때 항상 주눅이 드는만 했지만, 이 말을 읽은 후에는 실수해도 다음에 열심히 하면 성장할 수 있다고 생각할 수 있게 되었다. 긴이로 나초오의 책은 제 생각을 바꾸어 놓았다.

▼

〈나〉
　　내 삶을 바꾸어 놓은 작가가 있다. 그 사람이 쓴 책은 다 긍정적인 말로 되어있다. 그 사람은 나보다 나이가 10살 정도 많다. 아이를 키우면서 인생을 즐기고 있다. 『나는 영리하다. 누구나 모르겠지만』이라는 책을 읽었을 때, 이 생각으로 살자고 생각했다. 작가 이름은 '긴이로 나츠오'이다.
　　이 책에는 사물을 긍정적으로 생각하고 자신감을 가질 수 있는 말이 많다. 내가 가장 좋아하는 말은 '매력과 노력으로 명예 만회'이다. 이 말을 만나기(보기) 전에는 실수를 했을 때 항상 주눅이 들기만 했지만, 이 말을 읽은 후에는 실수해도 다음에 열심히 하면 성장할 수 있다고 생각할 수 있게 되었다. 긴이로 나츠오의 책은 내 생각을 바꾸어 놓았다.

4과 실전 쓰기

이제 시작이다. 약 20~25분의 시간을 가지고 실제로 400~600자 이하로 써보자. 이렇게 하려면 문단을 나눌 수 있어야 한다. 여러분은 '제시된 내용'이 순서임을 알았다. 따라서 제시된 내용마다 약 150~200자로 생각하고 문단을 만들어 보자. 이렇게 하면 문단이 많아도 3~4개 정도가 될 것이다.

먼저 **다발 짓기**를 하기를 바란다. 생각나는 대로 쓰고 그 중에서 가장 쓰고 싶은 것을 고르자. 그리고 **대화**로 만들기 바란다. 여기까지 **약 12~13분** 정도면 좋겠다. 다음으로 **문단을 3~4개로 써라**. **들여쓰기**는 꼭 해야 한다. 원고지 첫 줄의 첫 번째 칸을 쓰지 말고 두 번째 칸부터 쓰라는 말이다. **깨끗하게 끝까지** 잘 쓰기 바란다. **여기까지 25분**이면 좋겠다. 마지막으로 글을 읽으면서 중심 문장을 잘 썼는지, 문법이 틀린 곳이 없는지 확인한 후에 제출하자.

TOPIK에서 제시한 답안의 평가 기준을 보도록 하겠다.

* 제시 내용을 모두 포함하지 않은 경우: 제시 내용당 -5
* 분량: 400자 이하 / 600자 이상: 100자당 -5
* 철자 및 문법 항목: 1~3개 -1, 4~6개 -2, 7~10개 -3, 11~16개 -4, 16개 이상 -6

위의 기준을 보면 첫째, '제시된 내용'을 순서로 삼아 여러분은 써야 한다는 것을 알 수 있다. 다른 것은 쓸 필요가 없다. 둘째, 400자 이상이 되어야 한다. 원고지는 쓰지 않은 칸도 한 글자로 들어가기 때문에 주의해야 한다. 600자가 넘어서도 안 된다. 그러니까 연습을 할 때에는 원고지에 해야 한다. 마지막으로 철자나 문법이 많이 틀리지는 말아야겠다.

하지만 글쓰기에는 자신감이 제일 중요하다. 그럼 이제 실제로 연습해 보겠다. 먼저 기출문제이다. 주어진 시간은 20~25분이다. 단, 원고지에 쓰기 바란다.

기출문제 연습

※ 다음을 읽고 400 ~ 600자로 글을 쓰십시오.

16회 '내가 생각하는 행복'이라는 제목으로 글을 쓰십시오. 단, 아래에 제시된 내용이 모두 포함되어야 합니다.

언제 행복하다고 느끼는가?
행복은 무엇이라고 생각하는가?
행복을 위해서 어떤 노력을 하는가?

▼

1. 언제 행복하다고 느껴요?   2. 행복은 무엇이라고 생각해요?

내가 생각하는 행복

3. 행복을 위해서 어떤 노력을 해요?

▼

가 언제 행복하다고 느껴요?

나 _____
   _____

가 그럼 행복은 무엇이라고 생각해요?

나 _____
   _____
   _____

가 행복을 위해서 어떤 노력을 해요?

나 _____
   _____
   _____

▼

기출문제 연습

다음 〈TOPIK 16회 모범답안〉과 비슷하게 썼는가? 자신의 답안과 비교해 보자.

TOPIK 16회 모범답안

첫 문단: 내가 행복하다고 **느낄 때**는 만족스러운 마음이 들 때이다. 아주 맛있는 음식을 먹었을 때나 정말 재미있는 영화를 봤을 때 느끼는 단순한 만족감에서부터 내가 뭔가 해냈을 때 드는 크나큰 만족감까지 이 모든 것이 나에게는 가장 큰 행복이다.

두 번째 문단: 나는 **행복이란** 만족하는 삶이라고 생각한다. 아무리 돈이 많고 잘하는 것이 많아도 자신이 만족할 수 없다면 그것은 결코 행복한 삶이 아니기 때문이다.

세 번째 문단: 예전에 나는 만족할 줄 몰랐다. 지금 생각해 보면 행복을 느낄 수 있는 순간이었지만 당시에 나는 자주 불만스러워했고 마음에 들어 하지 않는 것들도 많았다. 예를 들어, 시험 성적이 꽤 괜찮은 편이었는데도 더 잘하지 못한 것 때문에 걱정했으며 좋은 여행을 했는데도 여러 가지 탓을 하면서 불평을 했다.

네 번째 문단: 그런데 언젠가 친한 친구가 나에게 옆에서 보면 다 좋은 것 같은데 왜 항상 만족스러워하지 않느냐고 물었다. 그 말을 듣기 전에는 내가 만족하지 않아서 행복하지 않다는 것을 미처 몰랐다. **그때부터 나는 모든 일에 긍정적으로 생각하고 만족과 행복을 느끼도록 노력하였다.** 작은 실수는 내 인생의 매우 작은 부분일 뿐이고 큰 문제도 좀 더 노력해서 해결하면 된다고 생각하기 시작했다. 물론 처음에는 이렇게 생각하는 것이 쉽지 않았지만 노력하다 보니까 점점 행복이라는 것을 느낄 수 있었다.

다섯 번째 (마지막) 문단: 이렇듯 행복은 결코 멀리 있는 것이 아니다. 행복은 마음먹기에 달린 것이며 바로 내 옆에 있는 것이다.

풀이 위의 〈TOPIK 16회 모범답안〉은 모두 다섯 문단으로 되어 있다.
첫 문단에서는 '언제 행복하다고 느끼는지'가 설명되어 있다.
두 번째 문단에서는 '행복은 무엇인지'에 대해서 설명되고 있다.
세 번째, 네 번째 문단은 행복을 위해서 노력하는 모습이 드러나 있다.
마지막 문단은 정리해 주고 있다.
위 〈TOPIK 16회 모범답안〉의 특징은 질문대로 대답을 했다는 것이다. 따라서 질문에 대해서 **구체적으로 어떻게 대답할지 생각하고 쓰면 높은 점수를 받을 수 있다.**

예상문제

※ 다음을 읽고 400~600자로 글을 쓰십시오.

1) '내가 생각하는 성공'이라는 제목으로 글을 쓰십시오. 단, 아래에 제시된 내용이 모두 포함되어야 합니다.

> 언제 성공했다고 느끼는가/느낄 수 있는가?
> 성공은 무엇이라고 생각하는가?
> 성공을 위해서 어떤 노력을 하는가?

▼

> 1. 언제 성공했다고 느껴요/느낄 수 있을까요? 2. 성공은 무엇이라고 생각해요?
> 내가 생각하는 성공
> 3. 성공을 위해서 어떤 노력을 해요?

▼

가 언제 성공했다고 느껴요/느낄 수 있을까요?
나 _____
   _____
   _____

가 성공은 무엇이라고 생각해요?
나 _____
   _____
   _____

가 성공을 위해서 어떤 노력을 해요?
나 _____
   _____

▼

예상문제

※ 다음을 읽고 400~600자로 글을 쓰십시오.

2) '나의 스트레스 해소 방법'이라는 제목으로 글을 쓰십시오. 단, 아래에 제시된 내용이 모두 포함되어야 합니다.

> 언제 스트레스를 자주 받는가?
> 왜 스트레스를 받는가?
> 스트레스를 해소하기 위해 무엇을 하는가?

▼

> 1. 언제 스트레스를 자주 받아요? 2. 왜 스트레스를 받는다고 생각해요?
>
> 나의 스트레스 해소 방법
>
> 3. 스트레스를 해소하기 위해 무엇을 해요?

▼

가 언제 스트레스를 자주 받아요?
나 _____

가 왜 스트레스를 받는다고 생각해요?
나 _____

가 스트레스를 해소하기 위해 무엇을 해요?
나 _____

▼

예상문제

※ 다음을 읽고 400~600자로 글을 쓰십시오.

3) '내가 한 한국어 실수'라는 제목으로 글을 쓰십시오. 단, 아래에 제시된 내용이 모두 포함되어야 합니다.

> 언제 한국어로 실수했는가?
> 왜 실수했는가? 무엇이 헷갈렸는가?
> 그래서 어떻게 했는가?

▼

1. 언제 한국어로 실수했어요?   2. 왜 실수했다고 생각해요? 무엇이 헷갈렸어요?

　　　　　　　　내가 한 한국어 실수

3. 그래서 어떻게 했어요?

▼

가　언제 한국어로 실수했어요?

나　_____

　　_____

가　왜 실수했다고 생각해요? 무엇이 헷갈렸어요?

나　_____

　　_____

가　그래서 어떻게 했어요?

나　_____

　　_____

　　_____

▼

5과 글 형식 연습

(1) 글 문장 쓰기 연습

'해요'스타일이 아니라 '한다'스타일로 글을 써라

지금까지 TOPIK을 준비한 외국인 한국어 학습자들은 '해요', '합니다'를 교실의 수업 상황에서 사용했다. 그래서 글을 쓸 때, '-했어요', '-했거든요', '-이에요', '-입니다' 등으로 쓰는 사람들이 많다. 하지만 TOPIK에서 글을 쓸 때에는 '한다'스타일로 써야 한다. 다음 표를 보면서 '한다'체를 확인하고 연습하자. 빈칸을 완성해 보자.

1. '한다'스타일-긍정

품사	예시	현재	과거	미래
이다 동사	이다	이다	이었다	일 것이다
동사	하다	한다	하였다/했다	할 것이다
	씻다	씻는다	씻었다	씻을 것이다
	걷다	걷는다	걸었다	걸을 것이다
	팔다	판다	팔았다	팔 것이다
	되다	된다	되었다	될 것이다
	듣다			
	만들다			
형용사	시원하다	시원하다	시원했다	시원할 것이다
	맵다	맵다	매웠다	매울 것이다
	춥다	춥다	추웠다	추울 것이다
	고프다	고프다	고팠다	고플 것이다
	있다	있다	있었다	있을 것이다
	없다	없다	없었다	없을 것이다
	좋다			
	나쁘다			
	피곤하다			
	기쁘다			

2. '한다' 스타일-부정

품사	예시	현재	과거	미래
이다 동사	이다	이지 않다	이지 않았다	이지 않을 것이다
동사	하다	하지 않는다	하지 않았다	하지 않을 것이다
	씻다	씻지 않는다	씻지 않았다	씻지 않을 것이다
	걷다	걷지 않는다	걷지 않았다	걷지 않을 것이다
	팔다	팔지 않는다	팔지 않았다	팔지 않을 것이다
	되다	되지 않는다	되지 않았다	되지 않을 것이다
	듣다			
	만들다			
형용사	시원하다	시원하지 않다	시원하지 않았다	시원하지 않을 것이다
	맵다	맵지 않다	맵지 않았다	맵지 않을 것이다
	춥다	춥지 않다	춥지 않았다	춥지 않을 것이다
	고프다	고프지 않다	고프지 않았다	고프지 않을 것이다
	있다	있지 않다	있지 않았다	있지 않을 것이다
	없다	없지 않다	없지 않았다	없지 않을 것이다
	좋다			
	나쁘다			
	피곤하다			
	기쁘다			

연습문제

1. 다음 글은 일본인 한국어 학습자가 쓴 글이다. 중심 문장이 맨 앞에 있어서 이해하기 쉽다. 그리고 '들여쓰기'로 두 문단을 만들었다. 그런데 '해요'스타일이 마음에 들지 않는다. 굵게 표시한 곳을 '한다'스타일로 고쳐서 다시 써 보자.

>   한국과 일본에서는 술 마실 때 좀 **달라요**. 한국에서는 마실 때마다 건배하고 친구들과 같이 **마셔요**. 혼자 마시면 안 **돼요**. 또 술은 다른 사람이 따라야 **해요**. 그렇지만 일본에서는 보통 처음 마실 때 자기가 술을 따라서 마셔도 **돼요**. 그러니까 한국에서 술 마실 때는 일본 사람은 좀 이상한 느낌이 **있어요**.
>
>   두 번째는 식사할 때 한국과 일본은 매너가 **달라요**. 한국에서는 밥을 먹을 때 보통 숟가락으로 **먹어요**. 또 먹을 때 한국에서는 그릇을 안 들고 먹어도 괜찮고 입으로 소리를 내도 **괜찮아요**. 하지만 일본에서는 밥을 먹을 때 보통 젓가락으로 **먹어요**. 그리고 먹을 때 그릇을 손으로 들어야 하고 소리가 나도 안 **돼요**.

▼

2. 다음 글은 중국인 한국어 학습자가 쓴 글이다. 첫 문장이 중심 문장이라서 이해하기가 쉬웠다. 예를 많이 들어서 좋았다. 그러나 '해요'스타일로 글을 썼다. '해요'스타일을 '한다'스타일로 바꾸어 보자.

> 　중국과 한국의 언어 사용은 많이 **달라요**. 중국에서는 사람들이 서로 이야기할 때 높임말은 조금밖에 **없어요**. 반말로 이야기해도 **돼요**. 하지만 한국에서는 사람들이 친구나 어린 사람이 아니면 반말로 이야기할 때 한국 사람들이 화를 **내요**. 왜냐하면 두 나라가 문화가 다르기 **때문이에요**. 중국에서는 서로 평등하다고 생각해 중국어를 **사용해요**. 관계가 더 **친해요**. 의사소통이 **쉬워져요**. 지위 높은 사람과 나이가 많은 사람과 이야기할 때 높임말로 사용해야 **해요**. 보통 때는 **괜찮아요**. 한국에서는 언제든지 어디든지 사람을 만난 후에 이야기하면 꼭 높임말을 **해요**. 그리고 높임말 종류도 **많아요**. 다른 사람에게 높임말 사용하기 **달라요**. 높임말 사용할 때가 **어려워요**.

▼

연습문제

1의 정답

　한국과 일본에서는 술 마실 때 좀 **다르다**. 한국에서는 마실 때마다 건배하고 친구들과 같이 **마신다**. 혼자 마시면 안 **된다**. 또 술은 다른 사람이 따라야 **한다**. 그렇지만 일본에서는 보통 처음 마실 때 자기가 술을 따라서 마셔도 **된다**. 그러니까 한국에서 술 마실 때는 일본 사람은 좀 이상한 느낌이 있다.
　두 번째는 식사할 때 한국과 일본은 매너가 **다르다**. 한국에서는 밥을 먹을 때 보통 숟가락으로 **먹는다**. 또 먹을 때 한국에서는 그릇을 안 들고 먹어도 괜찮고 입으로 소리를 내도 **괜찮다**. 하지만 일본에서는 밥을 먹을 때 보통 젓가락으로 **먹는다**. 그리고 먹을 때 그릇을 손으로 들어야 하고 소리가 나도 안 **된다**.

2의 정답

　중국과 한국의 언어 사용은 많이 **다르다**. 중국에서는 사람들이 서로 이야기할 때 높임말은 조금밖에 **없다**. 반말로 이야기해도 **된다**. 하지만 한국에서는 사람들이 친구나 어린 사람이 아니면 반말로 이야기할 때 한국 사람들이 화를 **낸다**. 왜냐하면 두 나라가 문화가 다르기 **때문이다**. 중국에서는 서로 평등하다고 생각해 중국어를 **사용한다**. 관계가 더 **친하다**. 의사 소통이 **쉬워진다**. 지위 높은 사람과 나이가 많은 사람과 이야기할 때 높임말로 사용해야 **한다**. 보통 때는 **괜찮다**. 한국에서는 언제든지 어디든지 사람을 만난 후에 이야기하면 꼭 높임말을 한다. 그리고 높임말 종류도 **많다**. 다른 사람에게 높임말 사용하기 **다르다**. 높임말 사용할 때가 어렵다.

(2) 원고지 쓰기 연습

원고지에는 한 칸에 한 글자씩 써야 한다. 그리고 다음을 꼭 지키자.

1. 첫째 줄, 둘째 칸부터 써라. 이것을 '들여쓰기'라고 한다. 새로운 문단이 시작됨을 말한다.

	V	한	국	과		일	본	에	서	는		술		마	실		때		좀
다	르	다	.		한	국	에	서	는		술		마	실		때	마	다	건
배	를		하	고		친	구	들	과		같	이		마	신	다	.		

2. 조사가 있으면 반드시 띄어라. '-이/가, -은/는, -을/를, -에, -에서, -에서는, -와/과, -의'가 있으면 꼭 띄어라.

		한	국	과	V	일	본	에	서	는	V	술		마	실		때		좀
다	르	다	.		한	국	에	서	는	V	술		마	실		때	마	다	건
배	를	V	하	고		친	구	들	과	V	같	이		마	신	다	.	또	
술	은	V	다	른		사	람	이	V	따	라	야		한	다	.			

3. 관형형 어미 '-(으)ㄴ, -는, -(으)ㄹ' 다음에도 꼭 띄어라.

		한	국	과		일	본	에	서	는		술		마	실	V	때		좀
다	르	다	.		한	국	에	서	는		술		마	실	V	때	마	다	건
배	를		하	고		친	구	들	과		같	이		마	신	다	.	또	
술	은		다	른	V	사	람	이		따	라	야		한	다	.		그	러	니
까		한	국	에	서		술		마	실	V	때	는		일	본		사	람
은		좀		이	상	한	V	느	낌	이		있	다	.					
	두		번	째	는		한	국	과		일	본	의		매	너	가		다
르	다	.		한	국	에	서	는		밥	을		먹	을	V	때		젓	가	락
으	로		먹	지	만		보	통		숟	가	락	으	로		먹	는	다	.
하	지	만		일	본	에	서	는		밥	을		먹	을	V	때		보	통

4. 한 문단이 끝날 때까지 들여쓰기 하지 말자.

		오	늘		친	구	와		만	나	서		이	야	기	를		했	다	.
그		친	구	는		내	게		요	즘		사	랑	하	는		여	인	이	
생	겼	다	고		했	다	.		그	런	데		짝	사	랑	이	었	다	.	나
는		열		번		찍	어		안		넘	어	가	는		나	무		없	
다	고		했	다	.		그		친	구	는		기	뻐	하	면	서		돌	아
갔	다	.																		

5. 마침표, 쉼표를 꼭 찍자. 각각 한 칸씩이다. 마침표는 . 이고 쉼표는 , 이다.

6. 다음은 틀릴 수 있으니 꼭 연습해 두자. 다음을 원고지에 써 보자.

	1)		첫		번	째	는	,	두		번	째	,	세		번	째	
	2)		할		수		있	다	,	할		수		없	다	.	할		줄
안	다	,		할		줄		모	른	다								
	3)		쉬	고		싶	다	,	먹	고		싶	다					
	4)		너	무		좋	다	.										
	5)		공	부	할		때		졸	리	다	.						
	6)		오	늘		피	곤	한		것	은		어	제		잠	을		안
자	서	이	다	.														
	7)		이		책	의		글	자	가		크	다	.				
	8)		한	국	에		온		지		두		달		됐	다	.	

연습문제

1. 다음을 원고지에 쓰고 맞추어 보십시오.

   나는 다른 사람보다도 실수를 했을 때 많이 생각하는 편이다. 그래서 스트레스를 받을 때가 많다. 한국에 와서 혼자 살다 보니 집에 혼자 있을 때나 한국 친구와 이야기할 때 잘못할 때 스트레스를 받는다. 그럴 때 나는 좋아하는 노래를 듣거나 좋은 이미지를 머리 속에서 만들어서 연습하거나 한다.

2. 다음을 원고지에 쓰고 맞추어 보십시오.

   요즘에는 특히 한국어를 잘못할 때가 많아서 많이 스트레스를 받았다. 며칠 전에 한국 친구와 일본 친구 몇 명이 모여서 저녁을 먹다 이야기할 때도 옆에 있는 일본 친구들은 한국어를 잘하는데 나만 잘못했다. 어떻게 하면 그 친구보다 한국 사람처럼 이야기할 수 있는지를 생각하면 스트레스를 받는다는 말이다. 또 아무 일도 안 하고 집에 혼자 있을 때도 스트레스를 받는다. 한국에 와서 혼자 있으면 시간이 아깝고 아무 능력도 늘지 않기 때문이다. 그래서 우울할 때가 가끔 있었다. 그럴 때도 머리 속에서 혼자 한국말로 생각하거나 해서 좋은 이미지를 만든다.

연습문제

No.1

나는 다른 사람보다도 잘 수를 했을 때 많이 생각하는 편이다. 그때 스트레스를 받을 때가 많다. 한국에 와서 혼자 살다 보니 집에 이야기할 때 잘 못했을 때 친구와 이야기할 때 그럴 때 나는 한국 스트레스를 받는다. 이미지나 노래를 듣거나 음악을 듣는 때 좋은 이미지나 연습해서 만들어서 미소해는 한다.

No.2 _____

요즘에는 특히 한국어를 잘 못할 때가 많아서 스트레스를 받았다. 전에 한국에서 친구들과 저녁을 먹다가 일본 친구가 한국어를 잘 못해서 몇 명이 모여서 한국 친구들은 한국어를 잘하는데 나만 잘 못했다. 어떻게 잘할 수 있는 그 친구 보다 한국 사람처럼 할 수 있는 지를 생각하면 하면 된다. 도 한 들 마음이 있을 때도 많고 받는다. 집에 혼자 있을 때도 스트레스를 한 스트레스를

연습문제

No. 2

한국에 와서 혼자 있으면 시간이 아주 많고 그래서 늘 지루했다. 그럴 때도 있었다. 그래서 가끔 혼자서 좋은 옛 한국 이미지를 생각하지 않고, 그때 머리 속에서 떠오른 옛 한국을 말로 만든다.

TOPIK 적중특강
쓰기 정답

1장 대화를 이해하고 고르기

1과 대화에 알맞은 표현 고르기

연습문제 1
1. ② 2. ① 3. ⑨ 4. ⑦ 5. ⑧
6. ⑩ 7. ④ 8. ⑤ 9. ③ 10. ⑥

연습문제 2
11. ⑤ 12. ⑧ 13. ② 14. ⑨ 15. ①
16. ⑦ 17. ⑩ 18. ③ 19. ④ 20. ⑥

연습문제 3
21. ⑤ 22. ⑦ 23. ⑩ 24. ⑨ 25. ①
26. ⑧ 27. ② 28. ⑥ 29. ④ 30. ③

예상문제
1. ④ 2. ① 3. ② 4. ① 5. ②
6. ② 7. ④ 8. ④ 9. ② 10. ①
11. ④ 12. ②

2과 대화와 같은 의미 고르기

연습문제 Ⅰ
1. ② 2. ② 3. ① 4. ② 5. ②
6. ② 7. ① 8. ① 9. ① 10. ②
11. ① 12. ② 13. ① 14. ① 15. ②
16. ① 17. ① 18. ① 19. ① 20. ②
21. ① 22. ① 23. ② 24. ② 25. ①
26. ① 27. ① 28. ① 29. ① 30. ②
31. ①

연습문제 Ⅱ
1. ② 2. ① 3. ① 4. ② 5. ②
6. ① 7. ① 8. ① 9. ① 10. ②
11. ② 12. ② 13. ②

예상문제
1. ② 2. ② 3. ① 4. ③ 5. ③
6. ③ 7. ① 8. ②

2장 안내문과 같은 내용 고르기

연습문제 Ⅰ
1. 할 수 있다   2. 바꾸다
3. 물건을 사다   4. 빌려주다
5. 의견을 묻다   6. 쓰다, 이용하다
7. 뽑다   8. 안되다
9. 바라다   10. 주다
11. 뽑다   12. 겪다
13. 안 하기로 하다   14. 상품을 팔다
15. 돈으로 바꾸어 돌려주다

연습문제 Ⅱ
1. ③ 2. ③ 3. ② 4. ② 5. ④
6. ③

예상문제
1. ④ 2. ④ 3. ③ 4. ③ 5. ③
6. ③ 7. ④ 8. ②

3장 맞는 표현을 논리적으로 고르기

연습문제
1. ③ 2. ① 3. ② 4. ② 5. ②
6. ④ 7. ② 8. ③

예상문제
1. ② 2. ④ 3. ④ 4. ③ 5. ③
6. ④ 7. ③ 8. ②

4장 짧게 쓰기

1과 세 표현으로 한 문장 쓰기

연습문제
1. 집에 일이 생겨서 약속에 갈 수 없다.
   집에 일이 생기는 바람에 약속에 갈 수 없었다.
   집에 일이 생겼기 때문에 약속에 갈 수 없었다.
2. 어제 드라마를 보느라고 숙제를 못했다.
   어제 드라마를 보았기 때문에 숙제를 못했다.
3. 컴퓨터를 켜 놓고 회사에 왔다.

4. 선물을 사 줄테니까 시험을 잘 봐.
   선물을 사 주었더니 시험을 잘 보았어요.
5. 옷을 많이 입었지만 날씨가 춥다.
   옷을 많이 입었는데도 날씨가 추워요.
6. 사랑하는 사람하고 헤어져서 너무 슬프다.
7. 불장난하다가 큰 일 날 뻔했다.
8. 시간이 많이 지났는데도 전화가 없다.
   시간이 많이 지났지만 전화가 없어요.
9. 밥을 먹다가 잠이 들었다.
   밥을 먹자마자 잠이 들었어요.
10. 선생님께서 잘 가르쳐 주셔서 졸업을 합니다.
    선생님께서 잘 가르쳐 주신 덕분에 졸업을 합니다.

예상문제

1. 한국에 남아야 할까 모국으로 돌아가야 할까 고민하고 있어요.
   한국에 남아야 할지 모국으로 돌아가야 할지 고민하고 있어요.
2. 공부를 열심히 해도 다 못 풀 정도로 문제수가 많아요.
   공부를 열심히 했는데도 다 못 풀 정도로 문제수가 많아요.
3. 50년이 되도록 부모님을 못 만나서 가슴이 아프다.
4. 좋은 의사 선생님이 계시니까 주저하지 말고 전화를 하세요.
   좋은 의사 선생님이 계시다면 주저하지 말고 전화를 하세요.
5. 한국어를 배운 지 5년이 되니까 다른 사람들이 한국 사람 같다고 한다.
   한국어를 배운 지 5년이 되자 다른 사람들이 한국 사람 같다고 한다.
6. 잠을 자다가 악몽을 꾸어서 바닥에 떨어 질 뻔했다.
   잠을 자다가 악몽을 꾸는 바람에 바닥에 떨어 질 뻔했다.
7. 마트에 다녀오다가 시장가게에 값싼 옷이 있어서 빨리 샀다.
   마트에 다녀오는 길에 시장가게에 값싼 옷이 있어서 빨리 샀다.
8. 어제 일찍 자서 아침에 일찍 일어났다면 지각을 하지 않았을 텐데.
9. 어제 갑자기 자동차가 고장나는 바람에 오늘 아침 지하철을 이용해서 출근했다.
10. 어제 밤을 새웠더니 너무 피곤해서 학교에서 계속 잤다.
    어제 밤을 새우는 바람에 너무 피곤해서 학교에서 계속 잤다.
11. 한국어를 열심히 공부하느라고 너무 바빠서 엄마가 부르는 것도 못 들었다.
12. 저녁에 집에 가면 밥을 먹으면서 텔레비전을 본다.
    저녁에 집에 가자마자 밥을 먹고 텔레비전을 본다.
13. 열심히 일했는데도 월급을 많이 받을 수 없어서 걱정이다.
    열심히 일했지만 월급을 많이 받을 수 없어서 걱정이다.
14. 내가 도와 줄 테니까 걱정하지 말고 열심히 하세요.
15. 이 책을 계속 읽어도 이해할 수 없어서 읽기를 포기했어요.
    이 책을 계속 읽었는데도 이해할 수 없어서 읽기를 포기했어요.
    이 책을 계속 읽었지만 이해할 수 없어서 읽기를 포기했어요.

2과 맞는 표현을 논리적으로 쓰기

연습문제

1. 신발도 거기에 맞게 해야/신발도 맞추어 신어야/ 신발도 어울리게 신어야
2. 부정적으로 보지 않는/나쁘게(부정적으로) 말하지(보지) 않는
3. (좋은 것을 많이) 가지는 것보다/ 소유하는 것보다/ 가지기보다/소유하기보다
4. 자신감을 가지고/ 자기를 믿고/ 자신감을 잃지 말고
5. 따뜻하게 해서 먹을 수 있기/뜨겁게 먹을 수 있기
6. 처음 생각과 마음을 기억해야 할/ 첫 마음을 생각해야 할
7. 주인공의 느낌으로 외우면/주인공의 느낌을 가지고 연습하면/주인공의 느낌을 가지고 따라해 보면

예상문제

1. 겉모습(외면/외모)이/가 아무리 멋있어도/멋있더라도
2. 정보를 찾을 수 있다고 생각할 수 있지만/
   정보를 찾을 수 있다고 생각하기도 하지만
   정보를 검색할 수 있다고 보지만

3. 유통 기한이 지났는데도/유통 기한과 관계없이/
   유통 기한을 생각하지 않고
4. 돈을 많이 주는 직장(회사)을/를 선택할 수 있다/
   돈을 많이 받을 수 있는 직장(회사)이다/
   경제적으로 안정된 직장(회사)이다.
5. 건물인 반면에/건물이지만/보이지만
6. 시작이 반/시작하면 반/시작만 하면 반
7. 읽으면서 고르고/ 보면서 고르고
8. 유머 있는(웃기는) 남자가 되려면/되기 위해서는
9. 거울을 (바라)보는

5장 한 주제로 세 문단 이상 쓰기

1과 다발 짓기로 쓸 거리 마련하기

연습문제 I

• 예시 다발 짓기와 글

1) 나의 장점

남에게 친절함 ← **나의 장점** → **책임감이 강함** → 숙제는 제 시간까지 함
↓   ↓
인사를 먼저함   **운동을 잘함** → 복근 나옴 → 다른 남자들이 부러워함
↓
항상 웃고 있음   특히 농구를 잘함
↓
덩크 슛
↓
여학생들 응원

▼

나는 운동을 잘한다. 특히 농구는 어릴 때부터 무척 좋아했다. 지금도 시간이 나면 친구들과 같이 농구를 열심히 한다. 나는 키가 크기 때문에 덩크 슛을 쏠 수 있다. 덩크 슛을 쏘아서 성공하면 경기를 보는 여학생들이 환호성을 지른다. 그 때 정말 기분이 좋다. 언제부터인가 운동을 하면서 복근이 나온다. 배가 나온 다른 남자들이 나를 보면서 부러워한다. 나는 앞으로도 열심히 농구를 할 계획이다.

2) 선생님

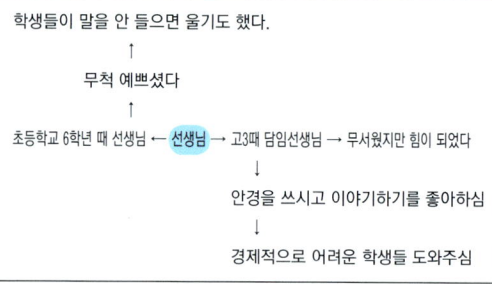

나는 기억나는 선생님이 한 분 계시다. 초등학교 6학년 때 담임선생님이시다. 어린 내 눈으로 보아도 선생님은 상당히 예쁘셨다. 그래서 남학생들이 선생님을 좋아했던 것 같다. 얼굴도 예쁘셨지만 마음은 더 예쁘셨다. 학생들에게 모두 친절하게 가르쳐 주셨다. 학생들을 때리지 않으셨고 학생들이 말을 안 들으면 울기만 하셨다. 그러면 우리는 조용히 반성했다. 선생님은 얼굴도 마음도 예쁘셨다.

3) 컴퓨터

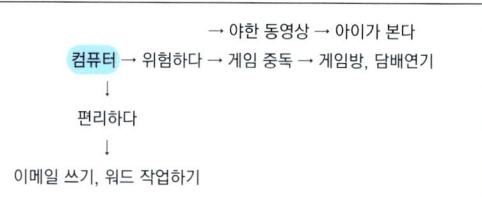

컴퓨터는 사람들에게 나쁜 영향을 끼친다. 다시 말해 컴퓨터는 사람들에게 위험한 도구이다. 컴퓨터를 통해서 게임만 하는 사람들이 증가하고 있다. 종종 신문에 어떤 사람들이 컴퓨터로 게임을 하다가 죽었다는 기사를 본 적이 있다. 또 컴퓨터 게임방은 담배 연기로 가득차 있어 건강에 좋지 않다. 그리고 컴퓨터로 아이들은 야한 그림이나 영화를 볼 수 있다. 컴퓨터는 인간에게 별로 좋지 않다.

2과 문단 쓰기 I

연습문제 Ⅱ

1) 가장 무서웠던(충격적이었던) 일

```
가장 무서웠던(충격적이었던) 일
          ↓
   비행기에서 기절했다
          ↓
포도주를 두 병 먹고 정신을 잃었다
          ↓
죽는 줄 알았다←정신을 잃으면서 머릿속에 필름이 지나갔다
```

▼

가: 언제 가장 무서웠어요?
나: 모스크바로 가는 비행기 안에서 기절을 했을 때예요.
가: 왜 무서웠어요?
나: 아침 6시 비행기여서 아침을 비행기에서 먹었어요. 그리고 포도주를 먹었지요. 그런데 갑자기 정신이 멍해지면서 내 몸이 움직이지 않았어요. 나는 옆사람에게 말하고 싶었는데 목소리도 안 나왔어요. 몸도 움직이지 않았고요. 그러면서 정신을 잃었어요.
가: 그래서요?
나: 일반적으로 사람이 죽을 때 지금까지 살아온 인생이 지나간다고 하잖아요. 제가 그랬어요. 이제 죽는구나했죠. 정말 무서웠어요.

▼

내가 가장 무서웠던 때는 타슈켄트에서 모스크바로 가던 때였다. 비행기 출발 시간이 오전 6시였다. 나는 5시 30분에 공항에 도착해서 준비하고 비행기를 탔다. 아침 밥을 먹지 못했는데 다행히 비행기에서 기내식이 나왔다. 게다가 포도주를 한 병씩 주었다. 아침 밥을 다 먹고 포도주를 먹었는데 정말 맛이 있었다. 옆에 있는 사람이 자기가 가지고 있는 포도주도 주길래 그것까지 다 마셨다. 그런데 갑자기 목소리도 나오지 않았고 몸도 움직일 수 없었다. 나는 정신을 잃으면서 내가 살아온 인생을 볼 수 있었다. 나는 죽는다고 생각했기 때문에 정말 무서웠다.

2) 가장 기뻤던 일

```
       가장 기뻤던 일
            ↓
      대학 다닐 때의 여행
            ↓
     강릉에서 같이 술을 먹었다
            ↓
인생에 대해서, 이성에 대해서 이야기했다
```

▼

가: 언제 가장 기뻤어요?
나: 대학 다닐 때 학과 동기들이랑 엠티갔을 때예요.
가: 왜 기뻤어요?
나: 맨 처음에는 별 생각안하고 강릉이나 구경가야겠다고 생각했어요. 그런데 친구들이랑 술먹으면서 처음으로 인생에 대해서, 남자와 여자의 관계에 대해서 깊게 이야기했어요. 그 때 같이 웃기도 하고 울기도 하면서 앞으로 어떻게 살아야 좋을지 생각했고요. 이렇게 이야기할 수 있는 친구들이 있어서 너무 좋고 기분이 좋았습니다.

▼

나는 대학교에 입학한 후 같은 과 친구들과 강릉에 놀러갔을 때가 가장 기뻤다. 맨 처음에는 스트레스 해소 차원에서 강릉이나 구경가자는 마음이었다. 그런데 저녁이 되고 자연스럽게 술자리가 마련되었다. 친구들이 돌아가면서 자기들이 살아온 이야기를 하는데 마음이 이상했다. 인생에 대해서 깊게 이야기를 했다. 그때 다른 친구의 삶을 들으며 같이 울기도 하고 기분이 좋아서 큰 소리로 웃기도 했다. 참 순수하던 시절, 그렇게 기쁜 시절의 친구들을 다시 만나고 싶다.

3과 문단 쓰기 II

연습문제 Ⅲ

1) 내 인생을 바꾸어 놓은 사건(사람)

〈가〉 다발짓기

```
1. 언제였어요? →              2. 무슨 사건이었어요?
대학교 1학년 때, 세상이 재미없다고 느낄 때        ↓
                         눈이 안보이는 사람과 만나서 이야기했어요.

              내 인생을 바꾸어 놓은 사람

3. 어떻게 달라졌어요?
  → 삶은 정말 소중한 것이다. 최선을 다해서 살아야겠다
```

▼

〈나〉 대화쓰기

가: 인생을 바꾸어 놓은 사람을 언제 만났어요?
나: 힘들던 고등학교 과정이 끝나고 대학교에 들어가니 갑자기 인생의 재미가 없어지더라고요. 왜 살아야 하나? 이런 생각이 들고요. 그 때 거리에서 눈이 안 보이는 분을 만났죠.
가: 무슨 사건이 있었어요?
나: 거리를 지나가다가 제가 다른 사람의 발을 밟아서 미안하다고 하니까 괜찮다고 하는 거예요. 그런데 보니까 눈이 안 보이는 사람이었어요. 그래서 더 미안했죠. 그래서 그분께 음료수를 하나 사 다 드렸어요. 그러면서 잠깐 같이 이야기를 했죠. 자기도 스무살까지는 정상인이었어요. 그런데 갑자기 눈이 안보이게 됐다. 뭐, 이러는 거예요. 맨 처음에는 힘들었는데 지금은 점자로 책을 읽으면서 다시 대학교에 들어가려는 준비를 한다고 하더라고요.
가: 그래서 어떻게 달라졌어요?
나: 사람은 자기가 어떤 환경에 있어도 최선을 다해서 살아야 하는구나, 긍정적으로 살아야 하는 구나, 하는 생각을 그 때 하게 되었습니다. 그 이후로 게으르게 될 때 그 분을 생각합니다.

〈다〉 세 문단 쓰기

　　나는 대학교에 입학한 후에 내 삶을 변하게 했던 눈이 안 보이는 그 사람을 만났다. 나는 힘들던 고등학교 과정이 끝나고 대학교에 들어가니 갑자기 모든 것이 재미가 없어졌다. 또 인생을 살아야 할 이유를 깊게 생각했다. 이럴 때에 거리에서 눈이 안 보이는 그 사람을 만났다.
　　어느 날 나는 거리를 지나가다가 다른 사람의 발을 밟았다. 그래서 미안하다고 하니 그 사람은 괜찮다고 했다. 그런데 모습을 보니까 눈이 안 보이는 사람이었다. 우리는 음료수를 먹으면서 이야기를 하기 시작했다. 그 사람은 자기도 스무살까지는 정상인이었다고 했다. 어느 날 갑자기 눈이 안보이게 됐다는 것이다. 그리고 그 사람은 맨 처음에는 힘들었는데 지금은 점차로 책을 읽으면서 다시 대학교에 들어가려는 준비를 한다고 했다. 그 사람은 눈이 보이지 않아도 자기 인생을 위해 노력을 하는 모습을 보면서 정말 놀랐다.
　　그 때 나는 사람은 어떤 환경에 있어도 최선을 다해서 살아야 한다고 생각했다. 그 이후로 게으르게 될 때 그 사람을 생각한다.

〈다〉 세 문단 쓰기

　　워털루 브리지는 발레를 하는 여자와 장교인 남자의 사랑이야기이다. 비극이다. 두 남녀는 한 눈에 사랑에 빠진다. 둘은 결혼하려고 하지만 이루지 못한다. 여주인공은 남자를 기다리지만 남자가 죽었다는 신문 기사를 본다. 그래서 여자는 사랑하는 남자가 죽었다고 생각한다. 여자는 인생의 의미를 찾을 수 없었다. 그래서 남자들에게 웃음과 몸을 판다. 그런데 어느 날 남자주인공이 돌아온다. 여자 주인공은 남자주인공과 결혼할 수 있었으나 그렇게 하지 않고 자살을 한다.
　　이 영화는 인간이 한 행위에 대해 생각하게 한다. 과거의 행동들을 어떻게 이해해야 하느냐를 묻고 있다. 여자가 잘못된 행동을 했을 경우 왕족 집 남자와 결혼할 수 없냐를 묻고 있다. 이런 점이 깊은 감동의 요소가 되었다.
　　최근에도 아바타라는 영화를 보았는데 여기에서도 인간은 무엇을 해야 하는가를 묻고 있다고 생각한다. 인간 행동 기준이 무엇인가를 생각했다.

2) 가장 감동적인 영화(책)

〈가〉 다발짓기

　　1. 영화(책)의 내용을 소개해 주세요.　　2. 왜 감동적이었어요?

　　　　　　　가장 감동적인 영화(책)
　　　　　　　　〈워털루 브리지〉

　　3. 지금은 어떤 영화(책)를 보았어요?

〈나〉 대화 쓰기

가: 영화(책)의 내용을 소개해 주세요.
나: 발레를 하는 여자와 장교인 남자는 한 눈에 사랑에 빠져요. 배경은 1차대전때입니다. 두 남녀는 사랑 표현에 적극적이었고 결혼하려고 합니다. 그러나 이루지 못합니다. 여자 주인공은 남자를 기다리기 위해 발레단에서 나오지만 남자가 죽었다는 잘못된 신문의 기사를 봅니다. 그래서 여자는 사랑하는 남자가 죽었다고 판단합니다. 여자는 인생의 의미를 찾을 수 없었어요. 그래서 남자들에게 웃음과 몸을 팔지요. 그런데 어느 날 남자 주인공이 돌아오지요. 여자 주인공은 남자 주인공과 결혼할 수 있었으나 그렇게 하지 않습니다. 자살을 합니다.
가: 왜 감동적이었어요?
나: 이 영화는 인간이 한 행위에 대해 생각하게 했습니다. 과거의 행동들을 어떻게 이해해야 하느냐입니다. 여자는 웃음과 몸을 팝니다. 이런 여자는 왕족 집 남자와 결혼할 수 없냐를 묻고 있습니다. 남자는 죽을 때까지 혼자 지냅니다.
가: 지금은 어떤 영화(책)를 보았어요?
나: 최근에 아바타를 보았는데 여기에서도 인간은 무엇을 해야 하는가를 묻고 있다고 생각합니다. 인간 행동 기준이 무엇인가를 생각했습니다.

4과 실전 쓰기

예상문제

1) 내가 생각하는 성공

　　1. 언제 성공했다고 느끼는가/느낄 수 있는가?　　2. 성공은 무엇이라고 생각하는가?

　　　　　　　내가 생각하는 성공

　　3. 성공을 위해서 어떤 노력을 하는가?

가: 언제 성공했다고 느껴요/느낄 수 있을까요?
나: 사람들이 나에게 도와달라고 해서 도움을 줄 때 나는 성공했다고 느낍니다. 경제적으로나 정신적으로 모두 포함됩니다. 하지만 정신적인 면이 더 강합니다. 돈으로 돕는 것은 한계가 있으니까 말입니다.
가: 성공은 무엇이라고 생각해요?
나: 성공이란 내가 남을 도울 수 있는 정신상태가 아닐까 합니다. 자기만 잘먹고 잘살겠다는 것은 성공이 아니라고 생각합니다. 나와 남이 다 잘되어야 하니까요.
가: 성공을 위해서 어떤 노력을 해요?
나: 매일 아침마다 다른 사람을 위해서 기도를 합니다. 그리고 직장에서는 누구보다도 열심히 일을 합니다. 기도는 제 정신을 깨끗하게 해서 남을 돕게 하고 직장에서 성실하게 하는 근무는 제 삶을 풍요롭게 해 줍니다.

내가 성공했다고 느낄 때는 사람들이 나에게 도와 달라고 해서 도움을 줄 수 있을 때이다. 이것은 경제적인 면과 정신적인 면이 모두 포함된다. 하지만 특별히 정신적인 면이 더 강하다. 돈으로 돕는 것은 한계가 있으니까 말이다. 다시 말해 삶에 고통스러워 하는 사람들에게 도움이 되는 말을 해 주는 것이다.

성공이란 내가 남을 도울 수 있는 정신상태가 아닐까 한다. 다시 말해 자기만을 위해 잘 먹고 잘 사는 곳까지 도달하려고 하는 생각은 성공이 아니다. 나와 남이 다 잘 되어야 한다. 모두가 성공해야 사회도 성공할 수 있다.

그래서 나는 매일 아침마다 다른 사람을 위해서 기도를 하고 있다. 그리고 직장에서는 누구보다도 열심히 일을 한다. 그래야 경제적인 도움을 필요로 하는 사람들에게 도움을 줄 수 있기 때문이다. 기도는 나의 정신을 깨끗하게 해 어려운 사람들에게 힘이 될 것이고 직장에서 성실하게 하는 근무는 경제적인 도움을 줄 수 있게 한다.

나는 시험 볼 때 가장 스트레스를 받는다. 그래서 시험 때는 밤을 새워서 공부하기도 한다. 또 친한 친구가 내게 할 줄 아는 것이 뭐가 있냐고 할 때도 스트레스를 받는다.

내가 시험 때문에 스트레스를 받는 이유는 시험을 다른 사람보다 잘 봐야 하기 때문이다. 잘 봐야 한다는 의무감과 책임감 때문에 그렇다. 그리고, 시험을 못 보면 다른 사람한테도 창피하기 때문이다. 친한 친구가 나에게 나의 자존심에 상처를 주는 말을 하면 서운하다. 나를 모르기 때문인 것으로 생각한다.

나는 스트레스를 해소하기 위해 아침과 저녁으로 달리기를 한다. 일반적으로 다른 사람들은 스트레스를 풀기 위해 술을 먹고 담배를 피운다. 이것은 좋은 방법이 아니다. 나는 달리면서 스스로와 마음속으로 이야기를 한다. 공부가 인생의 전부는 아니다, 시험 문제는 조금 틀려도 괜찮다 하고 생각한다. 그리고 친구를 이해하는 방향으로 생각한다. 이렇게 스스로 이야기하면서 1시간 정도 뛰면 마음과 몸이 상쾌해진다.

2) 나의 스트레스 해소방법

1. **언제** 스트레스를 자주 받는가?   2. **왜** 스트레스를 받는가?

나의 스트레스 해소 방법

3. 스트레스를 해소하기 위해 **무엇을** 하는가?

▼

가: 언제 스트레스를 자주 받아요?
나: 시험 때 가장 스트레스를 받습니다. 그래서 밤을 새워서 공부하기도 합니다. 또 친한 친구가 내게 할 줄 아는게 뭐냐고 할 때도 스트레스를 받습니다.
가: 왜 스트레스를 받는다고 생각해요?
나: 시험을 보면 잘 봐야 하니까요. 잘 봐야 한다는 의무감, 책임감, 뭐 그런 걸 느껴요. 시험을 못 보면 다른 사람한테도 창피하고요. 친구 관계에서 친구가 저에게 막 뭐라고 하면 참 서운합니다. 저 친구는 나를 모르는 거구나 하는 생각들, 슬프네요.
가: 스트레스를 해소하기 위해 무엇을 해요?
나: 다른 사람들은 술을 먹는다, 담배를 피운다 하는데 저는 아침 저녁으로 달리기를 합니다. 그러면서 스스로와 이야기를 합니다. 그래 공부가 인생의 전부냐, 문제 조금 틀려도 괜찮다, 내가 그 친구를 이해해야지 어떡하냐, 뭐 이렇게 스스로 이야기하면서 1시간 정도 뛰면 상쾌해집니다.

▼

3) 내가 한 한국어 실수

1. **언제** 한국어로 실수했는가? 2. **왜** 실수했는가? 무엇이 헷갈렸는가?

내가 한 한국어 실수

3. 그래서 **어떻게** 했는가?

▼

가: 언제 한국어로 실수했어요?
나: 한국어를 배운 지 얼마 안 되었을 때입니다. 수업 시간이 되었을 때 한국어 선생님이 들어왔습니다. "안녕히 계세요"라고 했습니다. 그리고 수업이 다 끝났을 때 "안녕하세요"한 적이 있습니다. 저는 '김치'하고 '기침'이 때로 헷갈렸습니다. 그래서 "김치가 요즘 심해요"라고 한 적도 있습니다.
가: 왜 실수했다고 생각해요? 무엇이 헷갈렸어요?
나: 초급 때 "안녕히 계세요"와 "안녕히 가세요"는 정말 어려워요. 발음도 비슷하고요. '가세요', '계세요'도 어렵고요. 그리고 '김치'하고 '기침' 발음이 비슷해서 아직도 실수할 때가 있습니다. 지난 번엔 수업 시간에 창피를 당했어요.
가: 그래서 어떻게 했어요?
나: "안녕히 계세요"와 "안녕히 가세요"는 이제 잘 할 수 있습니다. 그런데 '김치'하고 '기침'이 문제예요. 자기 전에 '김치는 맛있어요', '기침이 심해요'를 몇 번 외우고 잠에 듭니다.

나는 한국어를 배운 지 얼마 안 되었을 때 한국어 실수를 했다. 수업 시간이 되었을 때 한국어 선생님이 들어왔다. 나는 "안녕히 계세요"라고 했다. 선생님은 나를 바라 보았지만 아무 말씀도 안하셨다. 그리고 수업이 다 끝났을 때 "안녕하세요"한 적이 있다. 그리고 나는 '김치'하고 '기침'이 때로 헷갈린다. 언젠가는 "김치가 요즘 심해요"라고 한 적도 있다.

초급 때는 "안녕히 계세요"와 "안녕히 가세요"는 정말 어렵다. 발음도 비슷하다. 그리고 '김치'하고 '기침'도 발음이 비슷해서 아직도 실수할 때가 있다. 지난 에는 수업 시간에 창피를 당했다.

나는 이제 "안녕히 계세요"와 "안녕히 가세요"는 잘 할 수 있다. 그런데 '김치'하고 '기침'은 아직까지 힘들다. 그래서 자기 전에 '김치는 맛있어요', '기침이 심해요'를 몇 번 외우고 잠에 든다.

TOPIK 적중특강
읽기

1장 빨리 읽고 고르기
- **1과** 빨리 읽고 무엇인지 고르기
- **2과** 텍스트를 보고 같은 내용 고르기

2장 논리적으로 읽고 고르기
- **1과** 중심 생각 고르기
- **2과** 올바른 순서 고르기
- **3과** 논리적인 표현 고르기

3장 종합적으로 읽고 고르기

들어가기

〈한국어능력시험 중급 읽기〉의 문제는 적절한 정보 찾기, 중심 생각 찾기, 추측해서 찾기로 나눌 수 있다. 31~34번은 제시글이 '무엇'인지를 묻고 있다. 35~38번은 같은 내용을 찾으라고 한다. 모두 적절한 정보 찾기이다. 39~42번은 중심 생각을 찾으라고 했다. 43~45번은 순서대로 배열한 것을 찾게 했는데 이는 추측해서 찾기를 말한다. 46~48번은 문장의 논리를 묻고 있다. 문장들의 관계를 명확히 알아야 한다. 49~60번은 앞의 세가지 방식을 모두 묻고 있다.

그럼 어떻게 〈읽기〉를 준비해야 할까? 한국어능력시험을 준비하는 한국어 학습자들은 글을 읽을 때 항상 '무엇'에 관한 글인지를 물으면서 읽어보자. 특히 '무엇'에 대한 문제의 제시글은 광고물들에 많으므로 대학교 주변의 광고글이나 신문의 광고글들이 무엇을 말하는지 확인하는 습관을 가지는 것이 좋다. 이 글들을 가지고 한국어 선생님에게 묻는 것도 좋은 방법이다.

다음으로, 글을 읽을 때 한 문단의 중심 생각이 무엇인지 꼭 정리하기 바란다. 스스로 생각해서 정리하고 선생님에게 확인을 받았으면 한다. 한국어 교과서에 좋은 글들이 많이 있으므로 이를 정리해서 보자. 또한 읽기 특별반이나 신문 읽기반에 참가하여 문단을 자세히 읽고 중심 생각을 한 눈에 파악하는 방법을 연습하자. 그러면 글들이 쉬워질 것이다.

추측하기는 언어를 배우는데 필수이다. 〈읽기〉에서도 순서 배열하는 문제로 나왔다. 문장과 문장의 관계를 평소에 공부하고 연습해 두면 별로 어렵지 않을 것이다.

마지막으로, 시간을 잘 나누어 쓰라고 말하고 싶다. 30문제를 푸는데 45분밖에 없다. 〈읽기〉의 앞의 문제들은 쉽지만 뒤로 갈수록 어렵다. 따라서 앞의 문제들을 빨리 풀고 뒤의 문제를 푸는 것도 좋은 방법이다.

이 〈TOPIK 적중특강 읽기〉는 한국어능력시험 중급 시험을 보는 한국어 학습자들에게 여러 시험 기술을 전하고 있다. 모두 익혀서 빠른 시간 내에 높은 점수를 얻기를 바란다.

한국어능력시험 읽기 문항 유형 분석

〈TOPIK 적중특강 읽기〉는 세 부분으로 나누어진다. 문항 31번부터 38번까지가 빨리 읽고 고르기, 39번부터 48번까지가 논리적으로 읽고 고르기, 49번부터 60번까지가 종합적으로 읽고 고르기가 그 세 부분이다. 빨리 읽고 고르기는 8문제, 논리적으로 읽고 고르기는 10문제이다. 종합적으로 읽고 고르기는 11문제이다. 각각 26점, 35점, 39점이다. 쉬운 문제 유형에서 어려운 문제 유형으로, 간단한 문제 유형에서 복잡한 문제 유형으로 나간다고 볼 수 있다.

빨리 읽고 고르기는 무엇인지 고르기와 같은 내용 고르기로 이루어진다. 이 문제 유형은 별로 어렵지 않기 때문에 되도록이면 빨리 푸는 것이 좋겠다. 광고글 등 짧고 쉬운 글들이 제시된다.

논리적으로 읽고 고르기는 중심 생각 고르기, 올바른 순서 고르기, 논리적인 표현 고르기로 이루어진다. 문단을 이해하고 문단 안에 있는 문장들의 관계를 알아야 하겠다. 문장도 세 문장에서 다섯 문장 사이로 앞에 있는 빨리 읽고 고르기의 제시글보다 길어지고 복잡하다.

종합적으로 읽고 고르기는 앞에서 빨리 읽고 고르기, 논리적으로 읽고 고르기에서 쓰인 읽기 기술을 가지고 푸는 문제들이다. 문단이 다섯 문장 이상으로 늘어나게 된다. 평소에 신문이나 잡지를 조금씩 매일 읽는다면 좋은 결과를 얻게 될 것이다.

다음 표는 위에서 말한 것을 정리한 것이다.

1장 **빨리 읽고 고르기**
  1과 빨리 읽고 무엇인지 고르기
  2과 텍스트를 보고 같은 내용 고르기

2장 **논리적으로 읽고 고르기**
  1과 중심 생각 고르기
  2과 올바른 순서 고르기
  3과 논리적인 표현 고르기

3장 **종합적으로 읽고 고르기**

1장   빨리 읽고 고르기

1과   빨리 읽고 무엇인지 고르기

읽기의 첫 번째 문제 유형이다. 빨리 읽으면서 무엇에 관한 글인지 확인하는 문제 유형이다. ①~④에 나온 선택지를 먼저 확인하고 제시글을 읽으면 빨리 풀 수 있다. 기출문제를 확인해 보자.

기출문제

※ 다음이 무엇에 관한 글인지 고르십시오.

TOPIK 16회 32번

피터 존스, 서울 광장에 서다

영국인 성악가 피터 존스가 한국에 온다. 2집 앨범과 함께 한국을 찾는 피터 존스는 10월 15일 저녁 6시에 서울광장 무대에 올라 2집 앨범에 들어 있는 10곡의 노래를 부를 예정이다.

① 공연 정보   ② 여행 일정   ③ 영화 소개   ④ 해외 소식

TOPIK 15회 31번

신선한 재료와 어머니의 손맛 그대로

▲각종 찌개 및 분식 전문
▲365일, 24시간 배달 가능
☎043) 234-9876

① 편의점   ② 음식점   ③ 채소 가게   ④ 택배 회사

TOPIK 11회 31번

좀 더 아름답고 건강하게 살 수 있는 방법은 없을까?
올 가을 이 한권의 책으로 여러분은 건강한 인생을 찾게 될 것입니다.
〈운동과 다이어트〉. 기대하십시오.

① 책 소개   ② 요리법   ③ 운동 방법   ④ 건강 문제

> **풀이** 먼저 선택지를 확인해 보자. 그 다음에 위의 제시글을 확인해 보면 어렵지 않게 답을 찾을 수 있다. 난이도는 높지 않은 편이다.
>
> 16회의 답은 무엇일까? ①이다. '공연 정보'가 정답이다. '노래를 부를 예정이다'를 통해 알 수 있다.
> 15회의 답은? 손맛, 찌개, 분식 중에서 하나만 알아도 '② 음식점'이라고 쉽게 알 수 있다.
> 11회의 답은? 제시문 중간에 책이라는 말이 나왔다. 그러니까 답은? '① 책 소개'이다.

기출문제 정리

기출문제 제시글 종류와 내용을 확인해 보겠다. TOPIK 10회부터 16회까지이다.

회차	내용
16회	광고글-껌 정보 소개글-공연 광고글-가정 요리 모집글-자원 봉사자
15회	전단지글-음식점 광고글-책 광고글-전시회 광고글-자동차 운전 학원
14회	안내글-바뀐 수업 안내 광고글-그림책 광고글-제품의 장점 모집글-고객의 소리를 듣습니다
13회	광고글-안경 안내글-분실물 찾기 광고글-화장품 설명글-고치기 힘든 버릇과 습관
12회	광고글-책 광고글-침대 안내글-연극 설명글-바닷물이 잘 얼지 않는 이유

11회	소개글-운동과 다이어트 안내글-노인들 노래교실 지시글-사용하는 방법 안내글-제품 수리
10회	광고글-방 친구 구하기 광고글-여행 상품 안내글-방송 드라마 감사글-좋은 책에 대한 감사

▶ **광고글-안내글-모집·소개글 순으로 많아**

　TOPIK 10~16회를 확인한 결과, 광고글이 14회로 가장 많이 출제되었다. 그 다음으로는 안내글이 6회 출제되었다. 모집이나 소개하는 글도 3회 출제되었다.

　한국어는 한국어 교과서에만 있는 것이 아니다. 한국 신문에도 있고 인터넷에도 있다. 대학교 안팎에 붙어 있는 광고지에도 있다. 평소에 볼 수 있는 짧은 광고, 안내, 모집글들이 무엇에 대한 글인지 체크해 보자. 다음은 평소에 공부할 수 있는 비법이다.

　첫째, 먼저 빨리 보고 무슨 글인지 파악하라. 이때, 사전은 필요없다. 사전 보지 마라. 무슨 글인지만 알아라.

　둘째, 무슨 글인지 알았으면 이 때부터 사전으로 모르는 단어를 확인해 보라. 당연히 모르는 단어를 공책이나 수첩에 적어라.

연습문제

※ [1~3] 다음은 무엇에 관한 글입니까? 빨리 선택해 보십시오.

1

세상의 중심에서 다시 뛴다!!!

서울 시니어클럽은 고령화 시대에 노인이 일하여 스스로 이익을 만들어 낼 수 있게 하는 곳입니다.
식당, 주례, 배달 등의 일을 하고 있습니다.
연락 주십시오. 여러분도 일할 수 있습니다.

① 고령화의 문제점   ② 서울 시니어클럽

2

지하철에서는 제발!!!

큰 소리로 전화하지 맙시다.
노약자석에 앉지 맙시다.
옆 사람에게 불편을 끼치지 맙시다.

① 지하철 안내문   ② 노약자석 앉기

3

떠나세요!

따스한 햇살과 시원한 바람 찾아 떠나는 추억의 기차 여행
오이소! 보이소! 사이소! 부산을 하루만에 즐길 수 있습니다.

① 부산의 자연   ② 기차 여행

연습문제

※ [4~10] 다음은 무엇에 관한 글입니까? 빨리 선택해 보십시오.

4

여름철 전기 절약 실천 행동 세 가지

플러그를 뽑아요.
넥타이를 풀어요.
계단을 걸어요.

① 절약 행동　　　　　② 절전 안내

5

만남에서는 하루에도 세 부부가 탄생하고 있습니다.
더 많은 사람을 만날 기회, **만남**에 오시면
결혼할 수 있습니다.

① 결혼 회사　　　　　② 부부 탄생

6

아직도 예쁜 입을 가리십니까?
아름다운 미소를 위한 예쁘고 고운 치아
아름다운 치과 의원을 찾으세요.

① 예쁜 입　　　　　② 치과 의원

7

기다리던 영화, 보고 싶던 스타
"제2회 서울국제영화제"
2011. 6. 20-7. 10

① 영화제　　　　　② 영화와 스타

8

돌아왔다. 란트!
6월 6일 2차 티켓 오픈
최고의 배우, 최고의 무대
최고의 뮤지컬
지금까지 전회 매진
예매를 서두르세요.

① 최고의 공연　　　　② 뮤지컬 예매

9

옥슨 새 앨범 주문 폭주
10만 장 돌파 눈 앞
음악적 가치뿐 아니라 음반도 고급스러워

① 새 앨범 안내　　　　② 주문 안내

10

평범한 직장인이던 저자의
유명한 커리어우먼이 되기 위한 도전은
서른 셋에 비로소 시작되었다.
〈서른 살, 꿈에 미쳐라〉

이영신 지음/ 용진미디어/ 2011

① 커리어우먼 소개　　　　② 책 소개

예상문제

※ [1~6] 다음이 무엇에 관한 글인지 고르십시오.

1

옛날 삼계탕과 평양냉면
옛날집에서 초대합니다!
옛날 삼계탕 10,000원
평양 냉면 6,000원
대방 도서관 옆에 있습니다
예약문의: 02)888-5556

① 도서관　　② 민속촌　　③ 음식점　　④ 전화국

2

열려라, 고전 음악

유명 음악 평론가인 박철수가 안내하는 고전 음악 이야기,
주요 작곡가들을 소개하고 500여 장의 곡을 재미있게 해설합니다.
20만 독자가 선택했습니다. 이제는 당신 차례입니다.

박철수 지음/ 2010/ 값 13,000원

① 책　　② 작곡가들　　③ 음악 평론　　④ 고전 음악

3

마음이 평화로운 아이로 키워 주세요.

우리상담센터에서는 아이들에게 놀이, 음악, 미술을 통해 스트레스를 없애주고 따뜻한 마음을 심어 줍니다. 특히 놀이를 통해 부모와 자녀는 사랑의 관계로 달라지게 됩니다.

상담예약: 02) 400-2222　무료전화상담: 02) 400-2223

① 마음　　② 스트레스　　③ 무료전화　　④ 상담센터

4

올여름 가장 뜨겁고 느낌있는 이야기가 온다!

여섯 느낌의 그림

8월, 당신의 모든 감정이 흔들린다.

박상수 감독 작품, 늦기 전에 예매하세요.

① 책　　　② 그림　　　③ 영화　　　④ 감정

5

국립중앙도서관 오시는 길

- 지하철 2호선 서초역 6번 출구(국립중앙도서관 방향)에서 도보로 10분
- 지하철 3호선 고속버스터미널 역 7번 출구, 7호선 고속버스터미널 5번 출구에서 도보로 15분

※ 주차요금: 최초 2시간까지는 무료
　　　　　 2시간 이후부터는 15분 당 500원

① 길 안내　　② 주차 안내　　③ 전철 안내　　④ 걷기 안내

6

〈알림〉

· 오늘 3:00~6:00에 강의 예정이던 '한국 전통 음악의 이해'가 강사의 사정으로 휴강합니다. 학생 여러분은 금일 수업이 없음을 아시기 바랍니다.
· '한국 전통 음악의 이해'는 다음주 화요일에 보충 강의가 있을 예정입니다.

① 바뀐 강사　　② 바뀐 시간　　③ 바뀐 장소　　④ 바뀐 수업

예상문제

※ [7~13] 다음이 무엇에 관한 글인지 고르십시오.

7

말을 잘 해야 성공할 수 있습니다.
'나도 말을 잘할 수 있다'가 인간 관계의 지혜를 드립니다.
읽을 시간이 없다고요? 걱정하지 마십시오.
듣기용도 준비되어 있습니다.

① 화술 강연   ② 화술용 책   ③ 언어 교육   ④ 인간 관계

8

잃어버린 디카를 찾습니다

지난 9월 2일 수요일, 을지관 312강의실에서 4, 5, 6교시 수업이 끝나고 디카를 분실했습니다. 이 카메라는 단순한 카메라가 아닙니다. 저희 돌아가신 할머니께서 저에게 선물로 주신 것입니다. 그리고 중요한 사진들이 너무 많이 들어 있습니다. 돌려주시면 꼭 사례하겠습니다.

연락처: 010-876-9999

① 카메라 광고   ② 분실물 찾기   ③ 연락처 안내   ④ 할머니와의 추억

9

농업을 보호할 수 있어요.
농약을 쓰지 않아 안전해요.
물도 공기도 흙도 깨끗해져요.
맛이 있고 신선한데다가 영양도 많아요.

① 제품의 단점   ② 제품의 효과   ③ 제품의 종류   ④ 제품의 역사

10

안 되는 공부 때문에 울고 싶었습니까? 이런 학생들을 위해 '공부가 재미있다'가 나왔습니다. 한 달 먼저 읽으면 성적이 오르고, 6개월 먼저 읽으면 마음이 즐겁고, 1년 먼저 읽으면 삶이 바뀝니다. 전국 유명 서점에 있습니다.

① 학원 광고   ② 서점 광고   ③ 서적 광고   ④ 시스템 광고

11

저희 '문학과 지혜'에 감상문을 보내주세요.
저희가 이번에 출간한 '우리 고양이를 부탁해'를 읽고 느낀 점을 보내주세요.
원고지 800~1,000자 내외로 보내주시면 됩니다.
1등은 100만원과 상패를, 2등에게는 50만원과 상패를 드립니다.
많은 지원 부탁드립니다.

① 고양이 맡기기   ② 로또로 돈 받기
③ 독서 감상문 모집   ④ 원고지에 글쓰기

12

'사공이 많으면 배가 산으로 간다.'는 말이 있다. 어떤 일을 하는데 자기의 이익만 주장하는 사람이 많으면 일이 잘못된다는 뜻이다. 이 말은 일을 할 때에는 남의 말만 듣기보다는 자기의 주관을 확실히 해야 좋은 길로 갈 수 있음을 보여준다.

① 듣기의 필요   ② 듣기의 불필요
③ 자기 이익의 필요   ④ 주체적 자세의 필요

13

옛날 사람들의 이야기책 속으로

전시 기간 : 2011. 1.4~5.31
전시 자료 : 춘향전 등 고소설 50종
전시 장소 : 국립중앙도서관 4층

① 이야기책   ② 고소설   ③ 전시회   ④ 춘향전

예상문제

※ [14~16] 다음이 무엇에 관한 글인지 고르십시오.

14

세계가 반한 맛!
맛있어요. 달콤해요.
그런데 많이 취하지는 않습니다.
소화가 잘돼 건강에도 좋아요.

① 요구르트 ② 막걸리 ③ 사탕 ④ 자장면

15

500만 관객의 선택! 흥행 돌풍!
뜨거워지는 입소문, 장기흥행 진행 중!

★★★★★
최고로 재미있음./ksy990
시간 가는 줄 몰랐어요!/hch77

홍길동 최초의 한국형 무비
전국 극장에서 상영 중

① 영화 광고 ② 영화 평가 ③ 영화 설명 ④ 영화 비판

16

책을 싸게 사고 싶으시다고요? 그러면 저희에게 오십시오.
항상 10% 할인해 드리겠습니다.
그리고 단 한권의 책이라도 정성껏 배달해 드리겠습니다.
저희는 부키즈(www.bookiz.com)입니다.

① 독자 모집 광고 ② 책 할인 광고
③ 도서 배달 광고 ④ 인터넷 서점 광고

2과 텍스트를 보고 같은 내용 고르기

읽기의 두 번째 문제 유형이다. 제시글은 두 가지이다. 먼저, 설명글이 있다. 다음으로 안내글과 그래프가 있다. 설명글은 서술어가 '-이다', '-하다'로 된 글이다. 안내글은 간단한 명사형으로 끝나는 글이다. 안내글은 '-이다', '-하다'가 없다. 그래프는 막대로 된 그래프와 원으로 된 그래프가 있다.

먼저 설명글을 보면서 푸는 문제는 글의 첫 문장을 정확하게 보는 것이 중요하다. 글의 첫 문장을 보고 선택지가 맞는지 틀린지 확인해 보자. 다음으로 그 다음 글의 문장을 보고 그에 맞는 선택지가 있는지 확인해 보자. 이런 순서로 제시문의 세 번째 문장 또는 네 번째 문장까지 확인하면 어렵지 않게 답을 알 수 있다. 이 문제 유형은 제시글의 문장을 보고 선택지를 보면 생각보다 빠르고 정확하게 풀 수 있다.

제시글이 안내글과 그래프로 된 문제는 먼저 선택지를 보고 안내글이나 그래프를 확인해 보자. 첫 번째 선택지를 보고 그것과 관련이 있는 부분을 확인한다. 선택지와 확인한 부분이 다르면 다음 선택지를 확인하고 관련된 부분을 확인한다. 그러면 생각보다 빠르고 정확하게 풀 수 있다. 그럼, 기출문제를 확인해 보자.

기출문제

※ 다음을 보고 내용이 같은 것을 고르십시오.

TOPIK 16회 35번

〈입주자 구함〉

◆ 방1, 부엌, 화장실
◆ 월세 50만 원(관리비 포함)
◆ 지하철 2호선 대림역 1번 출구에서 걸어서 3분
◆ 바로 들어오실 분 환영

☎02) 1234-4989

① 혼자 살 사람을 구한다.
② 근처에 지하철역이 있다.
③ 관리비를 따로 내야 한다.
④ 집에서 요리를 할 수 없다.

기출문제

※ 다음을 보고 내용이 같은 것을 고르십시오.

TOPIK 15회 37번

어린이 놀이터가 달라지고 있다. 동화 속 세계를 그대로 옮겨 놓은 것 같은 신발 모양의 집, 숟가락 모양의 미끄럼틀, 동화 속 놀이터는 어린이들에게는 상상력을 키워 주고, 어른에게는 추억을 선물하는 공간이 될 것이다. 정부는 지난 어린이날 문을 연 종로구 어린이 놀이터를 시작으로 내년 5월까지 모두 100개의 이 놀이터를 만들 계획이다.

① 이 놀이터는 동화를 주제로 만들었다.
② 어린이날 이 놀이터에 가면 선물을 준다.
③ 이 놀이터는 어린이날에 문을 열 계획이다.
④ 이 놀이터는 현재 100개가 만들어져 있다.

TOPIK 14회 35번

〈한자 수강생 모집〉

· 한자 공부에 관심이 있는 분 누구나 환영
· 주 2회 2시간 / 주 3회 1시간 수업 중 선택
· 개인 수업 가능

☎ 3456-6789(09:00~18:00)

① 혼자서 따로 배울 수 있다.
② 어른은 이곳에서 배울 수 없다.
③ 언제든지 전화로 상담할 수 있다.
④ 일주일에 세 번, 두 시간씩 배울 수 있다.

TOPIK 13회 35번

이동 통신 회사가 새로운 문자 서비스를 시작했다. 이 서비스는 시민들이 버스를 타려고 할 때 버스가 언제 도착하는지를 휴대 전화 문자로 알려 주는 것이다. 이 서비스로 시민들은 한층 편리하게 대중교통을 이용할 수 있게 되었다. 이 서비스에는 교통 사고나 교통 상황 등에 관한 정보도 포함된다.

① 휴대 전화 문자 서비스로 교통이 막히지 않게 됐다.
② 휴대 전화 문자 서비스로 버스 이용이 더 편리해졌다.
③ 교통 사고 알림 서비스는 따로 신청해야 받을 수 있다.
④ 출퇴근 시간의 도로 정보를 버스에서 편하게 볼 수 있다.

[풀이] TOPIK 16회 35번의 답은 몇 번일까? 그렇다. ②이다.

제시글은 무슨 글인가? 안내글이다. 어떻게 알 수 있는가? 서술어에 '-이다', '-하다'의 문장이 없기 때문에 알 수 있다. 안내글과 그래프가 제시글이 되면 선택지를 보라고 했다. 빨리 확인해 보자.

① 혼자 살 사람을 구한다: 안내글에서 말하지 않았으므로 오답이다.
② 근처에 지하철역이 있다: ◆지하철 2호선 대림역 1번 출구에서 걸어서 3분. 맞았다.
③ 관리비를 따로 내야 한다: ◆월세 50만원(관리비 포함). 포함이라는 말이 있다. 틀렸다.
④ 집에서 요리를 할 수 없다: ◆방1, 부엌, 화장실. 부엌은 음식을 만드는 곳이다. 틀렸다.

그래서 답은 ②이다.

TOPIK 15회 37번의 답은? ①이다.

제시글은 무슨 글인가? '-이다', '-하다'로 되어 있으니까 설명글이다. 설명글은 글의 첫 번째 문장을 보는 것이 중요하다고 했다. 문장별로 확인해 보자. 굵은 글씨를 확인하면 맞는 것과 틀린 것을 알 수 있다.

첫 번째 문장-어린이 놀이터가 달라지고 있다: 선택지와 비슷한 말이 없다.
두 번째 문장-동화 속 세계를 그대로 옮겨 놓은 것 같은 신발 모양의 집, 숟가락 모양의 미끄럼틀, **동화 속 놀이터**는 어린이들에게는 상상력을 키워주고, 어른에게는 추억을 선물하는 공간이 될 것이다: ① 이 놀이터는 동화를 주제로 만들었다. 맞다.
세 번째 문장-정부는 **지난 어린이날 문을 연** 종로구 어린이 놀이터를 **내년 5월까지 모두 100개의 이 놀이터를 만들 계획**이다: ③ 이 놀이터는 어린이날에 문을 열 계획이다. 아니다. 문을 열었다. ④ 이 놀이터는 현재 100개가 만들어져 있다. 아니다. 만들 계획이다. 둘 다 틀렸다.

그러므로 답은 ①이다.

TOPIK 14회 35번의 답은 몇 번인가? ①이다. 다시 확인해 보자.

제시글은 안내글이다. 문장이 명사형으로 끝난다. 다시 말해, '환영, 선택, 가능'으로 끝난다. 이 문제 스타일은 선택지를 먼저 보고 안내글을 보라고 했다. 확인해 보자.
① 혼자서 따로 배울 수 있다: ·개인 수업 가능. '개인'과 '가능'이라는 말을 알면 쉽다. 개인은 '혼자' 가능은 '할 수 있다'는 뜻이다. 맞다.
② 어른은 이곳에서 배울 수 없다: ·한자 공부에 관심이 있는 분 환영. '누구나'라고 했다. 누구나는 '모든 사람'이다. 그래서 틀렸다.
③ 언제든지 전화로 상담할 수 있다: ☎ 3456-6789(09:00~18:00). 오전 9시부터 오후 6시까지이다. 틀렸다.
④ 일주일에 세 번, 두 시간씩 배울 수 있다: ·주 2회 2시간 / 주 3회 1시간 수업 중 선택. 틀렸다.

그러므로 답은 ①이다.

기출문제

TOPIK 13회 35번의 답은 ②이다.

빨리 풀어 보자. 제시글은 무슨 글인가? 설명글이다. 그러면 첫 문장을 빨리 보고 그와 관련된 선택지를 확인해 보자. 처음 문장과 관련된 것은 선택지에 없다. 두 번째 문장은 '언제 버스가 도착하는지 알려준다'고 했으니까 ②와 정확히 맞는다. 나머지 문장을 확인해도 밑의 선택지와 맞지 않음을 알 수 있다.

제시글에 따라 다음처럼 연습을 해 보자.

설명글	제시글을 먼저 보고 선택지를 확인한다.
안내글, 그래프	선택지를 먼저 보고 제시글을 확인한다.

기출문제 정리

기출문제를 확인해 보자. 35번, 36번은 각각 3점씩이고 37번, 38번은 각각 4점씩이다. 그래프 문제는 보통 36번에 나왔다. 그래프 문제가 가끔씩 어렵게 나오기도 한다. 제시글은 보통 세 문장이다.

안내글은 내용상 안내하는 글이면서 형식상 명사형으로 끝나는 글을 말한다. 설명글은 '-이다', '-하다'로 끝나는 글을 설명글이라고 했다.

회차	내용
16회	35. 안내글-입주자 구함 36. 그래프-1년간 선물 비용 37. 안내글-제12회 가족 그리기 대회 38. 설명글-서울시의 두 번째 차 없는 날 행사
15회	35. 설명글-모기에 잘 물리지 않으려면 36. 그래프-전화 가입자 수 37. 설명글-어린이 놀이터의 변화 38. 안내글-시민 아이디어 공모
14회	35. 안내글-한자 수강생 모집 36. 그래프-늘어나는 중고차 수출 37. 설명글-시민 공원 수영장이 이용하기에 좋음 38. 설명글-영화 '우리의 강' 연극으로

13회	35. 설명글-휴대 전화 문자 서비스 36. 그래프-인구 비율 그래프 37. 설명글-한 영화 덕분에 핸드볼의 인기가 높아짐 38. 안내글-연극 지하철 1호선 광고
12회	35. 설명글-국립중앙박물관 무료 관람 36. 설명글-엄마의 목소리가 시끄러운 소리보다 잘 들림 37. 설명글-지하철 시청역에서의 작은 음악회 38. 그래프-당신을 행복하게 만드는 힘은?
11회	35. 설명글-약국은 번갈아 쉼 36. 그래프-회사를 그만두고 싶을 때 37. 설명글-엘리베이터 정기 점검 38. 설명글-가족 음악회 안내문
10회	35. 안내글-도서관 이용 36. 그래프-결혼하고 싶은 여성의 첫 번째 37. 설명글-숲 여행 프로그램 38. 설명글-이번 달 취업률

▶ **설명글-안내글-순으로 많아**

　설명글이 15회 출제되어 가장 많았다. 그 다음으로는 안내글이 6회 출제되었다. 그래프로 출제된 것은 7회였다.

　설명글이나 안내글은 빠른 시간에 정확하고 빠르게 보도록 하자. 제시글과 선택지를 빠르게 연결해 맞는지 틀리는지 확인하는 연습을 많이 해야 한다. 그래프 문제도 마찬가지이다.

연습문제

※ [1~6] 다음을 보고 내용이 같은 것을 고르십시오.

1

'고구마 김치'라는 말을 들어 본 적이 있는가? 고구마 김치는 배추나 파 대신에 고구마로 김치를 만든 것이다. 바로 만들어 먹으면 누구나 좋아하는 신선한 맛이 난다. 또한 고구마는 소화를 도와주기 때문에 반찬이나 간식으로도 매우 좋다.

① 고구마 김치는 고구마, 배추, 파를 섞어서 만든다.
② 고구마 김치는 맵기는 하지만 신선하기도 하다.
③ 고구마 김치는 빨리 소화가 되어 언제든지 좋다.

2

'공주병'하면 생각나는 말은 '잘난 척하다'이다. 이 말을 통해 공주병이라는 말이 매우 부정적으로 사용되고 있음을 쉽게 알 수 있다. 그러나 보통의 남자들이 어느 정도 잘난 것처럼 생각하는 왕자병이 있는 것처럼 여자들도 공주병이 있음을 알아주었으면 한다. 이 세상 사람 누구나 잘났다고 생각해야 기분 좋게 살 수 있을 것이다.

① 공주병은 잘난 여자들만 가지고 있다.
② 공주병은 긍정적인 뜻을 가지고 있지 않다.
③ 보통 남자들은 잘났다고 생각하지 않는다.

3

신종플루 예방 요령

1. 외출 후에는 반드시 손을 씻고 평소 손 씻기를 생활화하세요.
2. 기침과 재채기를 할 때에는 휴지나 손으로 가리고 하세요.
3. 열이 나면 마스크를 하고 가까운 병원에 가서 진찰받으세요.
4. 열이 많이 나고 기침이 심하면 사람들이 많은 곳에 가지 마세요.

① 외출 전에 반드시 손을 씻는다.
② 기침을 할 때에는 가리고 한다.
③ 열이 나면 약국에서 약을 사 먹는다.

4

엠비시의 **무릎팍도사**는 인기있는 사람들과 대화를 나누는 프로그램이다. 인기인의 장점만 이야기하는 것이 아니라 단점과 아픈 점도 모두 이야기를 해서 화제가 되곤 한다. 그리고 사회자는 마지막에 인기인의 문제점에 대한 해결 방법을 웃기는 방식으로 제시한다.

① 무릎팍도사는 인기인의 장점만 주로 이야기한다.
② 무릎팍도사는 정치인들의 토론 프로그램이다.
③ 무릎팍도사는 해결 방법을 보여주는 프로그램이다.

5

예전보다 노인들이 더 오래 산다. 그런데 오래 살면 경제적인 문제가 발생한다. 즉, 오래 살면 경제적으로 풍부해야 할 텐데 그렇지 않을 수 있다. 정부에서는 노인들이 일을 할 수 있도록 직장을 만들어 제공해야 하고 노인들도 새로운 지식이나 기술을 배우는 모습이 필요하다.

① 노인들이 오래 살면 문화적·경제적인 문제가 생긴다.
② 정부는 노인들에게 연금 혜택을 더 많이 주어야 한다.
③ 노인들은 시대에 맞는 기술과 지식을 익혀 활용해야 한다.

6

영화 '해운대'가 드디어 관객 천 만 명이 넘었다. 파도가 부산이라는 도시를 덮친다는 재난 영화이다. 이 영화는 한국적인 가족의 중요성을 관객에게 보여주어 성공했다. 관객들은 자신보다는 가족을 대신해 죽는 사람들을 보면서 감동했다.

① 해운대는 정신적인 문제를 다룬 영화다.
② 해운대는 가족 사랑이 무엇인지 보여주었다.
③ 관객들은 어려움에서 살아 남은 사람들 때문에 감동한다.

연습문제

※ [7~10] 다음을 보고 내용이 같은 것을 고르십시오.

7

〈입주자 구함〉

- 방2, 부엌, 화장실, 욕실
- 보증금 백만원에 월 20만 원(관리비 미포함)
- 지하철 2호선 신촌역 3번 출구에서 걸어서 2분 거리
- 여대생 환영

① 집에서 지하철역이 멀다.
② 관리비는 따로 내야 한다.
③ 남학생만 입주할 수 있다.

8

〈새해 환경 마라톤 대회〉

- 대   상: 마라톤 동호인 및 일반 시민
- 일   시: 2011년 3월 27일(일) 10:00 출발 (집합: 09:00)
- 종   목: 하프 마라톤/10㎞ 달리기/ 5㎞ 달리기
- 참가비: 하프(5만원), 10㎞(4만원), 5㎞(3만원)
※ 기념품은 하프와 10㎞ 참가자 분께만 드립니다.

① 8세 이하 어린이는 참가할 수 없다.
② 9시 30분까지 가면 출발할 수 있다.
③ 참가비는 하프, 10㎞, 5㎞ 각각 다르다.

9

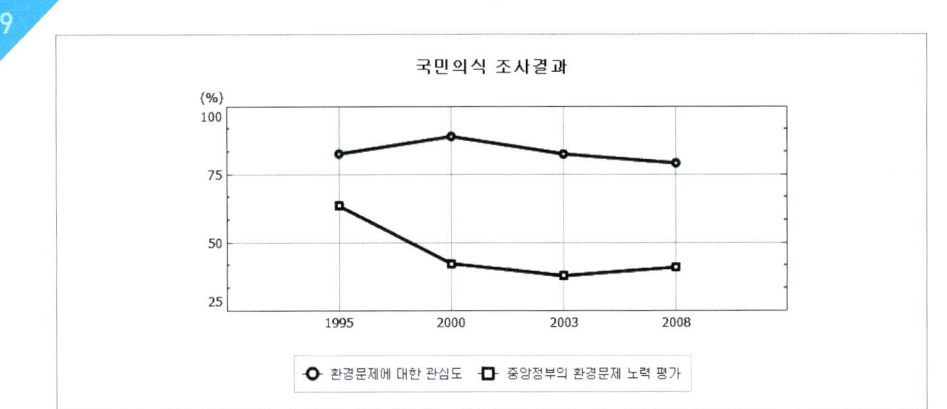

출처-환경부

① 환경문제에 대한 관심도가 계속 높아지고 있다.
② 2000년에 환경문제에 대한 관심도가 가장 높았다.
③ 정부의 환경문제에 대한 노력은 점점 상승하고 있다.

10

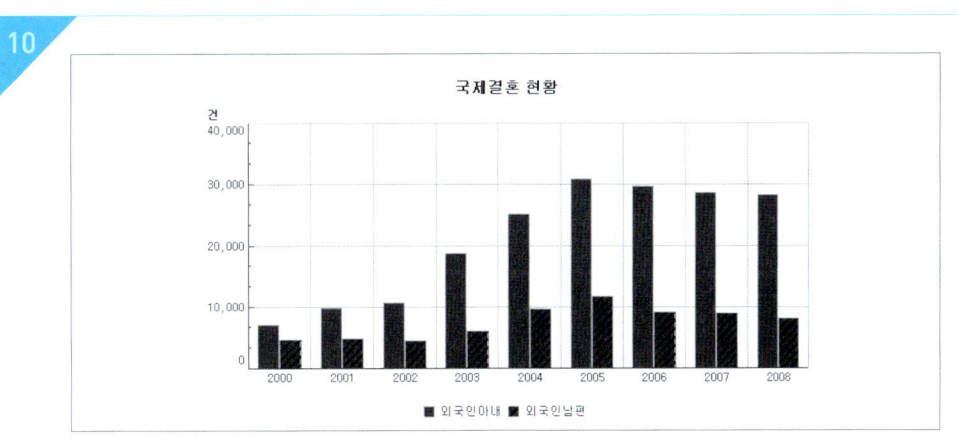

출처-통계청

① 외국인 아내는 점점 증가하고 있다.
② 2004년에 외국인 남편이 가장 많았다.
③ 외국인 남편은 2002년도가 가장 적었다.

연습문제

※ [11~12] 다음을 보고 내용이 같은 것을 고르십시오.

11

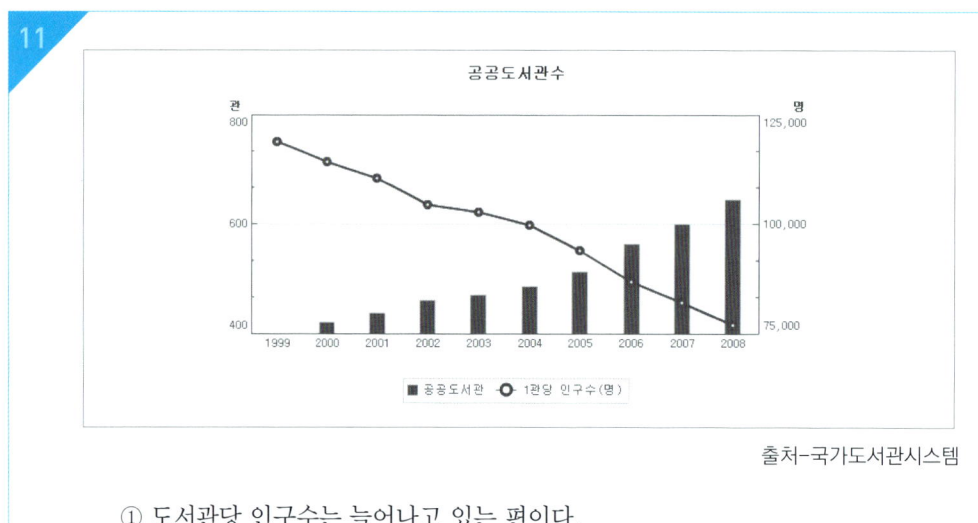

출처-국가도서관시스템

① 도서관당 인구수는 늘어나고 있는 편이다.
② 공공도서관은 2008년에 육백 관 미만이다.
③ 공공도서관의 수는 계속적으로 증가하고 있다.

12

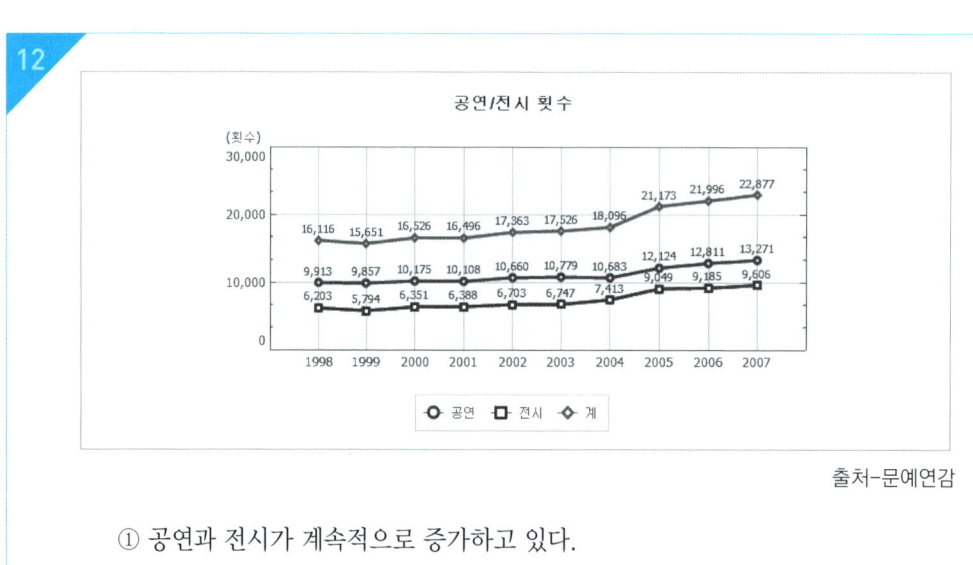

출처-문예연감

① 공연과 전시가 계속적으로 증가하고 있다.
② 공연이 전시보다 항상 더 많은 것은 아니다.
③ 전시는 2007년에 1만 회가 안 되었다.

예상문제

※ [1~2] 다음을 보고 내용이 같은 것을 고르십시오.

1

취업 준비만 하는 사람들이 110만 명이 넘었다고 한다. 이러한 사람들을 니트족이라고 한다. 이 사람들은 취업도 하지 않고 일도 하지 않는다고 한다. 이 사람들에게 필요한 것은 일을 하려는 적극적인 마음이다. 그리고 정부도 이 사람들이 취업할 수 있도록 취업 자리를 늘려주고 경제적인 도움도 주어야 할 것이다.

① 취업 준비만 하는 사람들이 딱 110만 명이다.
② 정부는 취직할 수 있는 곳을 많이 늘려야 한다.
③ 정부는 자신감을 가지고 일을 열심히 해야 한다.
④ 니트족은 일은 열심히 하지만 취업을 하지 않는다.

2

소설은 18세기에 등장해 많은 독자들에게 감동을 주었다. 많은 사람들이 소설을 좋아한 이유는 소설이 독자가 살고 있는 현실을 보여주었기 때문이다. 즉, 소설 속의 주인공은 독자와 같은 현실의 어려움, 슬픔 등을 겪지만 이를 극복해 나갔다. 소설을 이런 식으로 보면, 독자는 소설 속의 주인공이 되고 싶었다고 볼 수 있다.

① 소설은 18세기 이전부터 등장했다.
② 소설에는 현실의 어려움만 포함되어 있다.
③ 소설 독자들은 주인공이 멋있다고 느낀다.
④ 소설을 읽고 독자들은 사람들과 싸우기도 한다.

예상문제

※ [3~6] 다음을 보고 내용이 같은 것을 고르십시오.

3

〈딩동댕 음악교실 신입생 모집〉

▲ 대 상: 3~6세
▲ 주 2회 3시간/ 주 3회 2시간 중 선택
▲ 3인 이상만 가능
☎ (02) 887-1237 (09:00~18:00)

① 어머니도 배울 수 있다.
② 어린이만 배울 수 있다.
③ 일주일에 8시간 배운다.
④ 일주일에 세 번, 세 시간 동안 배운다.

4

　도서관이 점점 좋아지고 있다. 예전의 도서관에는 공부할 수 있는 열람실과 책을 빌려주는 도서대여실밖에 없었다. 하지만 요즘은 정보실이 있어서 컴퓨터로 자료를 찾거나 일을 할 수 있고, 어린이 방도 있어서 어린이들이 마음대로 그림책을 볼 수 있게 되었다. 게다가 장애인들을 위해서 책을 무료로 집까지 배달해 주기도 한다.

① 요즘 도서관이 더욱 발전하고 있다.
② 예전에는 도서관에 열람실만 있었다.
③ 요즘에는 정보실에서 그림책을 볼 수 있다.
④ 장애인들은 책을 빌리려면 도서관에 와야 한다.

5

공원에는 푸르른 나무가 많아서 맑고 깨끗한 공기를 마실 수 있다. 게다가 가족이나 친구들끼리 산책하면서 휴식을 취할 수도 있다. 이뿐만이 아니다. 아빠들은 아이들과 게임도 하고 야구도 하면서 스트레스를 풀 수 있다. 이것들만 보아도 공원이 왜 더 많아져야 하는지 알 수 있다.

① 가족과 친구들과는 공원에 자주 간다.
② 아빠들은 아이들과 운동을 할 수 있다.
③ 공원에서만 깨끗한 공기를 마실 수 있다.
④ 휴식은 취할 수 있지만 스트레스는 풀기 어렵다.

6

국내에서 팔리고 있는 청바지 중 최고가는 600만 원에 가까운 것으로 나타났다. 얼마 전 한 백화점에서 청바지 한 장을 598만 원에 선보였고 실제로 팔려나갔다. 이와 같은 고가의 청바지를 **빼면** 명품 브랜드들의 청바지 가격은 100만 원 정도가 대부분이다. 그러나 이 청바지들도 보통 사람들이 사기에는 무척 비싼 가격이다.

① 최고가의 청바지는 600만 원이었다.
② 유명 청바지들은 보통 백 만원 안팎이다.
③ 최고가의 청바지는 실제로 판매되지 않았다.
④ 보통 사람들도 이 청바지들을 살 때가 있다.

예상문제

※ [7~10] 다음을 보고 내용이 같은 것을 고르십시오.

7

〈시민 아이디어 공모〉

청소년의 금연을 확대하기 위한 **좋은** 아이디어를 모집합니다.

참가 자격: 우리나라 국민
접수 기간: 8월 1일(월) ~ 8월 31일(수)
결과 발표: 10월 15일(금) 보건소 홈페이지
수   상: 보건복지부 장관상 수여, 상금 300만 원
         보건복지부 차관상 수여, 상금 200만 원

① 결과는 직접 전화로 알려준다.
② 접수 기간은 8월 한 달 동안이다.
③ 성인의 금연을 늘리기 위한 것이다.
④ 상은 장관상이 있고 상금은 500만 원이다.

8

  주위에 담배나 술을 끊는 사람들이 많아졌다. 건강 때문에 그렇다고 한다. 최근 〈끊어라〉라는 책이 나와서 화제이다. 저자는 인생에서 불필요한 것을 먼저 고르라고 한다. 그 다음에는 한 번에 끊으라고 주장한다. 심하게는 텔레비전 보기나 인터넷 활동도 끊으라고 주장한다. 끊으면 자기가 할 수 있는 일을 할 수 있다고 한다.

① 담배를 끊기가 참 어렵다.
② 텔레비전 드라마만 시청해야 한다.
③ 컴퓨터에서 이메일은 확인해야 한다.
④ 의미없는 행동은 바로 그만둬야 한다.

9

"파리"와 함께라면
언제 어디서나 무선 인터넷이 된다.

파리란? 언제 어디서나 무선 인터넷 접속을 제공하는 휴대용 무선공유기

▶ 무선 인터넷이 안에 있는 노트북, 아이팟 터치, 피에스피 등 모든 디지털 기기에서 자유롭게 무선인터넷 접속 가능
▶ 최대 3회까지 인터넷 접속 가능
▶ 무제한 요금제 가입시 기계 무료로 제공
▶ 단, 지하에서는 할 수 없습니다.
▶ 가입문의: 080-000-1111 www.pari.co.kr

① 파리는 무선/유선 인터넷을 할 수 있게 한다.
② 파리는 노트북, 아이팟 터치에서만 할 수 있다.
③ 무제한 요금제에 가입하면 기계를 무료로 준다.
④ 파리는 지하에서도 사용할 수 있어서 편리하다.

10

〈한국문화센터 수강생 모집〉

◆ 수강 명칭: 천연 비누/ 화장품/ 인형 만들기
◆ 수강 시간: 원하는 시간에 수강할 수 있음. 단, 수요일은 제외.
◆ 수강 특전: 회원이 되면 '천연 비누'는 무료로 들을 수 있음.
◆ 수강 장소: 4호선 범계역에서 가까움.

① 인형 옷 만들기도 있다.
② 65세 이후이면 수강할 수 없다.
③ 누구나 천연 비누는 공짜로 듣는다.
④ 수요일만 빼고 수강하고 싶을 때 들을 수 있다.

예상문제

※ [11~14] 다음을 보고 내용이 같은 것을 고르십시오.

11

〈제3회 한글창제 기념 글짓기 대회〉

- 일   시: 2011년 3월 27일(일) 오후 2시~5시
- 장   소: 서울 역사 박물관(비가 올 경우 세종문화회관)
- 참가 대상: 초·중·고등학생
- 시 상 식: 4월 10일(일) 2시, 세종문화회관
※ 수상 작품은 계간〈한글사랑〉에 실립니다.

① 올 가을에 글짓기 대회가 있다.
② 대학생도 대회에 참가할 수 있다.
③ 수상작은 나중에 잡지로 읽을 수 있다.
④ 눈이 오거나 비가 오면 대회는 취소된다.

12

　한국 사회의 남아 선호 사상이 사라지고 있다. 연구소의 조사 결과에 따르면 아버지는 첫째를 아들보다 딸을 더 원한다고 한다. 어머니도 아들보다 딸을 낳고 싶다고 말하는 사람이 더 많아졌다. 이런 현상이 발생한 이유는 여성의 사회적 진출이 늘어났고 여성도 남성과 같다는 생각이 증가했기 때문이다.

① 한국 사회는 남아 선호 사상이 강하다.
② 아버지는 딸을 원하고 어머니는 아들을 원한다.
③ 한국 사회는 남아 선호보다는 여아 선호로 가고 있다.
④ 이런 현상은 여성이 남성보다 사회적으로 성공했으므로 발생했다.

13

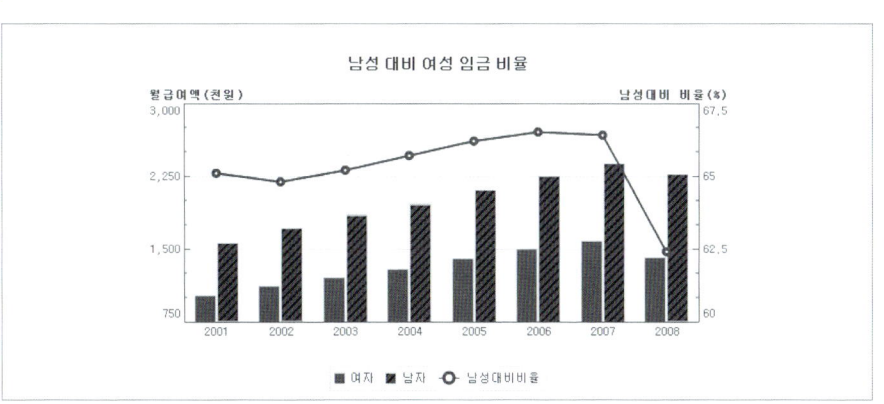

출처-노동부

① 남성의 임금은 언제나 여성보다 높았다.
② 여성의 임금은 2006년도에 가장 높았다.
③ 남성과 여성의 임금은 2005년도에 같았다.
④ 여성의 임금은 남성과 비교하면 70%이상이다.

14

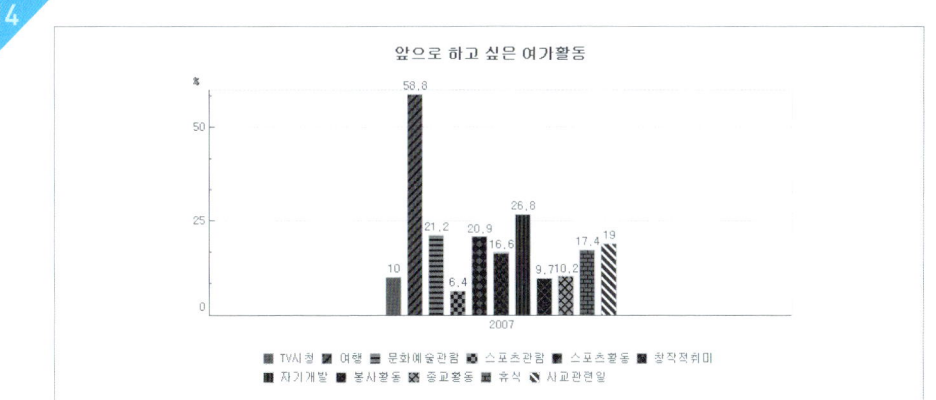

출처-통계청

① 자기 개발이 가장 높게 나왔다.
② 스포츠 관람이 가장 적게 나왔다.
③ 휴식하고 싶은 사람은 전혀 없었다.
④ 여행하고 싶은 사람의 비율도 26.8%였다.

예상문제

※ [15~16] 다음을 보고 내용이 같은 것을 고르십시오.

15

출처-방송통신위원회

① 인터넷 이용률은 2000년에 50.1%였다.
② 2009년도의 인터넷 이용률은 77.1%이다.
③ 2006년도에 인터넷 이용률이 가장 높았다.
④ 2001년도에 인터넷 이용률이 55%를 넘었다.

16

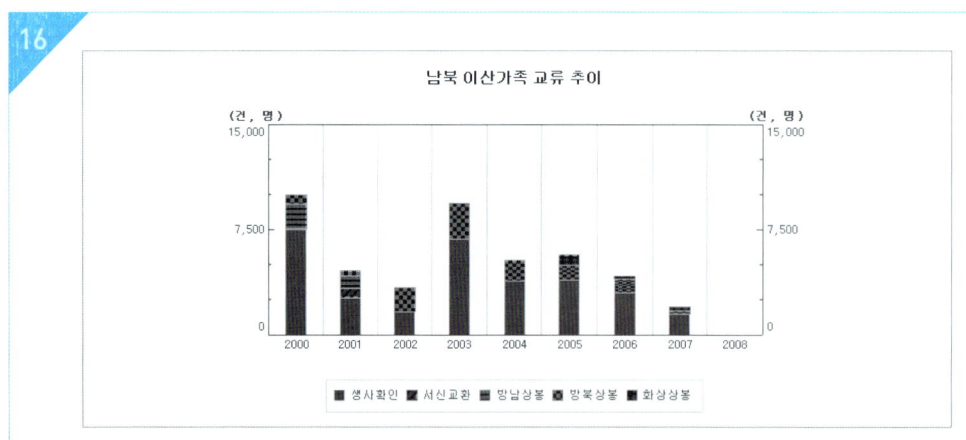

출처-통일부

① 2001년에 생사확인이 가장 많았다.
② 이산가족 교류는 2000년도가 가장 많았다.
③ 2005년부터 이산가족 교류가 줄어들고 있다.
④ 2000년도는 이산가족의 방북상봉이 가장 많았다.

2장 논리적으로 읽고 고르기

1과 중심 생각 고르기

이 문제 유형에서는 한 문단의 글을 읽고 문단 전체를 말하는 문장을 선택지에서 골라야 한다. 이를 **중심 문장**이라고 한다. 중심 문장은 한 문단의 **중심 생각**을 드러낸다. 한 문단은 보통 세 문장에서 다섯 문장으로 구성되는데 이 중에는 중심 문장이 있다. 이 문제 유형을 풀기 위해서는 문장들이 전체적으로 무엇을 말하고 있는가를 생각해야 한다. 이 문제 유형은 문단의 흐름을 확인해야 풀 수 있다. 다음은 그 **비법**이다.

첫째, 첫 문장과 마지막 문장에 주목하라. **첫 문장과 마지막 문장**이 의미가 같다면 이것이 중심 생각이다.

둘째, '그러나', '하지만', '그렇지만', '그런데'라는 말이 나왔으면 그 바로 앞의 문장은 별로 중요한 문장이 아니다. **그 말들 뒤의 문장이 중심 생각**이 될 확률이 많다.

셋째, '그래서', '그러므로', '따라서', '그렇기 때문에'가 나오는 문장만 확인하면 중심 생각을 바로 확인할 수 있다. 다음 기출문제를 풀어보자.

기출문제

※ 다음을 읽고 중심 생각을 고르십시오.

TOPIK 16회 39번

건강을 위해 운동을 하는 사람들 중에는 아침부터 무리하게 운동을 하는 사람들이 적지 않다. 그런데 우리 몸은 밤새 쉬고 나면 운동에 적응할 준비가 되어 있지 않기 때문에 아침에 운동을 심하게 하면 다치기 쉽고 몸에 문제가 생길 수 있다. 따라서 아침에는 맨손 체조나 산책과 같은 가벼운 운동만 하고 심한 운동은 오후에 하는 것이 좋다.

① 아침 운동을 꾸준히 하면 건강이 좋아진다.
② 심한 운동도 매일 하면 몸이 적응하게 된다.
③ 아침에 운동을 심하게 하는 것은 피해야 한다.
④ 운동 중에 다치는 일이 없도록 주의해야 한다.

기출문제

TOPIK 15회 39번

요리사는 재료를 가지고 자신의 생각을 표현하고 맛을 창조하는 예술가이다. 그런데 우리 주변에는 요리사를 예술가로 생각하는 사람이 많지 않다. 그러나 요리사도 미술가나 음악가처럼 자신만의 맛을 내고 새로운 요리를 창조하기 위해서 끊임없이 노력한다.

① 요리사도 예술가로 볼 수 있다.
② 요리사가 미술가나 음악가보다 훌륭하다.
③ 요리사는 맛을 창조하기 위해 노력해야 한다.
④ 요리사는 재료가 좋으면 좋은 맛을 낼 수 있다.

TOPIK 14회 40번

어떤 사람들은 만화책이 아이들에게 나쁜 영향을 준다고 걱정한다. 내용도 좋지 않고 공부에 방해가 된다는 생각 때문이다. 그러나 요즘 서점에 가 보면 괜찮은 만화책이 많이 나와 있다. 이해하기 어려운 역사나 경제를 쉽게 설명하는 만화도 있고 교과서의 내용을 재미있게 정리해 주는 것도 있다. 재미있게 읽을 수 있고 읽은 후에 뭔가 얻는 것도 있는데 만화책을 굳이 멀리 할 이유는 없다고 생각한다.

① 만화책은 다른 책보다 더 재미있다.
② 만화책도 공부에 도움이 될 수 있다.
③ 만화책은 늘 가까이 두고 읽어야 한다.
④ 공부에 도움을 주는 만화책을 만들어야 한다.

TOPIK 13회 41번

신체의 모든 기관은 서로 영향을 주고받는다. 그래서 시각, 후각, 미각 중 어느 하나도 다른 감각의 영향이나 도움을 받지 않고는 반응할 수 없다. 예를 들어 눈을 가리고 코를 막은 사람에게 양파를 주고 사과라고 말하면, 그 사람은 양파를 먹으면서도 그게 양파인 줄 모른다. 그것은 바로 미각이 후각 정보의 도움을 받아야 제대로 발휘되기 때문이다.

① 감각은 각기 독립적으로 작용한다.
② 감각의 상호 관계는 밝히기 어렵다.
③ 감각은 서로 긴밀하게 연결되어 있다.
④ 감각 중에서 미각이 제일 발달되었다.

풀이 TOPIK 16회 39번의 정답은 몇 번인가? ③이다.

첫 번째 문장과 마지막 문장을 보면 마지막 문장이 더 중요하다는 것을 알 수 있다. 종합해주는 말인 '**따라서**'가 있기 때문이다. '아침에는 가벼운 운동을, 오후에는 심한 운동을 하자.'가 중심 생각이다. 따라서 답은 ③이다.

TOPIK 15회 39번의 답은 ①이다.
첫 문장과 마지막 문장은 공통적으로 요리사는 창조하는 예술가라고 한다. 그러므로 ① '요리사도 예술가로 볼 수 있다'가 답이다.

TOPIK 14회 40번의 답은 ②이다.
이 문단에서 중요한 단어는 무엇인가? 바로 '**그러나**'이다. '그러나' 앞의 문장은 별로 중요하지 않다. '그러나' 뒤의 문장이 중요하다. 따라서 "요즘 서점에 가 보면 괜찮은 만화책이 많이 나와 있다."가 중요한 말이겠다. 글쓴이는 **만화책**에 대해 **긍정적**으로 보고 있다. 왜 만화를 긍정적으로 보는가? 역사, 경제, 교과서의 내용이 들어있기 때문이다. 만화는 공부와 관련되어 긍정적으로 볼 수 있다는 견해이다. 답은 당연히 ②이다.

TOPIK 13회 41번의 답은 ③이다.
첫 문장이 끝나자 '**그래서**'라는 접속사가 나온다. 정리한다는 말이다. '그래서' 다음의 문장은 **중심 문장**이다. 그 다음 문장에서 '그러나', '하지만', '그렇지만'이 나오지 않기 때문에 이 문단의 중심 문장을 이해하기 위해 더 이상 읽지 않아도 답을 찾을 수 있다. 따라서 ③이 답이다.

기출문제 정리

다음은 TOPIK 10회부터 16회까지 이 유형 문제의 중심 문장이 어디에 있는지 표시한 것이다. 중심 문장이 어디에 있는지와 어떤 접속사가 쓰였는지 확인하자.

회차	내용
16회	39. (따라서) 아침에는 가벼운 운동을, 심한 운동은 오후에 하자. 40. (그러나) 음식을 냉장고에 넣었다고 안심하면 안된다. 41. (따라서) 상황에 따라 적절히 화를 내는 게 좋다. 42. (그렇기 때문에) 교육자들은 계획을 세워 행동하는 습관을 기르라고 한다.
15회	39. (첫 문장, 그러나) 요리사도 창조하는 예술가이다. 40. (그런데) 전자제품을 고를 때는 환경을 생각해야 한다. 41. (두 번째 문장) 고향은 어릴 때의 추억 때문에 특별하다. 42. (마지막 문장) 배움은 책으로만 통해서 이루어지는 것은 아니다.

14회	39. (마지막 문장) 공공장소의 규칙은 누구나 지켜야 한다. 40. (그러나) 만화책도 공부에 도움이 될 수 있다. 41. (그러나) 눈에 보이지 않는 것들이 행복에 더 영향을 끼친다. 42. (마지막 문장) 다양한 체험 관광 상품을 만들어야 한다.
13회	39. (마지막 문장) 짐을 최대한 가볍게 싸야 즐거운 여행이 된다. 40. (첫 문장, 그러므로) 적성에 맞는 직장을 선택하는 것이 중요하다. 41. (첫 문장) 감각은 서로 긴밀하게 연결되어 있다. 42. (그런데) 상대적으로 가난할 때 더 불행을 느낀다.
12회	39. (하지만) 말씨로 마음씨를 판단하는 것은 옳지 않다. 40. (그렇지만) 좋은 일에 축하해 주는 친구가 진정한 친구이다. 41. (마지막 문장) 집에 가자마자 인터넷에 접속하는 사람이 많다. 42. (첫 문장) 사회 생활을 하다 보면 의견을 조정할 일이 많다.
11회	39. (마지막 문장) 인터넷보다 신문을 보는 것이 좋다. 40. (마지막 문장) 안내원은 손님에게 충분한 시간을 주어야 한다. 41. (그러므로) 음식에 적당한 온도를 유지하는 것은 요리의 기본이 된다. 42. (그런데) 고유한 전통문화가 없어지는 것이 문제이다.
10회	39. (마지막 문장) 나에게 알맞은 차를 마셔야 한다. 40. (마지막 문장) 힘들었던 경험이 오히려 인생에 도움이 된다. 41. (마지막 문장) 시장 후보들은 교통질서를 중요하게 생각해야 한다. 42. (그러나) 전기가 발명되어 잠을 못자는 사람들이 늘었다.

▶ 마지막 문장-그러나-첫 문장 순으로 많이 나와

실제로 중심 생각이 나오는 부분을 확인해 보니 마지막 문장이 10회로 가장 많았다. 다음으로 '그러나' 다음 문장이 7회가 나왔다. 여기에는 '하지만', '그렇지만'을 포함한 것이다. 다음으로 첫 문장이 4회 나왔다. '따라서', '그러므로', '그런데' 다음의 문장이 각각 2회씩 출제되었다. '그렇기 때문에' 다음 문장도 1회 나왔다.

연습문제

※ [1~3] 다음을 읽고 중심 생각을 고르십시오.

1

　가을은 우리에게 기쁨을 준다. 가을은 연인들에게는 걸으면서 데이트할 수 있는 좋은 날씨를 주고 농부에게는 곡식을 걷도록 허락한다. 하지만 가을은 환절기라서 감기에 가장 많이 걸리는 계절이기도 하다. 따라서 감기에 걸리지 않도록 주의해야 한다.

① 가을은 기쁨의 계절이다.
② 남녀는 가을에 데이트를 한다.
③ 가을에는 감기에 많이 걸린다.

2

　인터넷은 우리 생활에 여러 가지 좋은 점을 제공해준다. 이메일을 통해 다른 사람의 편지를 빠르게 확인할 수 있게 했고 다른 나라에 있는 친구와 이야기할 수 있게 했다. 그러나 최근 인터넷에 중독되어 우울증에 빠지기도 하고 사회 활동을 못하는 사람도 늘어나고 있다. 적당한 인터넷 활동만이 건강한 삶을 보장한다.

① 인터넷을 적당히 해야 건강에 좋다.
② 인터넷 검색은 생활에서 필수적이다.
③ 인터넷 활동은 단점보다는 장점이 많다.

3

　요즘 이혼하려고 하는 사람들이 증가하고 있다. 전문가들은 이럴 때 대화가 필요하다고 말한다. 먼저, 대화할 때는 진실하게 말해야 한다. 눈을 똑바로 바라보면서 이야기해야 한다. 다음으로, 화내지 말고 친절하게 이야기해야 한다. 대화 중에 화내는 것은 대화를 원하는 것이 아니기 때문이다.

① 부부는 사랑하면서 살아야 한다.
② 이혼의 위기에는 서로 이야기를 해야 한다.
③ 말할 때에는 진실하게 감정을 보여주어야 한다.

연습문제

※ [4~9] 다음을 읽고 중심 생각을 고르십시오.

4

　나는 농촌의 농산물을 싸게 살 수 있는 직거래 장터를 애용한다. 그 이유는 이곳의 농산물이 다른 가게보다 싸고 더 신선하기 때문이다. 예를 들면 이천의 쌀이나 제주의 한라봉을 직거래 장터에서 사면 일반 가게보다 삼분의 이 가격으로 싸게 살 수 있다. 게다가 매우 싱싱하다.

① 직거래 장터를 이용하면 좋다.
② 직거래 장터와 일반 가게는 비슷하다.
③ 이천의 쌀과 제주의 한라봉은 유명하다.

5

　고객을 위해 항상 웃으면서 친절하게 일하는 사람들을 감정 노동자라고 한다. 이들은 기분이 좋지 않아도 항상 웃어야 하고 고객이 무리한 요구를 해도 친절하게 말해야 한다. 당연히 이들에게는 스트레스가 심하다. 따라서 회사는 이 사람들에게 충분한 휴식 시간을 주고 월급도 다른 사원보다 더 지급해야 한다.

① 감정노동자는 언제나 친절하다.
② 감정노동자는 스트레스를 많이 받는다.
③ 회사는 감정노동자에게 관심을 보여야 한다.

6

　좋은 친구가 되려면 다음 세 가지를 지키는 것이 좋다. 첫째, 친구에 대해서 나쁘게 말하지 말라. 무조건 좋게 말하라는 것은 아니지만 나쁘게 이야기할 필요도 없다. 둘째, 친구의 이야기를 잘 들어라. 들음에서 신뢰가 나온다. 셋째, 친구가 원하지 않으면 절대로 충고하지 말라. 왜냐하면 감정이 상할 수 있기 때문이다.

① 좋은 친구가 되려면 솔직해야 한다.
② 좋은 친구는 듣기보다는 말을 많이 해야 한다.
③ 좋은 친구가 되기 위해서는 지켜야 할 행동이 있다.

7

　베스트셀러는 읽을 필요가 없다고 주장하는 사람들이 있다. 베스트셀러라고 해서 모두 좋은 책은 아니기 때문이라는 것이다. 그러나 베스트셀러를 읽으면 좋은 점이 더 많다. 그 중에서 중요한 하나를 고르자면, 많은 사람들의 관심사를 알 수 있게 된다는 점이다. 즉, 세상의 흐름을 쉽게 파악할 수 있다.

① 베스트셀러는 좋은 책이 아니다.
② 베스트셀러를 읽어야 할 이유가 있다.
③ 베스트셀러를 통해서 세상의 지식을 다 알 수 있다.

8

　휴대 전화 탓에 공부를 하지 않아 시험성적이 좋지 못한 학생들이 많다. 휴대 전화로 게임을 하거나 음악을 듣거나 친구와 자주 통화하기 때문이다. 휴대 전화에 몰두한 학생들이 많다는 이야기이다. 그렇지만 휴대 전화는 장점이 더 많다. 위험할 때에 경찰에 전화해 자기를 보호할 수 있고 친구와 깊은 이야기를 할 수 있어 우정을 쌓을 수 있기 때문이다.

① 휴대 전화로 게임을 하면 스트레스가 풀린다.
② 휴대 전화를 사용하면 두 가지 이득이 생긴다.
③ 휴대 전화 사용으로 공부를 못하는 학생들이 많다.

9

　한국 사람들은 '내 집 마련'이 중요한 과제인 듯하다. 그렇게 해야 가족이 안정적으로 잘 지낼 수 있다는 이유 때문이다. 그러나 꼭 집을 사야 할까? 나는 집을 빌려서 오랫동안 편하게 지내는 것이 더 좋은 것이라고 본다.

① 집을 마련해야만 편하게 살 수 있다.
② 집을 사는 것보다는 빌리는 것이 더 좋다.
③ 집을 사야하는 이유는 안정적인 삶 때문이다.

예상문제

※ [1~4] 다음을 읽고 중심 생각을 고르십시오.

1

　볼링 동호회 활동은 스트레스를 풀어주고 생활에 기쁨을 준다. 체육관이나 볼링 연습장에서 볼을 던지면 한 주 동안 쌓였던 스트레스가 풀려서 기분이 훨씬 좋아진다. 그리고 동호회 사람들과 저녁 식사에 맥주라도 함께 하다 보면 세상이 다 내 것처럼 느껴지기도 한다.

① 볼링 동호회에서 식사를 꼭 한다.
② 볼링 동호회는 체육관에서 모인다.
③ 볼링 동호회는 스트레스를 쌓이게 한다.
④ 볼링 동호회를 통해 불안하지 않게 된다.

2

　사람들은 그냥 열심히 일을 하면 성공하는 줄 안다. 그러나 구체적인 목적이 없으면 성공할 수 없다. 구체적인 목적의 조건은 '취직하기', '결혼하기', '내 집 장만하기' 등과 같은 실제적인 목적을 정하는 것이다. 다음으로 목적을 정했으면 죽어도 언제까지 꼭 해야겠다고 결심하는 것이다. 독자들은 자신이 어떻게 살아왔는지 곰곰이 생각해 보아야 할 것이다.

① 열심히 일해야 성공한다.
② 항상 구체적으로 생각해야 한다.
③ 독자들은 생활에서 실제적이어야 한다.
④ 구체적으로 목표를 정하고 살아야 한다.

3

결혼 상대자의 조건을 따져보는 것은 중요한 일이다. 특히 결혼 상대자의 경제적인 능력은 중요한 덕목이다. 그러나 결혼은 돈과 하는 것이 아니다. 기본적으로 상대자를 사랑하는 마음이 있어야 결혼해서 행복할 수 있다.

① 결혼은 애정이 있어야 할 수 있다.
② 결혼은 경제적인 조건이 기초이다.
③ 결혼은 조건을 생각해야 할 수 있다.
④ 결혼에서 중요한 것은 마음가짐이다.

4

성형수술에 반대하는 사람들이 많이 있다. 성형수술은 자연적인 아름다움이 아니라 인공적인 미를 추구하기 때문이라는 것이다. 하지만 성형수술은 사회생활을 할 때 더 좋다. 성형수술을 통해 자신감이 생긴다면 사회생활을 당당하게 할 수 있다. 그러므로 성형수술을 활용해 자신만의 아름다움과 자신감을 만들어보자.

① 성형수술에 반대하는 사람들이 많다.
② 성형수술과 사회생활은 관계가 없다.
③ 성형수술을 이용해서 사회생활을 하자.
④ 성형수술은 사람을 인공적으로 만든다.

예상문제

※ [5~8] 다음을 읽고 중심 생각을 고르십시오.

5

어떤 사람들은 소설을 읽는 것보다 실용적인 책을 읽는 것이 낫다고 한다. 그러나 소설이 실용서보다 좋을 때가 많다. 먼저 독자는 소설을 읽으면서 소설 속의 주인공과 같이 되어 소설 속의 어려움을 소설 속의 주인공과 같이 극복한다. 이러한 경험이 있는 독자는 실제 생활의 어려움을 극복할 수 있는 자신감을 가질 수 있다. 게다가 소설로 된 경제에 대한 책 등을 읽으면 경제에 대해서 쉽게 이해할 수 있고 실생활에 적응도 쉽게 할 수 있게 된다.

① 보통 사람들은 실용서를 더 좋아한다.
② 사람들은 소설을 통해서 배울 수 있는 점이 있다.
③ 소설 속의 주인공과 독자는 같은 사람일수도 있다.
④ 경제에 대해 소설로 쓰여진 책은 적용하기가 쉽지 않다.

6

출퇴근 시에는 대중교통을 이용해보자. 너나 할 것 없이 모두 자동차를 몰고 다니면 지구의 온도가 더 높아지기 때문이다. 실제로 지난 100년간 지구의 평균 온도가 약 2.4도 올랐다. 앞으로도 지금과 같이 자동차를 대중교통보다 선호한다면 지구는 이전보다 더 따뜻해져 인류에게 해가 생길 것이다. 그러므로 지하철과 버스를 비롯한 대중교통을 애용하여 지구를 지키자.

① 지구의 온도를 더 낮추어야 한다.
② 출근할 때만 대중교통을 이용하자.
③ 지난 100년간 지구의 온도가 올랐다.
④ 지구 온난화를 해결하기 위해 대중교통을 이용하자.

7

　방학이 되면 아이들을 학원에만 보내려는 어머니들이 있다. 아이들에게 수학이나 영어를 이전보다 더 가르치고 싶기 때문일 것이다. 하지만 이번 방학에는 아이들을 숲에서 놀게 하면 어떨까? 아이들은 숲에서 생명을 사랑하는 마음과 자연과 사람이 서로 살 수 있는 공존의 의미도 배우게 될 것이다. 21세기에는 이런 것들이 다른 과목들보다 더 중요해질 것이다.

① 어머니들은 수학과 영어가 중요하다.
② 어머니들은 숲을 별로 좋아하지 않는다.
③ 방학에 아이들을 숲에서 놀게 하면 좋겠다.
④ 방학에는 아이들에게 사랑하는 마음을 가르쳐야 한다.

8

　보통 남자들은 잘 울지 못한다. 남자답지 못하다는 이유 때문이다. 그러나 이제부터 남자도 슬픈 일이 있으면 울자. 우는 행위가 남자답지 못한 것이 아니다. 눈물을 참는 것은 건강에 해가 된다. 실컷 울면 마음이 깨끗해져 정신 건강에도 좋다. 따라서 남자도 때때로 울어야 한다.

① 남자보다 여자가 잘 운다.
② 우는 것은 남자답지 못한 행위이다.
③ 남자도 때때로 눈물을 보여야 한다.
④ 울음은 건강에 해가 되기도 하고 좋기도 하다.

예상문제

※ [9~12] 다음을 읽고 중심 생각을 고르십시오.

9

물건도 중요하지만 더 중요한 것은 디자인이다. 어떤 사람들은 물건만 좋으면 살 거라고 믿는다. 물론 그럴 수도 있다. 그러나 그것은 특수한 경우일 뿐이다. 물건이 좋은 데다가 예쁜 디자인이라면 누구나 산다. 그러므로 먼저 어떻게 디자인을 할 것인지 생각해 보자.

① 왜 디자인을 해야 하는지 생각해야 한다.
② 어떤 물건에 디자인을 해야 하는지 생각한다.
③ 물건이 좋으면 디자인과 관계없이 잘 팔릴 것을 생각한다.
④ 무슨 방법으로 디자인을 해야 많이 팔릴 것인지 생각한다.

10

현대에는 시인이 필요없다고 주장하는 사람들이 많다. 시가 더 이상 우리에게 현실적인 위로가 되지 않기 때문이라는 것이다. 그렇지만 시를 읽으면 우리는 마음이 깨끗해지고 시인처럼 꿈꿀 수 있다. 현실은 어렵고 힘들지만 시 속에서 우리는 진실한 사랑을 배울 수 있고 사람과 자연의 좋은 미래를 바랄 수 있다. 이것이 시인이 지금보다 더 필요한 이유이다.

① 시는 현실이 어렵다고 한다.
② 요즈음 시인이 더 필요해졌다.
③ 시인은 더 이상 필요하지 않다.
④ 시를 읽으면 시인처럼 될 수 있다.

11

　요즘 달리기를 하는 사람들이 많아졌다. 이는 현대인들이 그만큼 건강에 관심이 많아졌음을 말해주는 것이다. 그러나 가끔씩 무리하게 달리다가 죽는 사람들이 있다. 이런 사고가 발생하는 이유는 자기 자신의 체력을 너무 믿었기 때문이다. 그러므로 달리기를 할 때에는 몸 상태가 어떤지를 확인하고 뛰어야 한다.

① 무리하게 달리기를 해서는 안 된다.
② 달리기 전에 체력을 확인해야 한다.
③ 달리기는 건강을 위해서 하는 운동이다.
④ 달리기를 하다가 많은 사람들이 죽었다.

12

　수학을 공부할 때 수와 식으로 풀지 말고 글로 천천히 쓰면 쉽게 이해할 수 있다. 먼저 배운 내용을 글로 요약해 본다. 그러면 내가 무엇을 이해하는지 알 수 있다. 이해할 수 없는 내용은 쓸 수 없다. 다음으로, 배운 내용 중에서 가장 중요하다고 생각하는 내용과 관련된 문제를 직접 만들어 풀어 본다. 그렇게 계속하다 보면 수학이 쉬워질 것이다.

① 수학은 요약해야 잘할 수 있다.
② 수학은 이해해야 잘할 수 있다.
③ 수학은 글로 써봐야 잘할 수 있다.
④ 수학은 문제를 직접 만들어야 잘할 수 있다.

예상문제

※ [13~16] 다음을 읽고 중심 생각을 고르십시오.

13

　요즘 늦게 결혼해서 아기를 낳는 여성이 늘어나고 있다. 그런데 여성이 적지 않은 나이에 아기를 낳으면 아기가 건강하지 않거나 몸무게가 적은 경우가 있다고 한다. 게다가 아기를 낳은 여성도 건강에 문제가 생길 수 있다. 따라서 되도록 일찍 결혼하면 어떨까? 그렇게 되면 아기도 여성도 건강할 수 있다.

① 늦게 결혼해서 아기를 낳는 여성이 증가한다.
② 가능하면 **빨리** 결혼해서 아기를 낳는 것이 좋다.
③ 늦은 나이에 아기를 낳으면 건강에 문제가 있다.
④ 여성이 늦은 나이에 아기를 낳으면 건강에 문제가 생긴다.

14

　갑자기 실직을 하면 어떻게 살아야 할지 걱정이 된다. 일을 할 수 없을 뿐만 아니라 돈을 벌 수도 없기 때문이다. 하지만 실직을 기회로 사용해 보자. 지금까지 진짜로 하지 못했던 일들에 도전해 보자. 그러면 취업의 문이 활짝 열릴 것이다. 인생은 도전하는 자의 것이기 때문이다.

① 실직을 하지 않는 방법도 있다.
② 취업의 문은 언제나 열려 있다.
③ 실직은 인생의 새로운 기회이다.
④ 갑작스러운 실직은 근심만 줄 뿐이다.

15

살다 보면 용서 못할 사람들이 생긴다. 그 사람을 생각만 해도 화가 나고 자다가 벌떡 일어나게 된다. 하지만 그런 사람들을 진심으로 용서해야 한다. 용서는 남을 이해하게 하고 자기 자신을 평화로 가게 하는 힘이 있다. 그렇게 하지 않으면 남에 대한 미움만 더 커질 뿐이다.

① 용서는 쉽지 않은 일이다.
② 용서를 해야 평화로울 수 있다.
③ 용서를 하지 않으면 자신만 손해다.
④ 살면서 용서하지 못할 사람들이 있다.

16

요즘 사람들은 옛날 사람들보다 더 우울한 것처럼 보인다. 지하철 안의 사람들은 웃는 얼굴보다 화가 난 얼굴이거나 못마땅한 얼굴로 창문을 바라보고 있는 경우가 많다. 게다가 최근 통계에 따르면 한국의 자살률은 세계 최고라고 한다. 우울하다는 것은 행복하지 않다는 것이다. 그렇다면 이 세상에서 자기가 가장 소중하다는 생각을 가져야 한다. 거기에 행복의 출발이 있고 우울증의 탈출이 있다.

① 현대인들은 우울할 때가 많다.
② 화가 난 사람들이 늘어나고 있다.
③ 행복은 우울증을 탈출해야 존재한다.
④ 자존감을 가져야 진짜 행복할 수 있다.

2과 올바른 순서 고르기

이 문제 유형은 순서를 잘 이해해야 풀 수 있다. 이 유형은 두 가지 순서의 형태가 있다. 논리적인 순서와 시간적인 순서가 그것이다. 두 문제 유형 모두 일반적인 내용의 문장이 온 후 구체적인 문장이 온다.

먼저 논리적인 순서이다. '이유'를 논리적으로 설명하는 문제에서 보인다. 처음 문장을 확인하고 '왜?, 어떻게?, 무엇을?' 하고 물어 보자. 이유, 방법, 내용이 있는지 확인하는 것이다.

접속사로 보면, '그래서', '그러므로', '따라서' 등은 결론 문장이므로 마지막 문장에 올 확률이 높다. '그리고', '또', '게다가' 등은 앞에 대등한 문장이 있다는 뜻이므로 두 번째 문장이나 세 번째 문장에 올 확률이 높다. '그러나', '반면(에)', '그렇지만' 등의 말도 앞의 말을 부정하는 말이므로 두 번째나 세 번째 문장에 올 확률이 높다.

다음으로 시간적인 순서를 보이는 형태의 문제가 있다. 보통 옛날 이야기에서 등장하는데 '옛날에'로 첫 문장을 삼고 하나씩 설명한다. 이 형태의 문제는 천천히 보면 어렵지 않다.

이 문제 유형을 각 문장의 성격과 접속사 등으로 정리하면 다음과 같다.

	문장의 성격	논리적·시간적인 순서
첫 번째 문장	일반적인 문장	흔히, 옛날에, -하자, -이다,
두·세 번째 문장	구체적인 설명 문장	그러나, 그렇지만, 반면(에), -(기) 때문에, 또, 그리고, 즉, 이렇게, 그런데, 이러한, 그, 그렇다면~할까요?
네 번째 문장	결론 문장	그러므로, 따라서, 그래서

꼭 기억하자. 이 문제 유형은 일반적인 내용의 문장이 첫 문장에 오고 그 다음에 구체적인 문장들이 온다.

또 하나는 우리는 선택지에서 힌트를 얻을 수 있다. 선택지에서는 첫 번째 문장을 하나 또는 둘을 보여준다. 그 중에서 첫 문장을 선택하고 두 번째 문장을 찾는 것이다. 두 번째 문장부터는 위의 표를 참고하라.

기출문제

※ 다음을 순서대로 맞게 배열한 것을 고르십시오.

TOPIK 16회 43번

(가) 봄에 부는 먼지바람인 황사에는 눈과 목에 좋지 않은 성분이 많이 들어 있다.

(나) 반드시 외출을 해야 한다면 마스크와 안경을 쓰라고 전문가들은 권한다.

(다) 그리고 외출에서 돌아온 후에는 몸을 깨끗이 씻고 물을 많이 마셔서 몸속의 나쁜 물질을 내보내야 한다.

(라) 따라서 황사가 심할 때에는 가능한 한 외출을 하지 않는 것이 좋다.

① (가)-(나)-(라)-(다) ② (가)-(라)-(나)-(다)
③ (나)-(가)-(다)-(라) ④ (나)-(라)-(가)-(다)

TOPIK 15회 43번

(가) 그 사람들은 책을 샀을 때의 모양 그대로 깨끗하게 봐야 한다고 생각한다.

(나) 나는 책을 읽을 때 마음에 드는 부분에 표시하거나 메모를 한다.

(다) 이렇게 책을 읽는 방식이 사람들마다 다르기 때문에 어떤 것이 좋은 방법이라고 말할 수 없다.

(라) 그런데 어떤 사람들은 책에 표시하거나 메모하는 것을 매우 싫어한다.

① (나)-(가)-(라)-(다) ② (나)-(다)-(가)-(라)
③ (나)-(라)-(가)-(다) ④ (나)-(라)-(다)-(가)

TOPIK 14회 44번

(가) 미역국은 한국 사람이 즐겨 먹는 음식 중의 하나이다.

(나) 이러한 믿음은 큰 일을 이루기 위해 작은 것 하나에서부터 조심하고자 하는 마음에서 비롯되었다.

(다) 미역이 미끄러운 음식이라서 시험에도 미끄러져서 떨어질 수 있다고 믿기 때문이다.

(라) 그러나 중요한 시험을 앞두고는 보통 미역국을 먹지 않는다.

① (가)-(다)-(나)-(라) ② (가)-(다)-(라)-(나)
③ (가)-(라)-(다)-(나) ④ (가)-(라)-(나)-(다)

기출문제

TOPIK 13회 45번

(가) 반면 친구를 잘못 사귀어서 나쁜 길로 빠졌다는 얘기도 있습니다.
(나) 우리는 흔히 '먼 친척보다 가까운 친구가 낫다'라는 말을 합니다.
(다) 좋은 친구를 사귀는 최고의 방법은 좋은 친구를 바라기 전에 자신이 먼저 좋은 친구가 되는 것입니다.
(라) 그렇다면 좋은 친구를 사귀기 위해서는 어떻게 해야 할까요?

① (나)-(가)-(라)-(다) ② (다)-(가)-(라)-(나)
③ (나)-(다)-(가)-(라) ④ (다)-(나)-(가)-(라)

풀이 TOPIK 16회 43번의 정답은? 문제를 다시 보면서 확인해 보자.

(가) 봄에 부는 먼지바람인 황사에는 눈과 목에 좋지 않은 성분이 많이 들어 있다.
(나) 반드시 외출을 해야 한다면 마스크와 안경을 쓰라고 전문가들은 권한다.
(다) 그리고 외출에서 돌아온 후에는 몸을 깨끗이 씻고 물을 많이 마셔서 몸속의 나쁜 물질을 내보내야 한다.
(라) 따라서 황사가 심할 때에는 가능한 한 외출을 하지 않는 것이 좋다.

우리는 선택지 (가)와 (나)중에서 첫 번째 문장을 선택해야 한다. 어느 것이 첫 번째 문장인가? (가)인가? (나)인가? 선택기준은 어느 문장이 더 일반적이냐는 것이다. (가)이다. '봄에 부는 황사가 사람에게 안 좋다.'는 일반적인 문장이니까 말이다. 이와 달리 (나)는 (가)보다 더 구체적이다. 따라서 (가)가 첫 번째 문장이 된다. 이제는 ①과 ②에서 답을 골라야 한다.

(가)에서 '황사가 사람에게 좋지 않다'라고 했으니까 다음 문장은 '-을 해봐', '-하면 안돼'와 같은 문장이 올 것이다. 이에 적합한 문장은 (라)이다. (라)는 '외출하지 마.'라고 간접적으로 금지하고 있다. 그런데 (라)의 '따라서'는 (가)에 대한 '따라서'이지 이 문단 전체의 '따라서'가 아니다. 주의하기 바란다.

다음으로 (나)에서 '반드시 외출을 해야 한다면'이라고 했고 (다)에서 '그리고 외출에서 돌아온 후에는'이라고 했으니 연결할 수 있다.

그러므로 답은 ②이다. 다시 한 번 말하지만 첫 문장 다음에 '왜?, 어떻게?, 무엇을?'을 물어라. 첫 문장과 두 번째 문장만 확인하면 어렵지 않게 풀 수 있다.

TOPIK 15회 43번의 답은 ③이다. 다음의 제시한 문장들을 보고 왜 ③이 답인지 확인해 보자.

(가) 그 사람들은 책을 샀을 때의 모양 그대로 깨끗하게 봐야 한다고 생각한다.
(나) 나는 책을 읽을 때 마음에 드는 부분에 표시하거나 메모를 한다.
(다) 이렇게 책을 읽는 방식이 사람들마다 다르기 때문에 어떤 것이 좋은 방법이라고 말할 수 없다.
(라) 그런데 어떤 사람들은 책에 표시하거나 메모하는 것을 매우 싫어한다.

첫 문장이 무엇인가? (나)이다. 선택지에서 (나)라고 했다. 만약 선택지에서 첫 문장을 모두 다르게 제시한다면 어떻게 알 수 있는가? (가)에는 '그'라는 앞의 말을 받는 말이 나왔기 때문에 첫 문장이 될 수 없다. (다)는 '이렇게'라는 말이, (라)에는 '그런데'라는 말이 나왔기 때문에 당연히 (나)가 첫 문장이 된다.

그러면 다시 읽어 보자. (나) "나는 책을 읽을 때 마음에 드는 부분에 표시하거나 메모를 한다."의 다음 문장은 무엇인가? (라)가 된다. '어떤 사람들'이 처음 나왔기 때문이다. 그 다음은 (가) '어떤 사람들'을 '그 사람들'로 가리키기 때문이다. 마지막 문장인 (다)는 결론을 맺어주고 있다. 그러므로 ③이 정답이다. 그러므로 ③ (나)-(라)-(가)-(다)가 정답이다.

TOPIK 14회 44번의 답은 몇 번인가? 제시문을 보면서 확인해 보자.

(가) 미역국은 한국 사람이 즐겨 먹는 음식 중의 하나이다.

(나) 이러한 믿음은 큰 일을 이루기 위해 작은 것 하나에서부터 조심하고자 하는 마음에서 비롯되었다.

(다) 미역이 미끄러운 음식이라서 시험에도 미끄러져서 떨어질 수 있다고 믿기 때문이다.

(라) 그러나 중요한 시험을 앞두고는 보통 미역국을 먹지 않는다.

먼저 첫 문장을 확인해 보자. (가)이다. 선택지에서 (가)가 첫 번째 문장이라고 보여준다. 두 번째 문장은? (라)이다. 왜냐하면 (나)와 (다)는 (라)에 대한 이야기이니까 (가)-(라)로 이어진다. 다음 문장은 무엇인가? (라)에서 "-보통 미역국은 먹지 않는다."고 했으니까 우리는 "왜 먹지 않아?" 하고 물을 수 있다. 따라서 이유가 나와야 한다. 따라서 (다)이다. (다)에서 '-기 때문이다'라고 말한다. 마지막은 (나)이다. (나)에서는 (다)의 '믿기'를 '이러한 믿음'으로 받고 있다.
따라서 답은 ③ (가)-(라)-(다)-(나)이다.

TOPIK 13회 45번의 답은 무엇인가? 확인해 보자.

(가) 반면 친구를 잘못 사귀어서 나쁜 길로 빠졌다는 얘기도 있습니다.

(나) 우리는 흔히 '먼 친척보다 가까운 친구가 낫다'라는 말을 합니다.

(다) 좋은 친구를 사귀는 최고의 방법은 좋은 친구를 바라기 전에 자신이 먼저 좋은 친구가 되는 것입니다.

(라) 그렇다면 좋은 친구를 사귀기 위해서는 어떻게 해야 할까요?

첫 문장은 무엇인가? (나)인가? (다)인가? 첫 번째 문장은 일반적인 내용의 문장이 온다고 했다. 그렇게 보면 (나)가 첫 번째 문장이다. 다음 문장은? (가)이다. '반면'이라는 말을 보면 두 번째 문장이라는 것을 알 수 있다. 세 번째 문장은 (라)가 된다. 묻고 있기 때문이다. 마지막 문장은? (라)에 대한 대답인 (다)이다. 그러므로 ① (나)-(가)-(라)-(다)이다.

기출문제 정리

다음은 이 유형의 문제 내용을 TOPIK 10회부터 16회까지 정리한 것이다. 문제는 43~45번으로 세 문제가 출제되고 각 3점이었다.

회차	내용
16회	43. 황사에 대처하는 방법을 알자. 44. 우리 주변에도 미술 작품들이 있다. 45. 동물들에게 과자를 던져주지 말자.
15회	43. 책에 메모를 하는 사람과 안 하는 사람이 있다. 44. 가족과 친구들에게 비밀스러운 신호를 만들어 보내자. 45. 16세기까지만 해도 여성과 남성은 지위와 역할이 같았다.
14회	43. 외국에서는 몸이 아플 때가 가장 힘들다. 44. 이것이 한국인이 중요한 시험을 앞두고 미역을 먹지 않는 이유이다. 45. 이것이 아이를 돌보고 집안일을 하는 남성이 늘어난 원인이다.
13회	43. 놀부는 재산을 갖기 위해 집에서 흥부를 내쫓았다. 44. 최근에는 태양열로 가는 차를 준비하고 있다. 45. 친구를 사귀려면 내가 좋은 친구가 되자.
12회	43. 대화에서 말보다는 표정이나 몸짓이 중요하다. 44. 이것이 우리 조상이 한 구멍에 콩 세 알을 심은 이유이다. 45. 나무를 심자.
11회	43. 16세기 이후에 고춧가루가 들어와 현재의 김치가 되었다. 44. 과학자들이 쥐 실험을 통해 인간 생명을 늘일 수 있다고 믿게 되었다. 45. 이것이 겨울에 입에서 하얀 김이 나오는 이유이다.
10회	43. 그녀는 무용 공연을 보고 무용으로 전공을 바꾸었다. 44. 컴퓨터의 발명은 전쟁과 깊은 관련이 있다. 45. 정부에서 정년을 60세 이후로 연장하려는 이유는 두 가지이다.

▶ **이유-논리적인 구조-결론 등에 주목해서 공부해야**

앞에서도 지적했지만 이 문장 배열 문제는 첫 문장의 이유, 논리 등에 주목해야 한다. 다시 말해, 첫 문장을 발견한 다음에는 '왜?, 어떻게?, 무엇을?'하고 물어라. 결론에 쓰이는 '그러므로, 따라서, 그래서' 등의 말도 꼭 확인하라.

연습문제

※ [1~3] 다음을 순서대로 맞게 배열한 것을 고르십시오.

1

(가) 그 다음으로 이러한 열정을 보이기 위해 무슨 노력을 어떻게 했는지 써라.
(나) 마지막으로 열정과 노력에 대해 짧은 문장으로 써야 한다.
(다) 이력서를 쓸 때에는 먼저 회사와 일에 대한 열정이 보이도록 써라.
(라) 물론, 노력에 대해서 구체적으로 써야 한다.

① (가)-(나)-(라)-(다)　　② (가)-(나)-(다)-(라)
③ (다)-(가)-(나)-(라)　　④ (다)-(가)-(라)-(나)

2

(가) 흔히 한국 사람들은 '빨리빨리'를 좋아한다고 한다.
(나) 그래서 요즘 느리게 살기 운동이 펼쳐지고 있다.
(다) 그렇지만 빨리만 살면 중요한 것들을 놓칠 수 있다.
(라) 그리고 다른 사람들을 생각하지 않고 살 수 있다.

① (가)-(나)-(라)-(다)　　② (가)-(나)-(다)-(라)
③ (가)-(다)-(라)-(나)　　④ (가)-(라)-(다)-(다)

3

(가) 이도령은 갑자기 서울로 올라가게 되었다.
(나) 옛날에 남원에는 춘향이라는 미인이 살았다.
(다) 어느 날 우연히 이도령이 춘향이를 보게 되었다.
(라) 춘향이와 이도령은 사랑에 빠지게 되었다.

① (나)-(가)-(라)-(다)　　② (나)-(가)-(다)-(라)
③ (나)-(다)-(가)-(라)　　④ (나)-(다)-(라)-(가)

연습문제

※ [4~6] 다음을 순서대로 맞게 배열한 것을 고르십시오.

4

(가) 백지장도 맞들면 낫다는 말이 있다.
(나) 남도 도와야 나도 잘 될 수 있음을 알면 좋겠다.
(다) 하지만 요즘 사람들은 서로 돕기보다는 자기 일만 하려는 것 같다.
(라) 서로 도와주면 일을 쉽게 할 수 있다는 말이다.

① (가)-(라)-(다)-(나)   ② (가)-(라)-(나)-(다)
③ (나)-(가)-(다)-(라)   ④ (나)-(가)-(라)-(나)

5

(가) 외국인이 한국어를 배울 때는 실수를 자주 한다.
(나) "안녕히 계세요. 저는 스테판이에요."
(다) 어느 프랑스 사람이 한국어를 처음 배우고 하숙집 아줌마와 인사를 했다
(라) 아줌마는 먼저 반갑게 "스테판 씨, 안녕하세요."라고 했다.

① (가)-(다)-(라)-(나)   ② (가)-(다)-(나)-(라)
③ (다)-(가)-(나)-(라)   ④ (다)-(가)-(라)-(나)

6

(가) 보통 텔레비전을 보거나 잠을 자거나 한다.
(나) 이제부터 중요한 일들의 순서를 정해 시간을 쓰자.
(다) 시간은 생명이라는 말이 있다.
(라) 그런데 현대인들은 자기가 하고 싶은 일에 시간을 쓰지 않는다.

① (가)-(나)-(라)-(다)   ② (가)-(나)-(다)-(라)
③ (다)-(라)-(가)-(나)   ④ (다)-(가)-(라)-(나)

예상문제

※ [1~3] 다음을 순서대로 맞게 배열한 것을 고르십시오.

1

(가) 크게 물, 땅, 공기 세 편으로 되어 각 편마다 다양한 과학적 정보를 제공한다.
(나) 또한 환경을 지키기 위해 우리가 무엇을 해야 할 지 알려준다.
(다) 이 책은 환경 학자인 아버지와 작가인 아들이 같이 쓴 이야기이다.
(라) 특히, 물과 환경을 자세하게 설명한다.

① (가)-(나)-(라)-(다) ② (가)-(나)-(다)-(라)
③ (다)-(가)-(나)-(라) ④ (다)-(가)-(라)-(나)

2

(가) 아이들은 식사 예절을 배우고 부부 관계도 긍정적으로 바뀐다.
(나) 그리고 성장하는 아이들은 부모와 자연스럽게 친해질 수 있다.
(다) 즉, 아이들은 식사 예절을 통해 사회 관계 맺음의 연습을 할 수 있다.
(라) 온 가족이 모여서 가족 식사를 하면 좋은 점이 많다.

① (라)-(가)-(다)-(나) ② (라)-(가)-(나)-(다)
③ (가)-(라)-(나)-(다) ④ (가)-(라)-(다)-(나)

3

(가) 토끼는 맨처음 열심히 달렸으나 나중에는 낮잠을 잤습니다.
(나) 어느 날 토끼가 거북이에게 달리기 시합을 하자고 했습니다.
(다) 천천히 끝까지 간 거북이가 달리기 시합에서 우승했습니다.
(라) 옛날에 토끼와 거북이가 살았습니다.

① (라)-(다)-(나)-(가) ② (라)-(가)-(나)-(다)
③ (라)-(나)-(다)-(가) ④ (라)-(나)-(가)-(다)

예상문제

※ [4~9] 다음을 순서대로 맞게 배열한 것을 고르십시오.

4

(가) 고전은 영원히 읽을 만한 힘을 지닌 책들이다.
(나) 즉, 고전은 인생의 진리가 힘 있게 전달되는 작품이라고 할 수 있다.
(다) 이제부터라도 고전을 읽어 옛 지혜를 배우자.
(라) 그러나 요즘 사람들은 고전을 읽지 않고 가벼운 책들만 읽고 있다.

① (가)-(나)-(다)-(라)   ② (가)-(나)-(라)-(다)
③ (다)-(가)-(라)-(나)   ④ (다)-(가)-(나)-(라)

5

(가) 밤늦은 시간에 지하철에서 피곤해 하며 자는 사람들을 쉽게 볼 수 있다.
(나) 이럴 때의 한국 사람들을 파김치가 되었다고 한다.
(다) 이 사람들은 옷에 신경을 쓰지 못한 채 누워 있기도 한다.
(라) 이는 파로 만든 김치처럼 사람들이 힘이 없이 누워있거나 서있기 때문이다.

① (가)-(다)-(나)-(라)   ② (가)-(나)-(라)-(다)
③ (가)-(나)-(다)-(라)   ④ (가)-(다)-(라)-(나)

6

(가) 이럴 때일수록 고객 여러분께 더 나은 서비스로 보답하겠습니다.
(나) 우리 문고는 50년 전에 설립되어 지역사회에 봉사활동을 해 왔습니다.
(다) 요즘 경기가 안 좋아 우리 문고가 어려워졌습니다.
(라) 특히 각 동 새마을 문고에 책을 매년 기증해 왔습니다.

① (가)-(나)-(다)-(라)   ② (가)-(나)-(라)-(다)
③ (나)-(다)-(라)-(가)   ④ (나)-(라)-(다)-(가)

7

(가) 현대인들은 너무 바쁘게 사는 것 같다.
(나) 의미보다는 무조건 '돈'만 많이 벌면 최고라고 생각하기도 한다.
(다) 바빠도 의미가 있어야 하는데 왜 바쁜지 모르는 사람이 많다.
(라) 그렇다면 하루에 한 번 가장 소중한 것을 생각하는 시간을 갖는 것은 어떨까?

① (가)-(나)-(다)-(라) ② (가)-(나)-(라)-(다)
③ (가)-(다)-(라)-(나) ④ (가)-(다)-(나)-(라)

8

(가) 탈모의 이유 중 하나는 스트레스라고 한다.
(나) 요즘 탈모 인구가 늘어나고 있다.
(다) 상황이 안 좋아도 긍정적으로 살면 탈모도 없을 것이다
(라) 다시 말해 머리카락이 빠지는 사람이 많아지고 있다.

① (나)-(다)-(라)-(가) ② (나)-(가)-(라)-(다)
③ (나)-(라)-(가)-(다) ④ (나)-(가)-(다)-(라)

9

(가) 기분 좋게 말을 해주는 것이 상대방에 대한 예의라는 점을 잊지 말자.
(나) 우리는 흔히 '가는 말이 고와야 오는 말이 곱다'라는 말을 한다.
(다) 상대방에게 예쁘게 말을 하면 상대방으로부터 예쁜 말을 들을 수 있다는 말이다.
(라) 그러나 우리는 가끔씩 상대방에게 안 좋게 이야기할 때도 있다.

① (나)-(다)-(라)-(가) ② (나)-(가)-(라)-(다)
③ (나)-(다)-(가)-(라) ④ (나)-(가)-(다)-(라)

예상문제

※ [10~12] 다음을 순서대로 맞게 배열한 것을 고르십시오.

10

(가) 환경을 보존하지 않으면 50년 후에 지구 인구가 반으로 준다는 말도 있다.
(나) 지구온난화로 지구 곳곳에 환경 문제가 생기기 시작했다고 한다.
(다) 그리고 환경을 지킬 수 있는 방법을 실천해야 한다.
(라) 따라서 환경이 가장 중요하다는 생각을 가지고 생활해야 한다.

① (가)-(나)-(다)-(라)
② (나)-(가)-(다)-(라)
③ (나)-(라)-(다)-(가)
④ (나)-(가)-(라)-(다)

11

(가) 사람들은 일자리를 얻기 위해 많은 노력을 한다.
(나) 자격증을 따게 되면 자신감을 얻어 어려운 일이 생겨도 극복할 수 있는 힘이 생긴다.
(다) 그리고 회사 면접에서 당당하게 말할 수 있어 합격 가능성도 높아질 수 있다.
(라) 이런 이유라면 자격증을 따는 것이 좋은 방법이 될 수 있다.

① (가)-(나)-(다)-(라)
② (가)-(나)-(라)-(다)
③ (가)-(라)-(나)-(다)
④ (가)-(라)-(다)-(나)

12

(가) 새해도 되었으니까 이번 기회에 술과 담배를 단번에 끊어라.
(나) 검진도 중요하지만 건강에 좋지 못한 습관을 끊은 것이 더 중요하다.
(다) 폐는 공기의 깨끗함을 알게 되고 머리는 다시 기억력이 돌아올 것이다.
(라) 병을 예방하기 위해서는 정기적으로 검진을 받는 것이 좋다.

① (가)-(다)-(나)-(라)
② (라)-(나)-(가)-(다)
③ (가)-(다)-(라)-(나)
④ (라)-(나)-(다)-(가)

3과 논리적인 표현 고르기

이 문제 유형은 논리적인 관계를 묻는다. 이 문제 유형을 풀기 위해서는 문단의 구성을 알아야 한다. 다시 말해 문단 속에서 문장들이 어떤 순서로 되어 있는가를 알아야 한다.

문단은 보통 3문장에서 5문장으로 이루어진다. 문단 안에는 문장들이 있다. 그런데 각각 다른 종류의 문장들이 있다.

문단의 문장을 나누어서 보기로 하자. 문장은 크게 중심 문장, 이유(원인) 문장, 설명 문장, 역접 문장, 결론 문장이 있다. 중심 문장은 글의 중심 생각을 말하는 문장이다. 이유(원인) 문장은 이유(원인)를 말하는 문장이다. 설명(예시) 문장은 중심 문장이나 이유 문장을 구체적으로 설명(예시)하는 문장이다. 역접(전환) 문장은 앞 문장과 반대로 글의 내용을 말할 때 쓰는 문장이다. 결론 문장은 일반적으로 문단 마지막 문장을 말하며 앞의 문장들을 다시 정리해 주는 문장이다. 이를 정리해서 보이면 다음과 같은 모습이다. 우리는 이를 표준형 문단이라고 부르자.

〈표준형 문단〉

중심 문장 + 이유 문장 + (설명 문장) + 결론 문장

〈예시〉

지난 100여 년간의 과학 기술의 발전은 인간의 생활을 편리하게 만들어 주었다. 산업 혁명과 두 번의 세계 대전은 과학 기술을 빠르게 발전시켰다. 라이트 형제는 비행기를 만들었고 에디슨은 전등과 전화를 만들었다. 30년 전에 컴퓨터가 발명되었고 지금은 줄 없는 전화인 휴대 전화를 누구나 가지고 다닌다. 비행기는 사람들을 세계 어디든지 갈 수 있게 했으며 전등은 밤이 없게 했다. 컴퓨터는 일의 효용성을 높였으며 휴대 전화는 인간이 어디에 있든지 커뮤니케이션을 가능하게 했다. 따라서 과학 기술의 발전은 인간이 누리는 삶에 풍요로움을 가져왔다고 할 수 있겠다.

TOPIK 16회 48번 응용함

위의 예시를 읽어 보자. 무엇을 말하는가? '지난 100여 년간의 과학 기술의 발전은 인간의 생활을 편리하게 만들어 주었다.'에 대해서만 이야기하고 있다. 이 문장을 중심 문장이라고 한다. 다음 문장인 '산업 혁명과 두 번의 세계 대전은 과학 기술을 빠르게 발전시켰다.'는 원인 문장이 되겠다. 그 다음 문장들은 설명 문장이면서 예시 문장이다. 마지막 문장은 '결론 문장'이다. '따라서'를 보고 알 수 있다. 여기서 '중심 문장'과 '결론 문장'은 같은 뜻을 가진다.

〈표준형 문단〉은 첫 번째 문장을 보면 중심 생각을 쉽게 찾을 수 있다. 여기에서 주의할 사항은 문단 중간에 역접 표현이 없어야 한다는 것이다. '그러나', '그런데', '그렇지만', '반면에' 등이 문단 중간에 있으면 〈표준형 문단〉이 아닐 확률이 높다.

이 〈표준형 문단〉과는 달리 〈역접형 문단〉이 있다. 문단 중간에 역접 표현이 있는 문단을 〈역접형 문단〉이라고 한다.

〈역접형 문단〉

일반 문장+역접 문장+(설명 문장)+(결론 문장)

〈예시〉

지난 100여 년간의 과학 기술의 발전은 인간의 생활을 정말 편리하게 해 주었다. 그러나 최근에는 과학 기술의 발전을 좋아하지 않는 사람들이 많아졌다. 과학 기술이 발전하면서 자연환경은 나빠졌으며 인간들은 예전보다 개인적으로 변해 서로간의 따뜻한 관계가 사라졌다는 것이다. 이 사람들은 과학기술이 계속 발전하다 보면 인간은 비극적인 결과에 이를지도 모른다고 걱정한다.

TOPIK 16회 48번 응용함

위의 예시를 읽어 보자. 중심 문장은 몇 번째 문장인가? 첫 번째 문장인가? 아니다. 왜인가? '그러나'가 있기 때문이다. 역접 표현인 '그러나'가 있어서 두 번째 문장이 중심 문장이 된다. 세 번째 문장은 '과학 기술의 발전'이 부정적 결과를 가져왔다는 설명 문장이다. 마지막 문장은 결론 문장으로 두 번째 문장과 같은 뜻을 지녔다.

정리해 보면 문단에는 위처럼 〈표준형 문단〉과 〈역접형 문단〉이 있다. 이 두 문단을 잘 기억하자.

위의 문단의 두 가지 모습을 생각하면서 아래의 문제를 풀어 보자.

※ [1~2] (   )을 써 보세요.

1

나는 일주일에 두 번씩 수영을 하곤 한다. 그 이유는 (   ) 때문이다. 비만은 흡연보다 더 나쁘다고 한다. 이렇게 수영을 하면 일부러 헬스클럽에 가지 않아도 된다.

2

마라톤에 도전하는 사람들이 많아졌다. 운동도 하면서 인내심도 기를 수 있기 때문이다. 그러나 마라톤이 (   ). 마라톤 중에 다치는 사람도 있고 심지어는 죽는 사람도 있다.

먼저, 〈표준형 문단〉인지 〈역접형 문단〉인지 확인하라.

1은 무슨 문단인가? 〈표준형 문단〉이다. 역접 표현이 없기 때문이다.

2는 무슨 문단인가? 〈역접형 문단〉이다. 역접 표현인 '그러나'가 있다.

그러면 어떻게 ( )에 쓸 수 있을까?

1은 이유 문장에 ( )가 있다. 이런 문제는 뒤의 문장들을 보고 추측해서 풀 수 있다. 2는 역접 문장이므로 뒤의 문장을 확인해서 풀 수 있다. 다음이 모범 답안이다.

1: 수영으로 살을 뺄 수 있기/ 건강해 질 수 있기/ 다이어트할 수 있기
2: 모든 사람을 건강하게 하지는 않는다./ 안전한 운동인 것 같지는 않다.

여기까지 이해했을 것이다. 이 문제 유형을 푸는 비법이 아래에 있다.

---

1. 〈표준형 문단〉인지 〈역접형 문단〉인지 확인해라.
   1) 문단 중간에 '그러나, 하지만, 그렇지만, 그런데' 문장이 없으면 〈표준형 문단〉이다. 표준형 문단은 첫 번째 문장과 마지막 문장이 보통 같은 의미이다.
   2) 문단에 '그러나'등의 역접이 나온다면 보통 〈역접형 문단〉이다. 〈역접형 문단〉은 '그러나'의 앞 문장과 반대의 내용이 나오고 '그러나'의 뒤의 내용과 같은 내용이 나온다.

2. ( )의 위치에 따라 문제를 풀어라.
   1) 〈표준형 문단〉의 맨 앞 문장에 ( )가 있으면 뒤 문장의 내용과 같은 의미를 찾자. 〈역접형 문단〉의 맨 앞 문장에 ( )가 있으면 뒤 문장의 내용과 반대되는 내용을 찾자.
   2) 〈표준형·역접형 문단〉의 이유(원인) 문장에 ( )가 있으면 뒤 문장을 확인하자.
   3) 역접(전환) 문장에 ( )가 있으면 뒤 문장을 확인하라.

기출문제

※ 다음을 읽고 (   )에 알맞은 것을 고르십시오.

TOPIK 16회 48번

지난 100여 년간의 과학 기술의 발전은 인간의 삶을 더없이 편리하게 해 주었다. 그러나 최근에는 과학 기술의 발전을 (   ) 않는 사람들도 쉽게 만날 수 있다. 그들은 과학 기술의 발전으로부터 우리가 얻은 것보다 잃은 것이 훨씬 더 많고 결국에는 과학이 자연을 완전히 파괴하는 비극적 결과를 가져오게 될 것이라고 주장한다.

① 환영하지 ② 실감하지
③ 걱정하지 ④ 비판하지

TOPIK 15회 46번

나는 대형 슈퍼마켓보다 재래시장을 자주 이용한다. 내가 재래시장을 좋아하는 이유는 (   ) 살 수 있기 때문이다. 대형 슈퍼마켓에는 할인하는 물건도 많지만 그런 것은 양이 많거나 여러 개를 묶어서 파는 경우가 대부분이어서 불필요한 물건을 사게 된다.

① 할인 제품을 많이 ② 필요한 만큼만
③ 많은 양을 한꺼번에 ④ 여러 가지 상품을

TOPIK 14회 47번

스트레스에는 여러 종류가 있는데, 그 중에는 인간에게 (   ) 것도 있다. 교통사고가 날 뻔한 상황을 들어 보자. 그 때 받게 되는 짧지만 강한 스트레스는 인간에게 순간적으로 강한 힘을 주어서 그 위기를 극복하게 해 준다. 이것은 우리 몸이 심각한 위험을 느꼈을 때 그 위험에 적절하게 반응하도록 만들어져 있기 때문에 가능한 일이다.

① 위험을 주는 ② 도움이 되는
③ 희망을 주는 ④ 피해가 되는

TOPIK 12회 48번

우리는 친한 사람들끼리는 아무리 오랫동안 연락이 없거나 떨어져 있어도 (   ) 것이라고 생각한다. 그러나 인간 관계를 연구하는 학자들에 의하면, 6개월 정도 만나지 않거나 소식을 전하지 않을 경우 두 사람 사이의 친밀감이 줄어든다고 한다.

① 오해가 풀릴 ② 관계가 유지될
③ 사이가 멀어질 ④ 기억이 사라질

기출문제

풀이 TOPIK 16회 48번의 정답은 몇 번일까? 같이 확인해 보자.

'그러나'는 역접 표현이다. 역접 표현 다음에 (　　　)가 있다. '과학 기술의 발전'을 앞 문장에서는 좋게 보았다. '그러나' 다음에는 '나쁘게' 볼 것이다. 그 이유는 (　　) 다음의 문장에 나온다. '잃은 것이 더 많다, 과학이 자연을 완전히 파괴할 것이다'가 그 이유이다.
'③ 걱정하지'와 '④ 비판하지'는 넣을 수 없다. (　　) 뒤에 '않는 사람'이라고 했기 때문이다. '② 실감하지'는 다른 이야기이다. 따라서 답은 ①이 된다.

TOPIK 15회 46번은 답이 무엇인가? ②이다. 왜 그런지 확인해 보자.

(　　)에 '-기 때문이다'라는 말이 나왔다. 이유 문장이다. 이 문장에서 (　　)를 알기 위해서는 다음 문장을 보라고 했다. '불필요한 물건을 사게 된다'의 반대말을 찾으면 되겠다. 따라서 '②필요한 만큼만'이 답이 된다.

TOPIK 14회 47번의 답은 몇 번인가?

　제시글에는 '그러나' 또는 '그런데'와 같은 말들이 없다. 따라서 중심 문장은 첫 번째 문장이다. "스트레스에는 여러 종류가 있는데, 그 중에는 인간에게 (　　　　　　) - 것도 있다." 일반적으로 스트레스는 부정적인 것인데 여기에서는 다르게 보고 있다. 그리고 다음 문장들에서 스트레스는 '위기를 극복'하게 해 주고, '위험에서 적절하게 반응'하게 해 준다고 했다. 그러니까 여기에서의 스트레스는 인간에게 '도움이 되는' 스트레스이다. 답은 ②이다.

TOPIK 12회 48번의 정답은?

이 문단에는 '그러나'가 들어가 있다. 따라서 '그러나' 다음의 문장들과 반대되는 내용을 찾으면 되겠다. '그러나' 다음의 문장에서는 '연락을 하지 않으면 친밀감이 줄어든다'고 했다. 그렇다면 그 반대되는 내용은 무엇일까? '친밀감이 늘어난다, 유지된다'가 되겠다. 이와 비슷한 답은 ②이다.

기출문제 정리

다음은 이 유형의 문제 내용을 TOPIK 10회부터 16회까지 정리한 것이다. 문장 옆에는 문장의 종류를 표시해 두었다.

회차	내용
16회	46. 부모님용 휴대 전화가 성공했다-이유 문장 47. 남성과 여성의 언어 사용은 차이가 있다-역접 문장 48. 과학 기술 발전을 우려하는 사람들이 있다-역접 문장
15회	46. 나는 재래시장을 이용한다-이유 문장 47. 드라이클리닝한 옷을 바로 옷장에 넣으면 안 좋다-결론 문장 48. 동물도 한쪽 손이나 한쪽 발을 사용하기도 한다 -전환 문장
14회	46. 요즘 신문들은 독자에게 다가가려고 한다-중심 문장 47. 도움이 되는 스트레스도 있다-중심 문장 48. 구체적인 저축목표를 가져라-중심 문장
13회	46. 태풍에 여자 이름을 가장 많이 지어준다-중심 문장 47. 10대의 소비 성향은 다른 연령과 다르다-역접 문장 48. 글을 쓰는 사람은 사전이 필요하다-역접 문장
12회	46. 간호사로서 환자들을 보면 자신의 생활이 감사하다-결론 문장 47. 꽃다발 포장이 소박하면 좋겠다-결론 문장 48. 친한 사람도 연락이 없으면 사이가 멀어진다-역접 문장
11회	46. 나는 선생님의 말씀 덕분에 소설가가 되었다-이유 문장 47. 최부자는 가난한 이들을 배려했다-이유 문장 48. 여성이 남성보다 두통 환자가 더 많다-원인 문장
10회	46. 착시 현상으로 검은 돌을 흰 돌보다 크게 만든다-결론 문장 47. 나는 어린 시절 경험 때문에 채식주의자가 되었다-이유 문장 48. 나는 절 주변의 환경을 보고 실망했다-전환 문장

위의 내용을 아래와 같이 정리해 보았다.

문장의 종류	문장의 표지	기출 문제
중심 문장	_____ 은/는 _____	14회 46, 47, 48번 13회 46번 (4회)
이유(원인) 문장	왜냐하면(그 이유는)~기 때문이다 -아/어서	10회 47번 11회 46,47,48번 15회 46번 16회 46번 (6회)
설명 문장	즉, 곧, 다시 말해서, 구체적으로 말해서	
역접 문장	그러나, 반면에	12회 48번 13회 47, 48번 16회 47번 16회 48번 (5회)
전환 문장	그런데	10회 48번 15회 48번 (2회)
결론 문장	그래서, 그러므로, 따라서	10회 46번 12회 46,47번 15회 47번 (4회)

▶ **역접-이유-결론 등에 주목해서 공부해야**

　위의 표에 따르면 역접(전환) 문장에서 7회 출제되었다. 그 다음으로 이유(원인) 문장을 활용한 문제가 6회로 많았다. 중심 문장과 결론 문장은 각각 4회 출제되었다. 〈역접형 문단〉은 시험 출제를 하기 좋다. 따라서 평소에 역접 표현이 있는 〈역접형 문단〉을 자주 읽자. 이와 더불어 〈표준형 문단〉의 논리적인 구성도 익히자.

연습문제

※ [1~3] 다음을 읽고 (   )에 알맞은 것을 고르십시오.

1

　지금 행복한 느낌이 중요하다. 지금 행복하지 않다면 그 이유는 (　　　) 때문이다. 인생은 돈이나 물질과 같은 것보다 더 중요한 것이 많이 있다. 특히, 사랑하는 사람과 함께 오래 있는 것은 경제적인 것과 바꿀 수 없는 것이다.

① 심리적으로 만족하기
② 경제적인 풍요만을 구하기
③ 행복한 느낌이 줄어들었기

2

　이가 튼튼해야 인생도 즐겁다. 이가 튼튼하면 음식을 마음대로 먹을 수 있고 맛볼 수 있다. 하지만 요즈음에는 이가 (　　　　　　). 치과는 점점 많아지고 있고 이에 대한 약들이 많이 팔리고 있다.

① 튼튼한 사람이 많아진 것 같다
② 튼튼한 사람이 줄어든 것 같다
③ 약한 사람들이 줄어든 것 같다

3

　서울 서초동에 있는 디지털 도서관은 시민들에게 (　　　　　　). 먼저 컴퓨터로 자료를 검색하고 프린트할 수 있게 했다. 둘째, 문서를 비롯한 작업을 편하게 할 수 있도록 자리를 따로 마련했다. 이뿐만이 아니다. 작업하면서 주위에 있는 나무들을 볼 수 있어서 눈도 편하다.

① 여러 가지로 도움을 주고 있다
② 여러 가지로 피해를 주고 있다
③ 여러 가지로 피곤하게 하고 있다

연습문제

※ [4~6] 다음을 읽고 (   )에 알맞은 것을 고르십시오.

4

　요즘 와서 일기예보가 정확해졌다. 아침에 일기예보에서 비가 온다고 하면 비가 오고, 날씨가 덥다고 하면 날씨가 덥다. 하지만 얼마 전까지만 해도 일기 예보가 (   ). 비가 온다고 한 날은 날씨가 좋고 날씨가 너무 좋다고 한 날은 비가 올 때가 많았다.

① 모두 틀렸다
② 도움이 되었다
③ 잘 맞지 않았다

5

　여행은 휴식을 준다. 파리 센강에서, 중국 톈안먼 광장에서, 태국 파타야에서 우리는 쉴 수 있다. 하지만 너무 오래 여행하면 (   ). 먼저 언어가 자유롭지 못해 힘들다. 또한 문화도 적응할 수 없는 것이 있으므로 이런 것들이 피곤을 더 할 수 있다.

① 스트레스가 쌓일 수 있다
② 그 나라말을 잘 할 수 있다
③ 힘들지만 유익한 점이 있다

6

　고전을 읽어야 인생을 바꿀 수 있다. 고전이란 오랜 역사 동안 많은 사람들에게 감동을 준 책이므로 읽는 이에게 유익하다. 그러나 현대인들은 고전을 읽지 않는 듯하다. 요즘 사람들이 고전을 읽지 않는 이유는 고전에 (   ) 때문이다. 그러므로 현대인들에게 고전을 읽게 하려면 새로운 번역이 필요하다.

① 일과 육아로 여유가 없기
② 요즘 책들을 더 많이 읽기
③ 옛날 스타일의 문장과 어려운 내용이 있기

예상문제

※ [1~3] 다음을 읽고 (   )에 알맞은 것을 고르십시오.

1

　8월에는 재즈 음악을 들으러 음악회에 가려고 한다. 재즈는 (　　　　) 때문에 무척 좋다. 마치 재즈는 마음대로 하늘을 향해 나는 새들과 같기도 하고 다른 사람의 눈치를 보지 않고 춤추는 것과 같기도 하다.

① 다른 음악 장르보다 매우 새롭기
② 다른 음악 장르보다 무척 슬프기
③ 다른 음악 장르보다 매우 시끄럽기
④ 다른 음악 장르보다 매우 자유롭기

2

　손 씻기라는 (　　　　　　) 병을 예방할 수 있다. 눈병, 감기 등은 손에 있는 세균에 의해 발생한다. 즉, 손으로 눈이나 코, 입을 만지면 병이 나는 경우가 있다. 이러한 세균을 없애기 위해서는 물이 보이면 항상 씻어야 한다.

① 습관을 통해
② 행사를 통해서
③ 나쁜 버릇을 통해
④ 보이지 않는 운동을 통해

3

　최근 조사에 따르면 한국인이 우울한 주된 원인은 가족이나 연인과의 갈등 때문인 것으로 알려졌다. 그만큼 친밀한 인간관계가 정신 건강에 얼마나 중요한지를 말해주는 것이다. 반면에 (　　　　　)인 문제로 우울하다는 사람은 별로 없었다. 이는 돈이 정신을 지배하지 않음을 말해 주는 것이다.

① 정치적　　　② 경제적　　　③ 문화적　　　④ 환경적

예상문제

※ [4~9] 다음을 읽고 (   )에 알맞은 것을 고르십시오.

4

텔레비전 드라마가 언제나 나쁜 것은 아니다. 어떤 사람들은 텔레비전 드라마가 현실과 관계가 없고 현실을 다르게 보여주고 있다고 주장한다. 주인공이 어려운 문제를 갑자기 해결해 능력있는 인물이 되는 것이 그 예라는 것이다. 마치 슈퍼맨처럼 말이다. 하지만 드라마를 통해 (   ) 드라마는 의미가 있는 것이다.

① 재미있게 인생을 즐길 수 있다면
② 사랑할 수 있는 용기를 가질 수 있다면
③ 어려운 현실을 극복할 용기가 생긴다면
④ 환경을 보호할 수 있는 자격이 생긴다면

5

휴대 전화는 언제 어디서나 사용할 수 있어 편리하다. 그러나 휴대 전화는 근본적인 단점이 있다. 전화가 오든 안 오든 항상 (   )는 것이다. 전화가 오면 통화를 해야 해서 힘들고, 전화가 오지 않으면 왜 안 오는지를 걱정해야 한다. 가끔씩 휴대 전화를 꺼두고 지내야 정신 건강에 좋을 듯하다.

① 켜 놓아야 한다
② 들고 다녀야 한다
③ 신경을 써야 한다
④ 게임을 할 수 있다

6

직장인들은 일요일에 잠을 많이 자는 편이다. 이는 잘못된 습관이다. 왜냐하면 잠을 많이 자는 것도 잠을 적게 자는 것과 마찬가지로 해롭기 때문이다. 아홉 시간 이상 자는 것과 (   ) 시간 미만 수면을 취하는 것은 둘 다 인지력 테스트에서 문제가 있었다. 적당하게 일곱 시간에서 여덟 시간 동안 자는 것이 제일 좋다.

① 세   ② 네   ③ 다섯   ④ 여섯

7

한국 맛의 대표는 뭐니뭐니 해도 매운 맛이다. 한국 사람이냐 아니냐를 구분하는 척도가 바로 매운 음식을 좋아하느냐이다. 한국 사람들은 일반적으로 매운 음식을 좋아하기 때문이다. 보통, 외국인들은 한국에서 잘 적응해 살면서도 매운 음식을 먹기는 싫어한다. 매운 맛을 즐길 수 있을 때 (   )를 들을 수 있을 것이다.

① 한국 사람 다 되었다는 이야기
② 한국 사람과 비슷하다는 이야기
③ 한국 사람처럼 할 수 있다는 이야기
④ 한국 사람같이 떡볶이를 좋아한다는 이야기

8

요즈음 지역 문화 센터에서는 여러 가지 프로그램을 진행하고 있다. 여가시간을 이용할 수 있고 가격도 저렴하기 때문에 많은 사람들이 문화 센터를 찾고 있다. 문화 센터의 프로그램을 선택하는 중요한 기준은 (   )이다. 만일 우리가 먼 후일에 사용될 어려운 프로그램을 선택한다면 그렇게 의미가 없을 것이다.

① 5년 후에 사용할 수 있느냐
② 매일 즐겁게 공부할 수 있느냐
③ 가격이 부담이 없고 재미있느냐
④ 바로 실생활에서 사용될 수 있느냐

9

사람들은 시간과 범위를 생각하지 않고 공부할 때가 있다. 그러나 빨리 공부하고 싶으면 언제까지 어느 정도 해야 할 것인지 정해 놓는 것이 중요하다. 이를 눈으로 보이게 하려면 달력을 이용해 보자. (   ) 몇 시까지 공부해야 한다고 표시해 보자. 붉은 색은 목표시간을 확인 할 수 있게 해준다. 그러면 빠른 시간 내에 원하는 공부를 할 수 있게 된다.

① 까맣게 별 모양으로
② 하얗게 네모 모양으로
③ 노랗게 세모 모양으로
④ 빨갛게 동그라미 모양으로

예상문제

※ [10~12] 다음을 읽고 (　　)에 알맞은 것을 고르십시오.

10

　사람들은 감정을 숨기고 살기 때문에 마음의 병에 걸리기도 한다. 하지만 어떠한 상황이건 자신의 감정을 (　　　　　) 보여주는 것이 좋겠다. 슬플 때 울고, 기쁠 때 웃으면 정신 건강에 그렇게 좋다고 한다. 우리의 마음에서 만들어지는 웃음과 울음은 건강의 안내자이다.

① 솔직하게　　　　　② 숨기면서
③ 관찰하며　　　　　④ 생각하고

11

　사람들은 집에 돌아와 쉬면서 텔레비전을 본다. 텔레비전의 드라마나 쇼 프로그램은 재미를 주고 뉴스는 세상의 정보를 알려준다. 하지만 텔레비전을 오래 시청하면 건강에 좋지 않다는 연구 결과도 있다. 텔레비전을 매일 (　　　　　) 네 시간동안 보면 심장병에 걸릴 확률이 많다는 것이다. 텔레비전이 재미있고 유익하더라도 똑바로 자세를 잡거나 움직이면서 보면 어떨까.

① 서서　　② 앉아서　　③ 기대어서　　④ 컴퓨터로

12

　자녀가 잘못되면 나쁜 친구를 사귀었기 때문이라고 하는 부모들이 있다. 그러나 사실은 그렇지 않은 경우도 많다. 좋지 않은 가정 환경 때문에 자녀가 잘못되는 경우가 대표적이다. 아버지가 술을 마시고 늦게 들어온다거나 어머니가 자녀와 대화를 하지 않는 예들은 우리 주위에서 쉽게 발견할 수 있다. 따라서 부모는 자녀를 (　　　　　) 이야기해야 할 의무가 있다.

① 보아서　　② 아껴서　　③ 만나서　　④ 사랑해서

3장 종합적으로 읽고 고르기

3장은 앞에서 연습한 읽기의 모든 기술을 사용해야 풀 수 있다. 특히, '글의 내용과 같은 것/같지 않은 것 찾기', '중심 생각 찾기', '글쓴이와 관련된 것들 찾기'를 중심으로 해서 연습해 보자.

이 문제 유형은 한 제시글에 두 문제가 한 세트를 이룬다. 총 6세트 12문제이고 100점 중에서 52점을 차지한다. 따라서 상당히 중요한 파트이다.

기출문제 정리

기출문제를 확인해 보자. 다음 표는 문제의 내용을 10회부터 16회까지로 나누어 본 것이다.

	16회	15회	14회	13회	12회	11회	10회	합계
중심 생각	3	3	2	2	2	2	2	16
글의 내용과 같은 것 (같지 않은 것)	3	3	3	3	1	3	3	19
( )에 알맞은 것	2	2	2	3				9
글쓴이와 관련됨- 기분/글을 쓴 이유	2	2	2	1	2	2	1	12
글의 제목	1	1	1	1	1	1	1	7
앞에 있었을 내용	1	1	1				1	4
글의 종류			1	1	1	1	2	6
밑줄 친 부분과 관련됨					3	3	2	8
필요 없는 문장					1			1
기타				1	1			2
합계	12	12	12	12	12	12	12	

▶ 글의 내용-중심 생각-글쓴이의 생각을 중심으로 공부해야

역시 10회부터 16회까지 가장 많이 출제된 문제의 유형은 '글의 내용과 같은 것 찾기'였다. 총 19회 출제되었다. 글의 내용을 정확하게 이해했느냐가 출제의 중심이라는 것을 확인할 수 있다. 그 다음으로 '중심 생각 찾기'가 16회 출제되어 문단을 읽고 '무엇에 대한 글'인지 확인하는 능력도 중요한 읽기 기술이라는 것을 확인했다.

'글의 종류 찾기', '밑줄 친 부분과 관련된 것 찾기', '필요 없는 문장 찾기' 등은 출제되지 않는 경향이다. 하지만 연습해 두는 것이 좋겠다. 모두 출제자가 낼 수 있는 문제 유형이기 때문이다.

기출문제

※ 다음 글을 읽고 물음에 답하십시오.

TOPIK 16회 59~60번

이와 같은 결과가 나타난 것은 취업 경쟁이 심해져서 대학을 졸업하고 첫 직장을 잡을 때까지 걸리는 시간이 늘어났기 때문이라고 보는 시각이 일반적이다. 그런데 이는 취업 준비생이 안정성과 보수 등의 조건에 지나치게 집착하는 것과도 무관하지 않다. 이들은 경쟁력을 키워 더 좋은 조건의 직장에 들어가겠다는 목표 아래 졸업을 미룬 채 외국어 학습이나 자격증 취득에 몰두하고 있다. 따라서 이들이 생각을 바꾸지 않는 한 앞으로도 신입 사원의 평균 나이는 낮아지지 않을 것이다. 그러나 갈수록 취업 경쟁이 심해지는 이 시기에 하루라도 먼저 취직해 현장 경험을 쌓는 것에 대해 고려해 봄은 어떨지 이들에게 질문해 본다.

59 이 글의 중심 생각을 고르십시오.

① 취업을 원하는 사람들에게 즉각 일자리를 마련해 줘야 한다.
② 경쟁력을 갖추기 위해 취업 시기를 늦추는 것만이 최선은 아니다.
③ 하루라도 빠른 취업을 위해서는 탁월한 외국어 구사 능력이 요구된다.
④ 직장을 선택할 때에는 안정성과 보수 등의 조건을 꼼꼼히 확인해야 한다.

60 이 글의 앞에 있었을 내용으로 가장 알맞은 것을 고르십시오.

① 신입 사원들이 경력을 쌓는 것
② 취업 경쟁이 날로 심해지는 것
③ 대학생들이 취업 준비를 못 하는 것
④ 신입 사원들의 평균 나이가 높아지는 것

TOPIK 15회 49~50번

오늘 새벽 5시경 고속터미널 앞 사거리에서 화물차가 버스를 추돌하는 사고가 발생했다. 이 사고로 버스 운전자 김모 씨와 버스 승객 4명이 부상을 입고 근처 병원으로 옮겨져 치료를 받고 있다. 경찰 조사 결과 화물차 운전자 박모 씨가 신호 대기 중이던 버스를 미처 발견하지 못하고 사고를 낸 것으로 드러났다. 이 사고로 고속버스터미널 근처는 출근 시간까지 심한 교통 정체를 보였다.

49 이 글의 제목으로 가장 알맞은 것을 고르시오.

① 출근 시간 교통 정체 심각해져
② 화물차, 버스 추돌 사고 발생
③ 경찰, 신호 위반 차량 단속 강화
④ 터미널 앞 교통사고 원인 밝혀져

50 위 글의 내용과 같은 것을 고르십시오.

① 이 사고로 모두 네명이 다쳤다.
② 이 사고를 목격한 사람이 없었다.
③ 출근 시간에 이 사고가 일어났다.
④ 화물차 운전자가 이 사고를 냈다.

TOPIK 14회 51~52번

요즘 건강을 위해 고기를 먹지 않는 사람들이 늘어나고 있다. 이들은 사람에게 필요한 모든 영양소가 채소에 다 들어 있다고 생각하기 때문에 아이들의 식사에서도 고기를 줄이고 채소만을 먹이려고 한다. 그러나 어른들에게는 채식이 몸에 좋을 수는 있지만 아이들은 채소만으로 충분하지 않다. 아이들이 잘 자라기 위해서 꼭 필요한 영양소들이 있는데 그것이 (   ) 때문이다. 그 영양소들을 충분히 공급해 주지 않으면 아이들의 성장이 늦어져 심각한 문제가 될 수 있다.

51 이 글의 중심 생각을 고르십시오.

① 요즘 아이들은 고기만 먹으려고 한다.
② 채식을 하는 사람들이 점점 늘어나고 있다.
③ 어른은 채식을 많이 해야 건강해질 수 있다.
④ 채식만 하는 것은 아이들의 성장에 좋지 않다.

52 (   )에 알맞은 것을 고르십시오.

① 다양한 종류의 채소에 들어 있기
② 채소보다는 고기에 더 많이 들어 있기
③ 음식을 먹는 것만으로는 충분하지 않기
④ 많은 양의 채소를 먹어야 얻을 수 있기

기출문제

TOPIK 13회 53~54번

요즘 직장인들의 최대 관심은 '자기 계발'이다. 그러나 실제로는 회사 업무가 많아서 자기 계발에 투자할 여유를 갖기 어려운 것이 현실이다. 여유는 자신이 만들어 가는 것이다. 여유 시간이 많지 않다면, 회사 내의 동호회에 참여하거나 주말을 이용해서 외국어 학습 같은 자기 계발을 실천할 수 있다. 필요하다는 생각이 들었을 때 바로 실천하는 것이 성공의 지름길이다.

53 글쓴이는 직장인들의 '자기 계발'에 대해 어떻게 생각합니까?

① 실천이 중요하다고 확신하고 있다.
② 외국어 학습이 자기 계발의 핵심이다.
③ 시간이 없을 때는 어쩔 수 없다고 생각한다.
④ 자기 계발에 투자할 시간이 없는 현실이 안타깝다.

54 이 글의 내용과 같은 것을 고르십시오.

① 요즘 직장인들은 주말에도 업무가 많다.
② 여유 시간이 많으면 동호회에 참여한다.
③ 동호회에 적극 참여하여 자기 계발에 힘써야 한다.
④ 직장인들은 외국어 학습에 시간 투자를 많이 한다.

TOPIK 12회 55~56번

우리는 '불우이웃'이라는 말을 쓴다. 그런데 '불우'라는 말의 사전적 의미는 행복하지 않다는 뜻이다. ㉠ 즉 불우이웃이라는 말에는 힘들고 어려운 사람들은 곧 불행하다는 의미가 들어 있는 것이다. ㉡ 그러나 사실 가난해도 행복한 이웃들이 얼마나 많은가. ㉢ 우리는 이런 이웃들을 돕기 위해 힘써야 한다. ㉣ 불행한 이웃이 아닌 나보다 조금 어려운 이웃을 돕는다는 생각으로 불우이웃이라는 말의 의미부터 다시 생각해 봐야 하지 않을까?

55 글쓴이가 이 글을 쓰게 된 이유는 무엇입니까?

① 불우이웃을 도와야 한다고 생각해서
② 불우이웃이라는 말이 맞지 않는다고 생각해서
③ 가난한 사람들이 많다는 것을 알리고 싶어서
④ 가난해도 따뜻한 마음으로 살아 가기 위해서

56 ㉠~㉣ 중 이 글에 필요 없는 문장을 고르십시오.

① ㉠　　② ㉡　　③ ㉢　　④ ㉣

TOPIK 11회 57~58번

유럽 22개국 무역 관계자 1,071명을 대상으로 '한국 및 한국 상품의 이미지'에 대해 설문 조사를 실시했다. 그 결과 한국 상품의 품질이 세계 각국에서 인정을 받게 되었고 국가 이미지도 높아졌음이 밝혀졌다. 한국 상품을 구입한 이유를 묻는 질문에 응답자 중 42%가 좋은 품질 때문이라고 답했다. 이는 한국 상품에 대한 인식의 변화를 잘 보여 준다. 또한 가격이 적당해서 구입했다는 답이 35%였고, 디자인이나 회사의 인지도 때문이라는 답도 있었다.

57 위 글의 내용과 같은 것을 고르십시오.

① 한국 상품은 품질을 인정받고 있다.
② 한국과 유럽은 활발한 무역을 할 것이다.
③ 한국 상품은 가격이 비싸지만 품질이 좋다.
④ 국가 이미지가 상품 구입에 크게 영향을 준다.

58 위 글은 어떤 종류의 글인지 고르십시오.

① 대상을 묘사하는 글
② 예를 들어 설명하는 글
③ 논리적으로 주장하는 글
④ 조사 내용을 분석하는 글

TOPIK 10회 59~60번

성공한 사람들의 이야기를 들으면 부러운 마음이 생기고 이웃집 새 자동차를 보면 자기도 비싼 자동차를 샀으면 좋겠다고 생각하게 된다. 이렇게 다른 사람을 의식하는 것이 바로 경쟁의 시작이다. 그래서 대부분의 사람들은 경쟁이라는 말에 대해 부정적인 느낌을 갖기도 하지만 경쟁은 자신을 발전시키는 힘이 된다. 사람은 건전한 경쟁을 통해서 더 발전할 수 있고 실패를 극복하는 능력도 배울 수 있기 때문이다.

59 다음 중 위 글의 제목으로 가장 어울리는 것을 고르십시오.

① 경쟁이 생기는 이유
② 경쟁의 긍정적인 측면
③ 지나친 경쟁의 문제점
④ 경쟁에서 이기는 방법

기출문제

60 위 글의 내용과 같은 것을 고르십시오.

① 많은 사람들은 경쟁을 부정적으로 생각한다.
② 건전한 경쟁 관계를 이루는 것은 매우 어렵다.
③ 자신을 발전시키려면 자기 자신과 경쟁해야 한다.
④ 다른 사람을 의식하지 않고 사는 것이 바람직하다.

답을 확인해 보자.

16회	59번: ②	60번: ④
15회	49번: ②	50번: ④
14회	51번: ④	52번: ②
13회	53번: ①	54번: ③
12회	55번: ②	56번: ③
11회	57번: ①	58번: ④
10회	59번: ②	60번: ①

기출문제 정리

다음은 이 유형의 문제 내용을 TOPIK 10회부터 16회까지 정리한 것이다. 확인해 보자.

회차	내용
16회	명함을 주고 받을 때의 예의 / 정치에 관심을 가져야 하는 이유 친구를 믿지 않은 부끄러움 / 과도한 간접광고의 역효과 지역 축제는 지역 주민과 함께 해야 / 신입 사원의 평균 나이가 많아지는 이유
15회	화물차와 버스의 추돌 사고 / 수돗물 소독약의 긍정적 역할 하늘 복과 아침 청소 / 미아 찾아주기 운동의 적극적 관심 환기 태평양 섬의 돌의 긍정적 특성 / 정리할 때의 버림과 남겨둠
14회	애완동물과 주인의 비슷함 / 아이들은 충분한 영양소가 필요함 예전과 다른 고향 전어 맛 / 정확한 기사를 쓰도록 요청함 코레일의 행사에 의견을 표시함 / 투표율을 위해 참여자에게 혜택을 주어야 함
13회	텔레비전의 단점 / 장수 10계명 자기 계발은 실천이 먼저 / 환경의 변화는 생존을 위협함 '양심 자전거'의 운영 중단위기 / 장애인들에 대해 평범한 인식을 가져야 함
12회	식당 소개 / 과식도 월요병의 원인 면접의 비중이 커짐 / 불우이웃이라는 말뜻을 다시 생각함 성공한 사람들의 공통점 / 리모컨 발명의 부작용
11회	경찰이 지갑을 찾아줌 / 맞는 한국어 표현을 사용해야 함 발 관리의 중요함 / 행동해야 변할 수 있음 한국 상품은 품질을 인정 받음 / 사소한 문제를 해결해야 함
10회	옷 세탁시의 주의 사항 / 처음 시작의 어려움 소극적인 사람은 소극적인 사람을 친구로 두어야 함 / 자신감이야말로 성공의 길 동물을 사랑하는 방법부터 배워야 함 / 경쟁의 긍정적 역할

▶ **사회적인 문제에서부터 개인적인 일상사까지**

위의 표를 보면 알 수 있듯이 내용이 사회적인 문제에서부터 개인적인 일상사까지 나온다. 그리고 문장은 보통 신문이나 잡지에 나오는 문제이다. 또한 어떤 제시글은 수필이나 일기의 모습으로 제시되기도 했다. 따라서 평소에 한국 신문이나 잡지를 조금씩이라도 꾸준히 읽는 연습이 필요하다. 그리고 한국의 수필을 비롯한 문학작품을 읽는 연습도 필요하다.

연습문제

※ [1~2] 다음 글을 읽고 물음에 답하십시오.

> 암세포가 없어졌다. 김미자 씨(55세·여)가 화제의 주인공이다. 병원에서 말기 암이라고 진단받은 지 6개월만이다. "의사 선생님이 살 수 있는 시간을 늘리기 위해서는 항암 치료를 할 수밖에 없다는 거예요. 어찌나 눈물이 나는지. 이제 다 끝났다고 생각했지요." 기적은 있었다. 친구가 안내해 준 명상 센터에서 눈을 감으면서 다른 사람들을 위해 기도했다. 그리고 자연식으로 음식을 바꿔 먹었다. 3개월 이후부터 몸이 편안해졌다. 김 씨는 요즘 자신과 같이 아픈 이들을 위해서 봉사하며 살고 있다.

1 이 글의 제목으로 가장 알맞은 것을 고르십시오.

① 김 씨, 봉사의 삶을 살아
② 6개월 동안 암을 진단해
③ 명상만으로 암을 고쳐
④ 김 씨, 기적으로 병이 나아

2 위 글의 내용과 같은 것을 고르십시오.

① 김 씨는 요즘도 기도하면서 살고 있다.
② 의 사는 항암 치료를 받으라고 권했다.
③ 김 씨는 병원 진단 결과 초기 암이었다.
④ 김 씨는 5개월 후부터 마음이 편안해졌다.

※ [3~4] 다음 글을 읽고 물음에 답하십시오.

비행기 안에서 새 한 마리가 발견되어 승객 100여 명이 2시간 넘도록 있었다. 여객기는 7일 오전 8시 김포공항에서 여수로 가기 위해 준비 중이었다. 그 때 새가 한 마리 날아들어 왔다. 승무원들 모두 새를 잡으려고 했으나 새는 이리저리 날아 다녀 숨는 바람에 잡을 수 없었다. 그래서 비행기에 탄 승객 모두를 내리게 했다. 그대로 비행할 경우 새 때문에 고장이 날 수 있었기 때문이었다.

3 이 글의 제목으로 가장 알맞은 것을 고르십시오.

① 비행기, 새처럼 날다
② 한 마리 새가 발견되다
③ 새 탓으로 날지 못한 비행기
④ 승객들, 비행기에서 내리다

4 위 글의 내용과 같은 것을 고르십시오.

① 비행기 안에 새들이 들어왔다.
② 비행기는 17일에 출발예정이다.
③ 새 한 마리가 들어왔다가 나갔다.
④ 손님들은 비행기에서 전부 내렸다.

연습문제

※ [5~6] 다음 글을 읽고 물음에 답하십시오.

> 음주는 해로운 것이라고 생각하는 사람들이 많다. 왜냐하면 사람이 술에 취하면 일을 할 수 없게 될 뿐만 아니라 몸의 간도 나빠지기 때문이다. 그러나 (   )는 건강에 좋은 영향을 끼친다는 사실을 지적하는 과학자들이 있다. 즉, 하루에 한두 잔 정도의 음주는 잠을 잘 잘 수 있게 하고 스트레스도 풀리게 한다는 것이다.

5   이 글의 중심 생각을 고르십시오.

① 음주는 건강에 좋지 않다.
② 음주는 간과 관계가 있다.
③ 음주는 건강에 긍정적일 때가 있다.
④ 음주는 스트레스를 더 쌓이게 한다.

6   (   ) 에 알맞은 것을 고르십시오.

① 외로운 음주
② 평범한 음주
③ 적당한 음주
④ 과도한 음주

※ [7~8] 다음 글을 읽고 물음에 답하십시오.

보통 한국 사람들이 선택하는 결혼식은 서양식이다. 예식 시간도 약 30분에서 1시간으로 매우 빠르게 진행된다. 그러나 요즘 소수의 사람들은 결혼식을 전통 예식으로 하려고 한다. 그 이유는 전통 예식이 기억에 남고 시간도 서양식보다 (   ) 때문이다. 또한 남자와 여자가 서로 절을 하고 같이 술을 마실 수 있어서 평등한 느낌도 있다.

7 이 글의 중심 생각을 고르십시오.

① 결혼식이 너무 빠르다.
② 전통 예식이 서양식보다 좋다.
③ 몇몇 사람들은 전통 예식을 좋아한다.
④ 남자와 여자가 서로 절을 해야 좋다.

8 (   ) 에 알맞은 것을 고르십시오.

① 자유롭기
② 매우 빠르기
③ 순서가 많기
④ 오래 쓸 수 있기

연습문제

※ [9~10] 다음 글을 읽고 물음에 답하십시오.

> 노화를 막는 세 가지 방법이 있다. 먼저 금연과 절주를 하라. 다시 말해 담배를 끊고 술을 조금만 마시라는 말이다. 주지하듯이 흡연은 폐, 간, 입 등에 나쁜 영향을 준다. 술은 사람을 취하게 해 일을 하지 못하게 한다. 또한 간과 같은 곳에 나쁘다. 노화를 막는 마지막 방법은 (　　　　　)는 것이다. 즉 독서, 운동, 음악 듣기, 영화 보기 등을 하게 되면 건강하게 살 수 있을 것이다.

9　이 글의 중심 생각을 고르십시오.

① 담배 피우기는 나쁘다.
② 늙는 것을 받아들이자.
③ 늙어 감을 피할 수 있다.
④ 영화는 건강과 관련이 있다.

10　(　　　　　)에 알맞은 것을 고르십시오.

① 취미를 가지라
② 열정을 가지라
③ 버릇을 가지라
④ 성실함을 가지라

※ [11~12] 다음 글을 읽고 물음에 답하십시오.

> 드디어 내일 학교에 다시 가야 한다. 개학이다. 그런데 방학 숙제를 다 하지 못했다. 수학 숙제와 영어 숙제가 남았다. 빨리 할 수 있을 것이라고 생각했는데 할 수 없었다. 계획을 세워 숙제를 먼저 하고 친구들과 놀 걸 그랬다. 선생님께서 왜 숙제를 하지 않았냐고 물으시면 어떡하지?

11 이 글에 나타난 글쓴이의 기분으로 알맞은 것을 고르십시오.

① 친구들과 논 것을 그리워하고 있다.
② 숙제해야 할 것을 귀찮아 하고 있다.
③ 숙제를 다 하지 못해 후회하고 있다.
④ 학교에 다시 가는 것을 기뻐하고 있다.

12 이 글의 내용과 같은 것을 고르십시오.

① 내일모레가 개학이다.
② 방학 숙제를 먼저 했다.
③ 방학 숙제를 빨리 했다.
④ 방학 숙제가 많이 남았다.

연습문제

※ [13~14] 다음 글을 읽고 물음에 답하십시오.

> 중학교를 졸업한 지 20여 년 만에 중학교 때 친구들을 만났다. 회사에서 높은 자리에 있는 친구도 있었고 신문사에서 기자로 있는 친구도 있었다. 그런데 대학교에 다시 다니는 친구가 있었다. 그 친구는 제2의 인생을 살기로 했다면서 다시 한 번 하고 싶은 것을 열심히 해 보겠다고 했다. 그 친구를 보면서 기분이 좋아졌다. 하고 싶은 것에 도전한다는 것은 얼마나 멋있는 일인가!

13 이 글에 나타난 글쓴이의 기분으로 알맞은 것을 고르십시오.

① 지나간 시간을 슬퍼하고 있다.
② 중학교 시절을 그리워하고 있다.
③ 대학교에 다니는 친구가 자랑스럽다.
④ 친구들을 만나서 매우 기뻐하고 있다.

14 이 글의 내용과 같은 것을 고르십시오.

① 20년 만에 친구들을 만났다.
② 원하는 일을 하는 친구가 있었다.
③ 친구는 신문사 옆 회사에서 일한다.
④ 하고 싶은 일에 도전하기는 쉽지 않다.

※ [15~16] 다음 글을 읽고 물음에 답하십시오.

> 고아원이나 장애인들이 살고 있는 집에 가서 봉사활동을 하는 사람들이 늘고 있다. 좋은 현상이다. 이 사람들은 고아나 장애인과 생활하면서 얻을 수 있는 것이 많을 것이다. 그러나 고아원과 같은 곳에서 봉사활동을 한다고 하면서 그곳에서 라면이나 먹을 것을 쌓아놓고 사진만 찍고 돌아오는 사람들이 있어 문제이다. 봉사는 몸과 마음으로 하는 것이지 (   )이 아니다.

15 글쓴이가 이 글을 쓰게 된 이유가 무엇인지 고르십시오.

① 고아원에 올 것을 홍보하려고
② 봉사를 잘 할 것을 부탁하려고
③ 봉사활동의 좋은 점을 설명하려고
④ 봉사활동의 문제점을 지적하려고

16 (   ) 안에 알맞은 것을 고르십시오.

① 라면만 먹는 것
② 인기로 하는 것
③ 사진으로 하는 것
④ 운동으로 하는 것

연습문제

※ [17~18] 다음 글을 읽고 물음에 답하십시오.

> 점심식사 후에 낮잠을 즐겨 보세요. 오랫동안 자면 안 됩니다. 한 20~30분 정도면 좋습니다. 낮잠을 자고 일어나면 기분이 (   ). 다시 무엇이든 할 수 있는 마음이 생깁니다. 점심식사 후에 사무실에서 꾸벅꾸벅 조는 것보다는 잠시 자는 것이 일의 효율을 높일 수 있다는 점을 잊지 마시기 바랍니다.

17 글쓴이가 이 글을 쓰게 된 이유가 무엇인지 고르십시오.

① 낮잠을 잘 것을 강요하려고
② 낮잠과 밤잠을 비교하려고
③ 낮잠의 특징을 확인하려고
④ 낮잠의 효율성을 설명하려고

18 (   )안에 알맞은 것을 고르십시오.

① 슬퍼집니다
② 피곤해집니다
③ 상쾌해집니다
④ 불쾌해집니다

※ [19~20] 다음 글을 읽고 물음에 답하십시오.

> 한국에는 자동차를 이용하는 사람들이 많다. 그 사람들은 바쁜 생활에 빨리 움직일 수 있기 때문에 자동차를 애용한다고 한다. 그러나 한국은 전철이나 버스와 같은 대중 교통이 매우 발달된 나라이다. 전철은 빠르고 편리하다. 게다가 버스는 거리로 요금을 내기 때문에 편리할 뿐만 아니라 경제적이다. 그러므로 비싼 자동차를 운전하기보다는 대중 교통을 이용하는 것이 더 좋다.

19 이 글의 중심 생각을 고르십시오.

① 자동차는 매우 빨리 움직인다.
② 한국은 대중 교통이 발달됐다.
③ 전철은 편리하고 매우 빠르다.
④ 전철이나 버스를 이용해야 한다.

20 이 글의 내용과 같은 것을 고르십시오.

① 버스는 요금이 비싸다.
② 전철은 빠르지만 편리하지 않다.
③ 대중 교통은 여러 장점들이 있다.
④ 자동차를 이용하는 사람은 소수이다.

연습문제

※ [21~22] 다음 글을 읽고 물음에 답하십시오.

> 한글은 세계에서 가장 배우기 쉽다. 한글은 발성 기관과 동양 철학에 근거를 둔 글자이다. 최근 미국의 한 언어학자에 따르면 한글의 자음 'ㄱ, ㄴ, ㄷ, ㄹ…' 등은 사람의 발성 기관을 생각해 만든 것이고 한글의 모음은 하늘, 땅, 사람이라는 철학적 원리에 따라 만든 것이라고 한다. 이런 원리는 보통 사람들이 이해하기 쉬운 것이다. 그래서 한글은 가장 빨리 배울 수 있는 언어로 알려져 있다.

21 이 글의 중심 생각을 고르십시오.

① 한글은 오랫동안 공부해야 배울 수 있다.
② 한글은 세계에서 가장 쉽게 배울 수 있다.
③ 한글은 소리를 내는 모양으로만 만들어졌다.
④ 한글은 하늘, 땅, 사람에 근거해서 만들어졌다.

22 이 글의 내용과 같은 것을 고르십시오.

① 한글은 배우기 어려운 글자이다.
② 한글은 오랫동안 공부해야 한다.
③ 자음은 발성 기관과 관계가 있다.
④ 모음은 하늘과 땅에만 관련이 있다.

※ [23~24] 다음 글을 읽고 물음에 답하십시오.

성공하려면 어떻게 해야 하는가? 1초가 남았더라도 최선을 다하라는 말을 하고 싶다. 그것이 성공의 방법이다. 진다고 생각해서 시간이 남았는데도 그만하게 되면 성공할 수 없다. 시간이 있는 한 끝까지 정성과 마음을 다하라. 지고 이기는 것은 내 마음과 내 생각에 달려 있는 것이다.

23 이 글의 중심 생각을 고르십시오.

① 성공하기와 마음은 관계없다.
② 자투리 시간에 최선을 다해라.
③ 성공하기는 쉽지 않은 일이다.
④ 일하다 보면 실패할 때도 있다.

24 이 글의 내용과 같은 것을 고르십시오.

① 적은 시간만 있으면 포기하라.
② 성공의 방법을 익히기는 쉽다.
③ 적은 시간이라도 열심히 하라.
④ 성공은 외부적인 조건에 달려 있다.

예상문제

※ [1~2] 다음 글을 읽고 물음에 답하십시오.

일반적으로 팔리는 컵라면의 약 90%가 열량은 높고 영양가는 낮은 식품으로 밝혀졌다. 식품 안전청은 '어린이 식생활 안전관리 특별법'을 시행한 후, 식품 2,165건을 대상으로 영양을 확인한 결과 컵라면의 89%가 고열량 저영양 식품이라고 2일 밝혔다. 고열량 저영양 식품이란 열량이나 지방과 같은 살이 찔 수 있는 영양소는 많으면서 단백질의 양은 적은 식품을 말한다. 이와 같은 식품은 학교 안에서 팔 수 없다.

1 이 글의 제목으로 가장 알맞은 것을 고르십시오.

① 어린이 식품의 위험성
② 컵라면, 비만으로 가는 길
③ 컵라면, 안전식품으로 밝혀져
④ 식품 안전청과 고열량 저영양 식품

2 위 글의 내용과 같은 것을 고르십시오.

① 컵라면은 학교 안에서 팔 수 있다.
② 컵라면은 이제 먹을 수 없게 된다.
③ 컵라면의 10% 정도는 먹어도 괜찮다.
④ 컵라면의 약 90%가 저열량 고영양 식품이다.

※ [3~4] 다음 글을 읽고 물음에 답하십시오.

> 고민이나 어려움이 생기면 남자와 여자는 어떻게 행동하는가? 어느 심리학자에 따르면 남자는 말을 하지 않고 조용한 곳에 가서 혼자서 해결 방법을 찾는다고 한다. 반면에 여자는 고민이나 어려움을 다른 사람에게 솔직하게 이야기한다는 것이다. 어느 것이 좋은 방법인지는 알 수 없다. 하지만 여자와 남자가 서로의 문제 해결 방식을 안다면 서로를 쉽게 이해할 수 있을 것이다.

3 이 글의 제목으로 가장 알맞은 것을 고르십시오.

① 어느 심리학자의 남녀관
② 고민과 어려움의 해결방법
③ 남녀의 생물학적인 차이와 문제점
④ 남녀가 문제를 어떻게 푸는지의 차이

4 위 글의 내용과 같은 것을 고르십시오.

① 문제가 생겼을 때 남자는 말을 많이 한다.
② 여자는 스트레스를 받으면 혼자서 해결하려고 한다.
③ 스트레스를 받으면 남자와 여자는 해결책이 다르다.
④ 여자와 남자는 서로를 이해하지 않아도 살 수 있다.

예상문제

※ [5~6] 다음 글을 읽고 물음에 답하십시오.

> 인터넷은 여러 장점이 있다. 즉, 이메일을 통해서 쉽고 빠르게 편지를 주고 받을 수 있다. 게다가 필요한 정보를 쉽게 얻을 수 있다. 그러나 단점이 더 많은 것 같다. 인터넷을 하다 보면 계속 할 수밖에 없게 된다. 특히 인터넷 게임은 다른 것은 할 수 없을 정도로 중독성이 강하다. 이뿐만 아니라 사용하는 사람의 얼굴을 볼 수 없으므로 마음대로 욕할 수 있다. 그리고 폭력, 자살, 음란 사이트에 쉽게 접속할 수 있어서 윤리적으로 좋지 않다.

5 이 글의 제목으로 가장 알맞은 것을 고르십시오.

① 인터넷, 부모와 함께
② 인터넷, 가까이 해야
③ 인터넷, 장점이 더 많아
④ 인터넷, 조심히 사용해야

6 위 글의 내용과 같은 것을 고르십시오.

① 인터넷은 단점보다 장점이 더 많다.
② 인터넷으로 편지 보내기는 쉽지 않다.
③ 좋지 않은 사이트가 그렇게 많지는 않다.
④ 좋지 않은 사이트에 어렵지 않게 갈 수 있다.

※ [7~8] 다음 글을 읽고 물음에 답하십시오.

　보통, 많은 아이들은 과자를 좋아한다. 그러나 과자가 (　　　　　　)는 사실을 아는 사람은 많지 않다. 과자 속에는 설탕, 트랜스 지방, 식품 첨가물이 있다. 이것들은 아이들을 아토피와 같은 피부병이나 잦은 기침이 나는 천식으로 안내할 수 있다. 아이들이 과자를 아무리 먹고 싶어해도 부모라면 아이에게 과자를 쉽게 사주지 말자. 과자는 달콤하지만 내 아이에게 해를 끼칠 뿐이다.

7　이 글의 중심 생각을 고르십시오.

① 과자는 병을 유발한다.
② 과자가 건강에 좋지 않다.
③ 아이에게 과자를 사주지 말자.
④ 아이들은 보통 과자를 좋아한다.

8　(　　　　)에 알맞은 것을 고르십시오.

① 건강에 좋다
② 건강에 해롭다
③ 건강과 관계없다
④ 건강에 도움이 된다

예상문제

※ [9~10] 다음 글을 읽고 물음에 답하십시오.

> 음주는 좋지 않을 때가 많다. 술을 많이 마시면 싸우게 되기도 하고 실수를 할 수도 있다. 그러나 적당히만 마신다면 술은 건강에 좋은 음식이 될 수도 있다. 연구 결과에 의하면 술을 적절히 마시면 심장병을 (   ) 수 있고 사람을 매우 유쾌하게 해서 슬프거나 우울한 느낌을 없애 버릴 수도 있다. 게다가 늙어서 남을 알아보지 못하는 치매도 예방할 수 있다. 음주가 나쁜 것만은 아니다.

9 이 글의 중심 생각을 고르십시오.

① 술을 마시면 실수할 수 있다.
② 술이 좋은 음식일 때도 있다.
③ 술은 심장병을 치료할 수 있다.
④ 술이 건강에 해롭다는 사실을 알아야 한다.

10 (   )에 알맞은 것을 고르십시오.

① 고칠
② 예방할
③ 예측할
④ 진료할

※ [11~12] 다음 글을 읽고 물음에 답하십시오.

> 우울증을 없애기 위해서는 다음과 같은 치료 방법이 좋다. 먼저, 땀이 나도록 운동을 해보라. 땀이 나는 운동을 한 시간 정도 하면 정신적으로 안정을 찾을 수 있다. 다음으로 종교를 가져보라. 종교에 의지하면 평안해 질 수 있다. 셋째, 항상 긍정적으로 간단하게 생각하라. 세상을 좋게 바라보고, 복잡하고 어렵게 생각하지 말라. 마지막으로 남과 비교해서 생각하지 말라. 이는 정말로 쓸데없는 생각이다. 당신은 이 세상에서 한 사람뿐이다. 그만큼 (   ) 존재이다.

11 이 글의 중심 생각을 고르십시오.

① 우울증은 정말로 위험한 병이다.
② 운동을 하면 우울증이 사라진다.
③ 종교만이 우울증을 치료할 수 있다.
④ 우울증은 네 가지 방법으로 치료할 수 있다.

12 (   )에 알맞은 것을 고르십시오.

① 일하고 피곤한
② 외롭고 고독한
③ 특별하고 고귀한
④ 경제적이고 외로운

예상문제

※ [13~14] 다음 글을 읽고 물음에 답하십시오.

> 아이들에게 놀이터가 필요하지 않게 된 것일까? 요즘 아이들은 학교 수업이 끝난 후에 학원에 다니기 때문에 친구들과 놀이터에서 놀지 않는다. 학교에서 집으로 돌아와 밥을 먹고 다시 학원에서 영어나 수학을 공부한다. 그리고 다시 집에 오면 밤 10시가 넘는다. 그리고 학교 숙제하고 자면 11시가 넘는다. 내가 어릴 때는 학교에서 집으로 돌아오면 동네 친구들과 여러 가지 놀이를 했었다. 골목길에서 축구도 자주 했었다. 나는 가끔씩 그 때로 돌아가고 싶다. 요즘 아이들에게도 그런 추억이 필요하다.

13 이 글에 나타난 글쓴이의 기분으로 알맞은 것을 고르십시오.

① 아이들이 놀이터에 없어 슬퍼한다.
② 옛날 친구들을 보고 싶어하고 있다.
③ 아이들이 공부를 열심히 해 기뻐한다.
④ 아이들이 놀지 않아서 안타까워하고 있다.

14 이 글의 내용과 같은 것을 고르십시오.

① 요즘 아이들은 모두 공부만 한다.
② 내가 어릴 때도 모두 열심히 공부했다.
③ 요즘 아이들은 국어, 영어, 수학을 공부한다.
④ 어릴 때는 공부보다 친구들과 노는 것이 중요하다.

※ [15~16] 다음 글을 읽고 물음에 답하십시오.

> 아이가 가을 운동회에서 달리기 대표로 나간다고 했다. 꼭 내가 와야 한다고 해서 20년 만에 초등학교 운동회를 구경하게 되었다. 단체 춤 경기 시간이 지나고 점심으로 아이와 김밥을 먹으니 기분이 이상했다. 나도 초등학생으로 돌아간 것 같았다. 청팀과 백팀으로 나뉘어 열심히 응원도 했었는데……. 나는 요즘 아이들이 인터넷 게임에만 빠져 있어서 운동회를 잘 하지 못할 줄 알았다. 그런데 너무 재미있게 즐기고 있었다. 가을 운동회는 옛날이나 지금이나 모든 사람을 하나로 만들었다.

15 이 글에 나타난 글쓴이의 기분으로 알맞은 것을 고르십시오.

　　① 슬프다.
　　② 기쁘다.
　　③ 섭섭하다.
　　④ 화가 난다.

16 이 글의 내용과 같은 것을 고르십시오.

　　① 글쓴이는 가을 운동회를 추억한다.
　　② 점심을 먹기 전에 모두 춤을 추었다.
　　③ 요즘 아이들은 인터넷 게임만 잘한다.
　　④ 글쓴이는 초등학교에 20년이 지나서 갔다.

예상문제

※ [17~18] 다음 글을 읽고 물음에 답하십시오.

> 말을 잘해야 성공할 수 있는 시대이다. 특히 토론을 잘해야 회사에서 높은 자리에 오를 수 있다. 토론을 잘하기 위해서는 주장과 근거를 가지고 수많은 연습이 필요하다. 그러나 실제로 연습할 곳을 찾기는 그렇게 쉽지 않다. 따라서 회사내에서 토론 모임을 만들어서 일주일에 한 번씩이라도 연습을 해보자. 세 달 후 달라진 자신의 모습을 볼 수 있게 될 것이다.

17 글쓴이는 '토론'에 대해 어떻게 생각합니까?

① 토론으로 진급하기가 쉽지 않다.
② 주장과 근거만 토론에서 중요하다.
③ 연습할 곳이 없으면 어쩔 수 없다.
④ 연습하면 잘 할 수 있을 것이다.

18 이 글의 내용과 같은 것을 고르십시오.

① 토론 모임은 일주일에 두 번이 좋다.
② 토론을 연습한 지 6개월 후면 잘하게 된다.
③ 토론을 연습하기보다는 공부를 하는 게 좋다.
④ 토론은 매주 꾸준히 연습해야 효과를 볼 수 있다.

※ [19~20] 다음 글을 읽고 물음에 답하십시오.

> 전기 플러그를 뽑는 날이 필요하다. 얼마 전부터 인간은 기술의 바다에서 즐겁게 수영하고 있다. 그 생활이 제일 좋은 것처럼 말이다. 텔레비전, 컴퓨터, 휴대 전화는 그 기술을 대표하는 물건들이다. 하지만 이제는 수영을 그만두고 땅으로 올라와야 할 때다. 왜냐하면 (   ) 때문이다. 당신이 물건의 주인이 아니라 그 반대가 된 것이다. 이제 당신이 그 물건들의 주인이 돼라. 그 방법을 알려 주겠다. 하루 동안 텔레비전을 보지 말자. 하루 동안 이메일을 확인하지 말자. 하루 동안 휴대 전화를 꺼 놓자. 텔레비전 없는 날, 컴퓨터 없는 날, 휴대 전화 없는 날을 정하는 것이다. 진짜로 그 날을 정해서 실천해 보자. 그러면 당신이 생활의 주인이 될 것이다.

19 글쓴이가 이 글을 쓰게 된 이유가 무엇인지 고르십시오.

① 휴대 전화의 좋은 점을 홍보하려고
② 전기 플러그에 단점을 주장하려고
③ 건강해지기 위한 예를 설명하려고
④ 전기 매체로부터의 해방을 부탁하려고

20 (   ) 안에 알맞은 것을 고르십시오.

① 이 물건들이 전자파가 많기
② 수영은 살빼기에 효과적이기
③ 주인이 이 물건들을 사용하기
④ 이 물건들이 당신을 마음대로 하기

예상문제

※ [21~22] 다음 글을 읽고 물음에 답하십시오.

> 갑자기 뚱뚱해져서 고민이시라고요? 결혼했는데 얼마 지나지 않아 복부 비만이 되셨다고요? 회사 일 때문에 술을 많이 마시는데 운동할 시간은 없으시다고요? 이런 분들께 권해드립니다. 매일 녹차를 드세요. 녹차는 살을 빠지게 하는 특별한 성분이 들어 있어서 효과가 좋습니다. 녹차를 마시면 과체중인 사람이 체지방과 복부 지방을 (　　　　　) 뿐만 아니라 체중, 허리 둘레도 줄일 수 있습니다. 믿을 수 없다고요? 딱 100일만 해 보세요. 효과가 반드시 있을 겁니다.

21 글쓴이가 이 글을 쓰게 된 이유가 무엇인지 고르십시오.

① 녹차 마시기를 권유하려고
② 녹차의 특별한 효과를 설명하려고
③ 녹차가 건강과 관계있음을 증명하려고
④ 녹차를 마시면 효과가 있음을 주장하려고

22 (　　　　)안에 알맞은 것을 고르십시오.

① 뺄 수 있을
② 늘릴 수 있을
③ 더할 수 있을
④ 먹을 수 있을

※ [23~24] 다음 글을 읽고 물음에 답하십시오.

> 몇 년 전에 멧돼지가 서울시내로 내려온 적이 있었다. 한번뿐이라고 생각했는데 그 이후로도 몇 번 내려왔다가 다 죽임을 당했다. 산짐승인 멧돼지가 왜 도시로 내려왔을까? 그 이유는 바로 산을 개발했기 때문이다. 다시 말해 산에다 (   ) 때문이다. 자연은 인간들의 것이기도 하지만 모든 동물들의 것이기도 하다. 멧돼지와 같은 산짐승이 살 곳이 없으면 우리 인간에게 해가 될 것이다. 동물이 생존해야 인간도 생존할 수 있음을 심각하게 생각해야 할 때이다.

23 글쓴이가 이 글을 쓰게 된 이유가 무엇인지 고르십시오.

① 환경의 중요성을 사색하기 위해서
② 환경의 중요성을 알아보기 위해서
③ 환경 개발의 중요성을 분석하기 위해서
④ 환경 개발의 문제점을 제시하기 위해서

24 (   ) 안에 알맞은 것을 고르십시오.

① 나무를 많이 심었기
② 쓰레기를 많이 버렸기
③ 도로와 공원을 만들었기
④ 다른 동물들을 살게 했기

예상문제

※ [25~26] 다음 글을 읽고 물음에 답하십시오.

지구에서 가장 행복하다고 생각하는 사람들의 나라는 코스타리카이다. 인구가 500만 명 정도이고 나라의 1인당 국민소득은 6580달러로 높은 편은 아니다. 하지만 영국에서 4일 발표한 '행복지구지수'에서 76점을 얻어 1위가 되었다. 143개국 중에서 코스타리카의 삶의 만족도는 제일 높았으며, 기대 수명도 세계 두 번째로 높았다. 행복지구지수의 톱10은 5위를 기록한 베트남을 제외하곤 모두 중남미 국가들이 차지했다. 하지만 이 순위에 미국이 114위를 기록하는 등 부자 나라들의 성적은 좋지 않았다. 한국은 68위였다.

25 이 글의 중심 생각을 고르십시오.

① 사람들은 가난해야 행복하다.
② 부자와 행복은 큰 관계가 없다.
③ 미국 사람들은 행복하게 살지 않는다.
④ 중남미 국가들 사람들이 행복하게 산다.

26 이 글의 내용과 같은 것을 고르십시오.

① 한국은 50위 안에 들었다.
② 코스타리카의 인구는 약 오백만 명이다.
③ 아시아에서는 베트남 사람들만 20위였다.
④ 코스타리카 사람들은 그다지 오래 살지 않는다.

※ [27~28] 다음 글을 읽고 물음에 답하십시오.

다음 달부터 서울 전체 지하철 역사 안에서 우측통행이 시작된다. 즉, 앞으로는 지하철역 안에서는 오른쪽으로 다녀야 한다는 이야기이다. 지금까지 시민들은 좌측통행 때문에 문제점을 많이 느껴 왔다. 다시 말하면 왼쪽으로 다니는 사람과 오른쪽으로 다니는 사람이 부딪칠 때가 있었다. 이런 문제점을 해결하기 위해 서울시는 정부가 '교통운영체계 선진화 방안'으로 하는 우측통행을 10월 1일부터 시내 지하철 1~9호선 전체 역사에서 시행한다고 밝혔다. 서울시는 에스컬레이터도 우측통행에 맞게 개선하고 역 20대의 무빙워크 진행 방향도 바꾸기로 했다. 좌측통행에 맞게 만들어진 에스컬레이터와 무빙워크도 바뀌며 지하철 개찰구의 진행방향도 바뀌게 된다.

27 이 글은 어떤 종류의 글입니까?

① 주장하는 글
② 비판하는 글
③ 감사하는 글
④ 설명하는 글

28 이 글의 내용과 같은 것을 고르십시오.

① 에스컬레이터는 우측통행에 맞게 바꾼다.
② 좌측통행으로 불편한 경우가 거의 없었다.
③ 10월부터는 9호선에서만 우측통행이 실시된다.
④ 10월부터는 우측통행과 좌측통행이 모두 가능하다.

예상문제

※ [29~30] 다음 글을 읽고 물음에 답하십시오.

> 요즘 시민들은 재래시장보다 대형슈퍼마켓을 이용하고 있다고 합니다. 재래시장은 1980년 이전에 만들어진 시장으로 오래되고 깨끗하지 못한 이미지를 가지고 있습니다. 하지만 재래시장은 대형슈퍼마켓보다 신선한 물건들과 싼 물건들이 많아 경제적입니다. 그리고 아는 상인과는 흥정할 수 있어 인간적인 정을 느낄 수 있습니다.

29 이 글은 어떤 종류의 글입니까?

① 감정을 표현하는 글
② 사실을 전달하는 글
③ 예를 들어 설명하는 글
④ 조사 결과를 보고하는 글

30 이 글의 내용과 같은 것을 고르십시오.

① 대형슈퍼마켓은 경제적이다.
② 재래시장은 인간적인 느낌이 강하다.
③ 요즘 시민들은 재래시장을 애용한다.
④ 재래시장은 깨끗한 이미지를 가지고 있다.

※ [31~32] 다음 글을 읽고 물음에 답하십시오.

　　이렇게 힘들게 남녀가 사랑을 하고 결혼을 한다. 그런데 사랑을 해서 결혼을 했는데 싸움을 자주 하고 심지어는 이혼하는 커플도 많다. 결혼한 부부에게는 사랑의 기술이 필요하다. 이 기술을 가지고 있어야 행복해질 수 있다. 가장 중요한 것은 상대방을 바꾸려고 해서는 안 된다는 것이다. 오히려 상대방의 장점만 보자. 그 장점을 칭찬해주자. 상대방을 긍정적으로 바라보고 고마움을 표현하자. 그러면 상대방도 나의 단점보다는 장점을 보고 칭찬해 줄 것이다. 서로 장점을 보면 그 다음에는 사랑하는 분위기가 만들어질 것이다.

31 이 글의 중심 생각을 고르십시오.

　　① 상대방이 변해야 내가 변한다.
　　② 서로 장점을 많이 이야기해 주자.
　　③ 남녀가 만나서 결혼을 해야 한다.
　　④ 요즘 이혼하는 사람들이 많아졌다.

32 이 글의 앞에 있었을 내용으로 가장 알맞은 것을 고르십시오.

　　① 남녀가 가끔 데이트한 경험
　　② 남녀가 힘들게 공부한 경험
　　③ 남녀가 매일 기쁘게 만난 경험
　　④ 남녀가 쉽지 않게 사랑한 경험

예상문제

※ [33~34] 다음 글을 읽고 물음에 답하십시오.

이런 결과가 나오게 된 원인은 두 가지이다. 첫째, 아기를 키울 수 있는 시설이 부족하고 비싸다. 요즘 여성은 결혼한 다음에도 직장에 다니는 경우가 많다. 따라서 여성이 아기를 낳은 후에 아기를 대신 키워줄 수 있는 곳이 필요한데 상당히 비싸다. 둘째로 아기를 키우는데 교육비가 많이 든다. 보통 초등학교부터는 학교 이외의 학원에 다녀야 하는데 그 비용이 적지 않게 든다. 대학교까지 생각하면 상상할 수 없는 돈이 들게 마련이다. 한국 정부는 다른 문제보다도 이 출산율 저하 문제를 가장 중요하게 생각해 아기를 낳는 부부에게 많은 도움과 혜택을 실제적으로 주어야 한다. 그래야 이 문제가 해결될 수 있다.

33 이 글의 중심 생각을 고르십시오.

① 결혼하면 부부는 아기를 낳아야 한다.
② 정부는 부부에게 교육비를 주어야 한다.
③ 아기를 낳는 부부에게 경제적인 혜택을 주어야 한다.
④ 아기를 낳는 부부에게 정신적·심리적으로 도움을 주어야 한다.

34 이 글의 앞에 있었을 내용으로 가장 알맞은 것을 고르십시오.

① 한국이 출산율이 세계에서 제일 높다.
② 한국이 출산율이 세계에서 제일 낮다.
③ 어린이집이 너무 비싸서 다닐 수 없다.
④ 대학 등록금이 너무 비싸서 문제이다.

※ [35~36] 다음을 읽고 물음에 답하십시오.

친구라고 하면 어떤 생각이 드는가? '가까이 있는 사람', '같이 밥을 먹거나 술을 마실 수 있는 사람', '생각만 해도 기분이 좋아지는 사람'과 같은 느낌이 있을 것이다. 그런데 한국 사람에게 "친구란 무엇이냐?"하고 물어보면 '나이가 같거나 학교를 같이 다닌 사람'으로 말할 것이다. 이렇게 볼 때 다른 나라에 비해 한국에서 친구를 사귀기는 참 어려운 것 같다. 왜냐하면 최소한 나이가 비슷해야 하기 때문이다. 이제 한국 사람도 마음만 맞다면 (   ) 친구가 되었으면 한다. 나이가 많은 친구도, 나이가 적은 친구도 내게 여러 가지 도움을 줄 수 있기 때문이다.

35 이 글의 중심 생각을 고르십시오.

① 친구는 항상 가까운 사이다.
② 학교에 같이 다녀야 친구이다.
③ 생각이 같으면 친구로 사귀자.
④ 나이를 생각하지 말고 친구가 되자.

36 (   )에 알맞은 것을 고르십시오.

① 나이가 어려도
② 나이와 관계없이
③ 생년월일을 생각해
④ 많은 나이에도 불구하고

예상문제

※ [37~38] 다음을 읽고 물음에 답하십시오.

"월급은 적고 아이들 교육비와 주택을 위한 저축은 해야 하고……." 돈은 30~40대 직장인들의 걱정이자 최대 관심사이다. 돈을 얼마나 벌어야 걱정하지 않고 안정된 삶을 살 수 있을까. 이에 대한 해답이 바로 '돈 관리의 기술'이다. 이 책은 직장인들이 돈 관리를 체계적으로 할 수 있게 도와 준다. 이 책은 먼저 각자의 수입으로 자신만의 현금 흐름표를 만들어 다섯 가지로 분류하라고 한다. 그 다음 은행과 증권사의 여러 상품을 골라 돈을 늘려나가라고 주문한다.

37 이 글의 제목으로 가장 알맞은 것을 고르십시오.

① 투자해야 돈 벌어
② 월급, 많이 받으면 좋아
③ 돈, 관리하면 벌 수 있어
④ 돈, 30~40대 직장인의 큰 고민

38 이 글의 내용과 같은 것을 고르십시오.

① 누구나 돈을 많이 벌기를 바란다.
② 현금 흐름표를 다섯 가지로 나누어 본다.
③ 은행의 상품은 안전하므로 선택해서 돈을 벌자.
④ 다른 사람의 수입까지 생각해 돈의 흐름표를 만든다.

※ [39~40] 다음을 읽고 물음에 답하십시오.

어느새 우리 주변에는 다문화 가족이 많아지고 있다. 아이의 아버지는 한국인인데 어머니는 중국인인 경우가 있다. 그 반대로 아이의 아버지는 네팔인인데 어머니는 한국인인 경우도 있다. 기본적으로 가족은 사랑을 통해 만들어진다. 다문화 가족도 (   ) 않다. 다만 아이의 아버지와 어머니의 문화가 다를 뿐이다. 따라서 다문화 가족은 부부가 다른 문화를 가지고 있지만 동일한 사랑을 추구하고 있다고 이해해야 한다.

39 이 글의 중심 생각을 고르십시오.

① 다문화 가족은 증가하고 있다.
② 다문화 가족만 사랑으로 맺어졌다.
③ 다문화 가족의 부모는 문화가 다르다.
④ 다문화 가족을 사랑이라는 눈으로 봐야 한다.

40 (   )에 알맞은 것을 고르십시오.

① 같지
② 다르지
③ 사랑하지
④ 만들어지지

예상문제

※ [41~42] 다음을 읽고 물음에 답하십시오.

예전에 내가 영등포에서 아르바이트를 하던 때였다. 나는 커피숍의 주방에서 차를 만들거나 설거지를 했다. 커피숍은 아침 10시부터 열었는데 '오필승'이라는 사람이 처음으로 들어왔다. 이 사람은 우리 커피숍에 출근하는 사람이었다. 이름을 어떻게 알게 되었냐면 커피숍에 온 전화를 받으면 대부분 사람들이 "오필승 씨를 바꿔주세요."라고 했기 때문이다. 그 때는 휴대 전화가 없던 때였다. 한 번은 손님이 많아서 바쁘게 일하고 있는데 오필승 씨를 찾는 전화가 계속 왔다. 나는 없다고 하고 전화를 오필승 씨에게 바꿔주지 않았다. 어느 날부터인가 오필승 씨는 우리 커피숍에 오지 않았는데 기분이 이상했다. 내가 전화를 바꿔주지 않아서 그런 것 같았다.

41 밑줄 친 부분에 나타난 글쓴이의 기분으로 알맞은 것을 고르십시오.

① 귀찮았다
② 미안했다
③ 마음이 슬펐다
④ 마음이 아팠다

42 이 글의 내용과 같은 것을 고르십시오.

① 오필승 씨는 계속 커피숍에 왔다.
② 오필승 씨를 찾는 전화가 많았다.
③ 오필승 씨는 가끔씩 커피숍에 왔다.
④ 나는 커피숍에서 커피를 갖다 주는 일을 했다.

※ [43~44] 다음을 읽고 물음에 답하십시오.

> 　대인관계를 잘 못하는 사람들이 의외로 많다. 이들은 다른 사람의 말을 듣기보다는 자기만 말하려고 한다. 또한 다른 사람을 배려하는 기술이 약하다. 이러니까 친구가 많이 생길 리가 없다. 대인관계를 잘하기 위해서는 먼저 다른 사람의 이야기를 들어라. 경청하라. 그러면 그 사람도 당신의 이야기를 잘 들어줄 것이다. 여기에서 친한 관계가 시작된다. 다음으로 작은 것 하나라도 다른 사람을 먼저 생각해라. 그러면 그 사람도 당신을 먼저 생각해 줄 것이다. (　　　　) 이 두 가지를 실천하면 당신 주위에는 사람으로 가득찰 것이다.

43 글쓴이가 이 글을 쓰게 된 이유가 무엇인지 고르십시오.

　① 대인관계가 왜 중요한 지를 설명하려고
　② 대인관계를 못하는 원인이 무엇인지 알리려고
　③ 대인관계를 잘하기 위해서는 무엇을 해야 하는지 설득하려고
　④ 대인관계의 긍정적·부정적 요인을 파악해서 실천하게 하려고

44 (　　　　)안에 알맞은 것을 고르십시오.

　① 쉽지만 피곤한
　② 쉽지만 어려운
　③ 쉽지만 이상한
　④ 쉽지만 고마운

예상문제

※ [45~46] 다음을 읽고 물음에 답하십시오.

맞선 자리 최악의 옷차림은 청바지에 티셔츠인 것으로 밝혀졌다. 최근 결혼정보회사에서 '맞선, 소개팅 옷차림'에 대한 설문조사 결과에 따르면, 남성은 여성이 원피스를 입었으면 했고 여성은 남성이 세미정장을 입었으면 좋겠다고 답했다. 남성들은 여성의 원피스를 여성스럽다고 생각했고 여성은 남성의 세미정장을 젊고 책임감있는 느낌이 있다고 대답했다. 반면에 남녀 모두 좋지 않은 옷차림은 청바지와 티셔츠 그리고 운동화 차림이라고 답했다. 그 이유는 맞선 자리에 성의가 없다고 느끼기 때문이라는 것이다. 그렇다면 맞선이나 소개팅 자리에 나갈 때는 어떻게 입어야 할지 쉽게 알 수 있다. 이왕이면 다홍치마라고 하지 않던가!

45 이 글의 중심 생각을 고르십시오.

① 맞선 자리의 제일 나쁜 의상은 청바지에 티셔츠이다.
② 맞선 자리에 운동화를 신고 나가면 무성의한 것이다.
③ 맞선 자리에는 옷차림에 신경을 써서 입고 나가는 것이 예의다.
④ 맞선 자리에서 남성은 여성이 원피스를 입으면 귀엽고 예쁘다고 느낀다.

46 이 글의 내용과 같지 <u>않은</u> 것을 고르십시오.

① 맞선 자리에 여성이 다홍치마를 입는 것은 괜찮다.
② 맞선 자리에 청바지에 운동화를 신고 나가면 문제가 있다.
③ 맞선 자리에 나가기 전에 상대방을 생각하고 옷을 입어야 한다.
④ 여성은 맞선 자리에 남성이 세미정장을 입고 나오기를 바란다.

※ [47~48] 다음을 읽고 물음에 답하십시오.

아무 생각 없이 이렇게 한다면 쥐나 고양이가 음식물을 먹거나 어지럽힐 수 있고 관리하는 사람은 몇 번이나 다시 일을 해야 하기 때문에 매우 귀찮다. 아는 것과 실천하는 것은 하나여야 하지 따로 둘이 되어서는 안 된다. 쓰레기를 버릴 때도 마찬가지이다. 귀찮다고 음식물과 휴지와 플라스틱을 같은 곳에 버리면 안 된다. 쓰레기를 각각 나누어서 버리면 환경을 보호하는 데도 좋고 재활용할 수 있어서도 좋다. 특히, 다 쓴 건전지나 못 쓰는 휴대 전화는 특별히 따로 버려야 환경을 지킬 수 있다. 생각과 행동은 하나라는 사실을 다시 한 번 기억해 주기를 바라면서 이만 이 글을 마친다.

47 이 글의 중심 생각을 고르십시오.

① 쓰레기를 같은 장소에 버리지 말자.
② 쓰레기 분리 수거에 적극 협조해야 한다.
③ 쥐와 고양이가 음식물을 먹으니 문제가 많다.
④ 쓰레기는 생각과 행동에 맞추어 처리해야 한다.

48 이 글의 앞에 있었을 내용으로 가장 알맞은 것을 고르십시오.

① 야생 동물들에게 음식물을 주는 것
② 건전지와 휴대 전화를 한 곳에 버리는 것
③ 환경을 생각해 휴대 전화를 켜지 않는 것
④ 쓰레기를 구분하지 않고 한 곳에 버리는 것

TOPIK 적중특강

읽기 정답

1장 빨리 읽고 고르기

1과 빨리 읽고 무엇인지 고르기

연습문제

1. ② 2. ① 3. ② 4. ① 5. ①
6. ② 7. ① 8. ② 9. ① 10. ②

예상문제

1. ③ 2. ① 3. ④ 4. ③ 5. ①
6. ② 7. ② 8. ② 9. ② 10. ③
11. ③ 12. ④ 13. ③ 14. ② 15. ①
16. ④

2과 텍스트를 보고 같은 내용 고르기

연습문제

1. ③ 2. ② 3. ② 4. ③ 5. ③
6. ② 7. ② 8. ③ 9. ② 10. ③
11. ③ 12. ③

예상문제

1. ② 2. ③ 3. ③ 4. ① 5. ②
6. ② 7. ② 8. ④ 9. ③ 10. ④
11. ③ 12. ③ 13. ① 14. ② 15. ④
16. ②

2장 논리적으로 읽고 고르기

1과 중심 생각 고르기

연습문제

1. ③ 2. ① 3. ② 4. ① 5. ③
6. ② 7. ② 8. ② 9. ②

예상문제

1. ④ 2. ④ 3. ① 4. ③ 5. ②
6. ④ 7. ③ 8. ② 9. ④ 10. ②
11. ② 12. ③ 13. ② 14. ③ 15. ②
16. ④

2과 올바른 순서 고르기

연습문제

1. ④ 2. ③ 3. ④ 4. ① 5. ①
6. ③

예상문제

1. ③ 2. ② 3. ④ 4. ② 5. ②
6. ④ 7. ④ 8. ③ 9. ① 10. ④
11. ③ 12. ②

3과 논리적인 표현 고르기

연습문제

1. ② 2. ② 3. ① 4. ① 5. ①
6. ③

예상문제

1. ④ 2. ① 3. ② 4. ④ 5. ④
6. ④ 7. ① 8. ④ 9. ④ 10. ①
11. ③ 12. ③

3장 종합적으로 읽고 고르기

연습문제

1. ④ 2. ② 3. ③ 4. ④ 5. ③
6. ③ 7. ③ 8. ④ 9. ③ 10. ①
11. ③ 12. ④ 13. ③ 14. ② 15. ④
16. ③ 17. ④ 18. ③ 19. ④ 20. ③
21. ② 22. ③ 23. ④ 24. ③

예상문제

1. ② 2. ③ 3. ④ 4. ③ 5. ④
6. ④ 7. ④ 8. ② 9. ② 10. ②
11. ④ 12. ④ 13. ④ 14. ④ 15. ②
16. ① 17. ④ 18. ④ 19. ④ 20. ④
21. ① 22. ① 23. ④ 24. ③ 25. ②

26.② 27.④ 28.① 29.② 30.②
31.② 32.④ 33.③ 34.② 35.④
36.② 37.③ 38.② 39.④ 40.②
41.② 42.② 43.③ 44.② 45.③
46.① 47.② 48.④

TOPIK 적중특강 중급 — 문법·쓰기·읽기

초판발행	2011년 7월 20일
초판 4쇄	2013년 8월 30일
지은이	성하춘
회장	엄호열
펴낸이	엄태상
펴낸곳	랭기지플러스〈한글파크〉
편집장	권이준
책임편집	백진영
표지디자인	최순호
등록일자	2000년 8월 17일
등록번호	1-2718호
주소	서울시 강남구 역삼동 826-28 범추빌딩 14층
전화	도서 내용문의 (02) 764-1009
	도서 주문문의 (02) 3671-0582
팩스	(02) 3671-0500
홈페이지	http://www.langpl.com
이메일	info@langpl.com
ISBN	978-89-5518-986-5 14710
	978-89-5518-985-8 (set)

✽ TOPIK한국어능력시험의 상표권과 저작권은 국립국제교육원에 있습니다.
　TOPIK Trademark® and TOPIK Copyright© by NIED(National Institute for International Education) Republic of Korea.
✽ 이 책의 저자와 랭기지플러스는 모든 자료의 출처 및 저작권을 확인하고 정상적인 절차를 밟아 사용하였습니다.
　일부 누락된 부분은 이후에 확인 과정을 거쳐 반영하겠습니다.
✽ 이 교재의 내용을 사전 허가 없이 전재하거나 복제할 경우 법적인 제재를 받게 됨을 알려 드립니다.
✽ 잘못된 책은 구입하신 서점이나 본사에서 교환해 드립니다.
✽ 정가는 표지에 표시되어 있습니다.